パブロフ流で
みんな合格

簿記
教科書

EXAMPRESS®
簿記教科書

日商簿記2級

工業簿記　総仕上げ問題集

著・画　公認会計士
よせだ あつこ

SE
SHOEISHA

日商簿記検定について

　日商簿記検定には問題用紙と答案用紙が紙で配られる試験（以下、統一試験と呼ぶ）とネット試験（CBT方式）があります。ネット試験は専用のパソコンが用意されたテストセンターで受験し、テストセンターの席が空いていればいつでも試験を受けられます。

	統一試験（紙の試験）	ネット試験
試験日	6月、11月、2月	随時
会場	指定された学校、会議室など	テストセンター
申込	受験希望地の各商工会議所 (https://links.kentei.ne.jp/examrefer)	全国統一申込サイト (https://cbt-s.com/examinee/ examination/jcci.html)
試験時間	2級は商業簿記・工業簿記あわせて**90**分	
出題範囲	出題区分表による（商業簿記・工業簿記）	
受験料	2級 5,500円（2024年3月までは4,720円） ※別途手数料が必要な場合があります	
受験方法 メリット	メモを書き込んで消す解き方ができる　電卓　答案用紙　計算用紙　問題用紙　マルしたりメモしたりできる	キーボード　問題→　答案→　計算用紙　電卓　いつでも何回でも受けられる　その場で合否がわかる
合格率	24%前後	40%前後

購入特典　ネット試験対策に！Webから予想模試2回分が体験できる

　本書の購入特典として「パブロフ簿記」ホームページでネット試験（CBT方式）を体験できます。ソフトをダウンロードする必要がなく、ネット環境さえあればパソコンでもスマホでも問題を解くことができます。ネット試験の予想模試として気軽にご利用ください。

> 予想模試のサイトのURLおよびパスワードは
> P.364に記載しています。

試験範囲等の変更について

　2024年4月における日商簿記2級工業簿記、商業簿記の試験範囲の変更はありません。なお、2020年度まで日商簿記2級の試験時間は、商業簿記と工業簿記あわせて120分でした。2021年6月試験からは商業簿記と工業簿記あわせて90分に変更されています。統一試験とネット試験、どちらも試験時間は90分です。

日商簿記2級の傾向と対策

　本試験で出題される内容は次の表の「主な内容」のようになっています。合格基準は100点満点中70点以上ですが、制限時間90分の中で、簡単な問題を正確に解答することが重要になっています。また、工業簿記はどの分野も出題されますので、苦手分野を作らないことが合格に必要不可欠です。

本試験の問題番号	配点	主な内容	本書
第1問～第3問	60点	商業簿記の範囲	『パブロフ流でみんな合格 日商簿記2級 商業簿記 総仕上げ問題集』参照
第4問	12点	仕訳	Chapter1
	16点	費目別計算 部門別計算 個別原価計算 製造原価報告書・損益計算書 総合原価計算 標準原価計算	Chapter2 Chapter3 Chapter4 Chapter5 Chapter6 ～ 9 Chapter10
第5問	12点	標準原価計算の差異分析 CVP分析 直接原価計算	Chapter10 Chapter11 Chapter11
	100点		

本書の特徴

特徴1 講師や合格者の解き方がわかる！

　本書では、問題を解くとき「自分でどのように手を動かせばいいか」を明確にしている点が最大の特徴です。本書ではそれを「下書き」と呼びます。

　簿記の問題は複雑なので、問題を読んだだけですぐに解答を導くことはできません。この「下書き」は、問題を見ながら解答を導く橋渡しの役割を果たしています。問題をミスなく効率的に解いている人がどのような「下書き」を書いているかを知り、自分も同じ「下書き」を書くことができるようになれば、合格への道がグッと近づきます。

こんな人にピッタリ
- 講師や合格者の効率的な解き方を知りたい

特徴2 最短合格用のブラッシュアップ問題で効率学習！

　掲載している問題は、過去20年分（60回分）の本試験問題を分析し、出題される可能性の高いパターンをすべて網羅しました。さらに、論点が明確になるように余計な部分をそぎ落とし、必要な部分を付け加えたことにより、効率的な学習が可能となっています。

こんな人にピッタリ
- 基本テキストを読み終わり、本試験レベルの問題を解きたい
- 苦手な論点だけ集中的に学習したい

基本テキストと本書の違い

	簿記の基本	本試験問題基礎レベル	本試験問題応用レベル	いろいろな出題形式
基本テキスト	◎	○	―	―
本　書	―	◎	◎	◎

※本書の内容は、2024年1月現在の法令・基準等にもとづいて執筆しています。

本書の使い方①

　本書は日商簿記検定の試験レベルの問題を収載しているため、初めて日商簿記2級の問題を解く方には少し難しく感じるかもしれません。そこで、着実に試験レベルの実力をつけるためのオススメの使い方を紹介します。

1周目

　白い紙と別冊の答案用紙を用意して、まずは問題を解いてみましょう。白い紙には「下書き」と呼ばれる、解く過程を書きます。別冊の答案用紙はこれから何度か使用するので、コピーしておくと便利です。次のURLからダウンロードすることもできます。

> ■付属データのご案内
> 　解き直し用の答案用紙は、以下のサイトからダウンロードできます。
> **https://www.shoeisha.co.jp/book/download/9784798183794**
> ※付属データに関する権利は著者および株式会社翔泳社が所有しています。許可なく配布したり、Webサイトに転載したりすることはできません。付属データの提供は予告なく終了することがあります。あらかじめご了承ください。

　問題が難しく感じる場合には、最初は、解答・解説・お持ちのテキストを見ながら解いても構いません。本書を使ってゆっくりと「簿記の問題の解き方」に慣れていきましょう。

　間違った問題、解答・解説・お持ちのテキストを見ながら解いた問題には付箋を貼っておきます。

2周目

　付箋が付いている問題について、解答・解説・お持ちのテキストを見ずに解きます。正解できたら付箋をはがします。Chapter12模擬問題は時間を計って解くことが重要です。もし時間が足りずに全部解けなかった場合は、速く解く練習が必要です。

3周目以降

　3周目以降は付箋が付いている問題だけ解き、正解できたら付箋をはがします。正解できなかったら付箋をそのまま残し、少し時間を置いてもう1回解きます。付箋が全部なくなったら、合格レベルの実力がついています。

本書の使い方②

①実際の試験に近い問題文になっているので、最初は難しく感じるかもしれません。問題文から指示をどのように読み取るかについては、解説で説明しています。

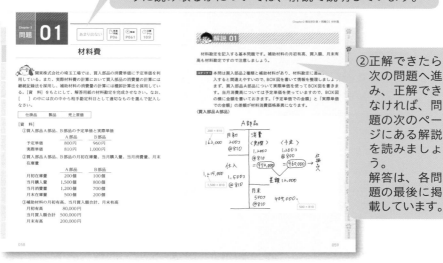

②正解できたら次の問題へ進み、正解できなければ、問題の次のページにある解説を読みましょう。
解答は、各問題の最後に掲載しています。

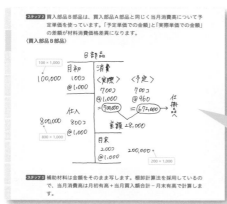

③解けなかった問題は、解説にある手書きの「下書き」をマネして自分でも書いてみましょう。さらに、もう一度その問題を解いてみて、正解できなければ②③を繰り返します。

④最後に、時間を計ってChapter12の模擬問題2回分を解きましょう。

出題予想と論点（内容）一覧の活用法

本書に収録されている問題の出題予想と論点（内容）の一覧を、本ページの下の表にまとめています。出題予想は、各問題ページの最初に示した「よく出る」などの表記と一致しています。苦手な分野を集中的に特訓したいときに活用してください。

また、ネット試験では標準的な出題が多いので◎よく出ると○ときどき出るを練習するのが効率的です。統一試験（紙の試験）は、たまに見慣れない問題が出るので△あまり出ないにも取り組みましょう。

出題予想：◎よく出る、○ときどき出る、△あまり出ない

該当Chapter	出題予想	論点（内容）	掲載ページ数
Chapter1 仕訳	◎	材料費・経費	P.018
	◎	労務費・経費	P.026
	◎	材料費・労務費	P.307
	◎	製造間接費	P.033
	○	その他	P.042
	○	本社工場会計	P.048 P.336
Chapter2 費目別計算	△	材料費の勘定記入	P.058
	△	労務費の勘定記入	P.062
	△	経費の勘定記入	P.069
	○	さまざまな費目の勘定記入	P.074
Chapter3 製造間接費の部門別計算	○	部門別配賦表（直接配賦法）	P.082 P.337
	△	部門別配賦表（相互配賦法）	P.086
	◎	配賦差異	P.090
Chapter4 個別原価計算	○	勘定の記入（原価計算表あり）	P.096
	○	勘定の記入と売上原価（原価計算表なし）	P.099
	○	製造原価報告書と損益計算書 補修指図書	P.104
	△	仕訳	P.109
Chapter5 製造原価報告書・損益計算書	○	製造原価報告書（形態別分類）	P.120
	○	製造原価報告書と損益計算書	P.124
Chapter6 単純総合原価計算	◎	終点での減損発生（先入先出法、平均法） →完成品のみ負担	P.134
	○	発生点不明の仕損発生（先入先出法） →完成品と月末仕掛品に負担	P.143
	△	材料の追加投入（平均的に投入）	P.151 P.157
	○	材料の追加投入（途中で投入）	P.308
	○	材料の追加投入（終点で投入） 途中点での減損発生（先入先出法） →完成品と月末仕掛品に負担	P.162

該当Chapter	出題予想	論点（内容）	掲載ページ数
Chapter7 工程別総合原価計算	○	工程別	P.170
	◎	工程別（発生点不明の仕損発生、終点での仕損発生） →両者負担、完成品のみ負担	P.174
	△	工程別（半製品がある場合）	P.179
Chapter8 組別総合原価計算	△	組別	P.188
	○	組別（発生点不明の仕損発生） →完成品と月末仕掛品に負担	P.193
	△	組別（損益計算書）	P.198
Chapter9 等級別総合原価計算	○	等級別	P.212
	◎	等級別（発生点不明の仕損発生） →完成品と月末仕掛品に負担	P.217
Chapter10 標準原価計算	△	シングル・プランの仕訳	P.226
	△	パーシャル・プランの仕訳	P.230
	△	原価差異分析の仕訳	P.234
	○	勘定記入と損益計算書	P.243
	○	差異分析（材料費）	P.247
	◎	差異分析（労務費）	P.251
	◎	差異分析（製造間接費）	P.255
Chapter11 直接原価計算	○	CVP分析	P.262 P.309
	◎	CVP分析（販売単価が不明）	P.266
	△	固変分解とCVP分析	P.270
	○	費目別とCVP分析	P.274
	◎	損益計算書（全部原価計算、直接原価計算）	P.277 P.338
	◎	損益計算書とCVP分析	P.281
	○	営業利益とCVP分析	P.285
	△	損益計算書の理論問題	P.291
商業簿記	◎	仕訳（サービス業）	P.302
	○	仕訳（合併）	P.302
	△	仕訳（連結会計）	P.302
	◎	仕訳（外貨建取引）	P.303
	△	仕訳（ソフトウェア）	P.303
	◎	仕訳（売買目的有価証券）	P.332
	◎	仕訳（備品の購入）	P.332
	△	仕訳（退職給付引当金）	P.332
	◎	仕訳（外貨建取引）	P.332
	○	仕訳（会社の設立）	P.333
	△	商品売買と勘定記入	P.303
	◎	損益計算書	P.305
	◎	連結精算表	P.333
	○	貸借対照表	P.334

※ Chapter12「模擬問題」の論点（内容）は、該当する各Chapterに振り分けて記載しています。

各自お使いのテキストで学習済みの内容とは思いますが、仕訳を書くときの決まり事を本ページの下、ルール1～3にまとめました。

　勘定科目は、その性質によって資産・負債・純資産・費用・収益の5つに分けられます。勘定科目がどこに分類されるかを本書では勘定科目のホームポジションと呼びます。ホームポジションは5つに分類されますが、左側と右側に分けることもできます。簿記では左側のことを借方、右側のことを貸方と呼びます。

　次のページに「ホームポジション一覧」を付けています。勘定科目のホームポジションがわからなくなったときに利用してください。

　仕訳には3つのルールがあり、このルールに従って仕訳を書きます。

ルール1　勘定科目が増えたときは、ホームポジション側に書く

　たとえば材料（資産の勘定科目でホームポジションは左側）を購入したら、工場の材料が増えるので仕訳の左側に書きます。

ルール2　勘定科目が減ったときは、ホームポジションと反対側に書く

　たとえば材料（資産の勘定科目でホームポジションは左側）を消費したら、材料倉庫の材料が減るので仕訳の右側に書きます。

ルール3　左側の合計金額と右側の合計金額は必ず一致する

　なお、次の勘定科目はホームポジションがなく、状況によって左側にも右側にも存在するので「その他の勘定科目」として扱います。

その他の勘定科目	
材料消費価格差異	原価差異
材料副費差異	工場
賃率差異	本社
製造間接費配賦差異	損益
予算差異	
操業度差異	

ホームポジション一覧

貸借対照表の勘定科目

左側（借方）

右側（貸方）

資産
材料
仕掛品
製品
現金
普通預金
当座預金
売掛金

負債
買掛金

純資産
資本金

損益計算書の勘定科目

左側（借方）

右側（貸方）

費用
製造間接費
賃金・給料
減価償却費
売上原価
材料副費

収益
売上

目　次

Chapter 1　第4問対策｜**仕訳**

Chapter 2　第4問対策｜**費目別計算**

■本書を使った「効率的な学習法」や「合格の仕方」を
　知りたい方はこちら！
「解く力を確実に身につけたい」「問題を解き進めていくだけで合格
ができるのか不安」……。こういった方に向けて、本書の使い方
を動画で詳しく解説しました！ また、購入特典であるネット試験
（予想模試）の使い方も紹介していますので、ぜひご覧ください。

https://pboki.com/use/2k_mon.html

Chapter 1

第4問対策
仕訳

工業簿記では、第4問（1）で仕訳問題が3問出題されます。
費目別計算、個別原価計算、本社工場会計の
仕訳問題を練習しましょう。

仕訳のまとめ

　問題文で与えられた情報から仕訳を書きます。予定配賦や個別原価計算など、内容を理解したうえで仕訳を答える問題が多いので、テキストを一通り学習してから仕訳の練習をすることが大切です。

学習のコツ：第4問（1）で必ず出題されます。出題パターンは多くないので、本書で問われている仕訳をしっかりマスターして得点源にしましょう。

ポイント1

　問題文に「使用できる勘定科目」が与えられます。与えられた勘定科目以外を使ってはいけないので注意が必要です。

ポイント2

　仕訳の順序は上下で違っても構いません。例えば仕訳Aと仕訳Bはどちらでも正解です。

（仕訳A）　材料　926,200 ／ 買掛金　842,000
　　　　　　　　　　　　　　　材料副費　84,200
（仕訳B）　材料　926,200 ／ 材料副費　84,200
　　　　　　　　　　　　　　　買掛金　842,000

ポイント3

　試験では、1つの仕訳における各勘定科目の使用は、借方・貸方の中でそれぞれ1回ずつとなります。同じ勘定科目を借方・貸方の中で2回使用すると不正解になります。

（不正解となる解答）　材料　10,000 ／ 現金　10,000
　　　　　　　　　　　材料　22,000 ／ 買掛金　22,000
（正解となる解答）　　材料　32,000 ／ 現金　10,000
　　　　　　　　　　　　　　　　　　　買掛金　22,000

◀ ワンポイント

　本書を解いてみて「解けなかった問題」や「間違えてしまった問題」は、解説を読んで理解するだけでなく「どうしたら次は解けるか」を考えてミスノートに書いておくと実力がアップします。ミスノートについてオススメの使

い方をご紹介します。実際の書き方は、P.184で紹介しています。

使い方1　ルーズリーフかノートを買う

ミスノートはノートに書いてもよいですが、オススメはルーズリーフを使って、後から書いたミスノートと一緒に同じ分野でまとめる方法です。例えば「仕損ありの総合原価計算」を間違えた場合は、ルーズリーフだと前回間違えた「仕損ありの総合原価計算」の次に挟み込むことができます。

使い方2　簡潔に作成する

日商簿記検定は、マークシート式の試験ではなく自分で問題を読み解き、計算し、数字を書き込む試験なので、合格するには「自分で手を動かして問題を解く練習」をすることが最も重要です。ミスノートは問題を解けるようになるために補助的に作るものなので簡潔に短時間で作成し、できるだけ問題を解く時間を多く確保することをオススメします。

使い方3　問題に付箋を貼る

本書の「解けなかった問題」「間違えた問題」には付箋を貼っておき、時間をおいて再度その付箋を貼った問題を解いてみてください。しっかりミスノートが機能していれば、次は同じ問題が正解できるはずです。正解できたら付箋を取ります。

使い方4　読み返す

同じ分野の問題を解く前や模擬問題を解く前に、作成したミスノートを読み返すようにしましょう。ミスノートを読んで、これまでミスした内容を頭に入れてから問題を解くと、同じ間違いを2回することがなくなります。

使い方5　正解したら消す

簿記の学習に間違いはつきものなので、放っておくと大量のミスノートができてしまいます。そこで、解けるようになった内容のミスノートは斜線やマルなどで消していきます。

使い方6　試験直前に読み返す

試験直前にはすべてのミスノートが消された状態、つまりすべて正解できるようになった状態が理想ですが、消されていないミスノートがある場合には、試験直前にその部分だけ重点的に読み返します。

Chapter 1
問題 01

よく出る

答案用紙 P01

解答 P025

目標タイム 17分

仕訳問題① 材料費・経費

（1）～（3）について答えなさい。

（1）次の取引について仕訳しなさい。ただし、勘定科目は、設問ごとに最も適当と思われるものを選び、答案用紙の（　）内に記号で解答すること。

1．材料を掛けで購入した。材料の内容は、素材1,200,000円（@400円、3,000個）及び補修用材料60,000円（@100円、600個）である。
　　ア．現金　イ．仕掛品　ウ．買掛金　エ．未払金　オ．材料

2．当月、素材3,500個を消費した。なお、月初の素材有高は480,000円（@400円、1,200個）、当月の購入した素材は2,000,000円（@500円、4,000個）であり、材料費は先入先出法で計算している。
　　ア．製品　イ．材料　ウ．仕掛品　エ．材料消費価格差異
　　オ．製造間接費　カ．買掛金

3．当月の材料消費価格差異を計上する。当月、原料1,800kgを消費し、予定消費単価@600円を用いており、原料の月初有高は300kgで180,000円、当月購入高は1,700kgで1,037,000円、月末有高は200kgで122,000円であった。
　　ア．賃率差異　イ．仕掛品　ウ．材料消費価格差異　エ．材料
　　オ．製造間接費　カ．製造間接費配賦差異

《▶ ワンポイント》

本書では、実際の試験の形式に似せて出題しています。特に指示がない場合は、各設問は独立していると考えてください。例えば（1）の「1.」と「2.」と「3.」は連続した取引ではなく、互いに関連しない独立した取引です。

（2）次の取引について仕訳しなさい。ただし、勘定科目は、設問ごとに最も適当と思われるものを選び、答案用紙の（　）内に記号で解答すること。

1．素材810,000円、工場消耗品32,000円（購入代価）を掛けで購入した。なお、購入に際しては、購入代価の10％を材料副費として予定配賦している。

ア．現金　イ．仕掛品　ウ．買掛金　エ．材料副費　オ．材料

2．当月の材料副費の実際発生額は256,300円であったので、材料副費予定配賦額253,900円との差額を材料副費差異勘定に振り替える。

ア．材料　イ．製造間接費　ウ．材料副費　エ．材料消費価格差異

オ．仕掛品　カ．材料副費差異

3．当月の材料副費の実際発生額は602,100円であったので、材料副費の実際発生額と予定配賦額との差異を材料副費差異勘定に振り替える。なお、当月、買入部品を掛けで12,464,000円購入しており、購入に際して、購入代価の5%を材料副費として予定配賦している。

ア．買掛金　イ．仕掛品　ウ．材料　エ．材料副費差異

オ．材料副費　カ．製造間接費配賦差異

(3) 次の取引について仕訳しなさい。ただし、勘定科目は、設問ごとに最も適当と思われるものを選び、答案用紙の（　　）内に記号で解答すること。

1．製造指図書No.317のために原料520kg（1kgあたり800円）を出庫し、外注業者に加工を依頼した。なお、当工場では材料を外注するため無償支給しており、材料を外注先に引き渡すときに通常の出庫票にて出庫の記録を行っている。

ア．材料　イ．仕掛品　ウ．現金　エ．買掛金　オ．製造間接費

2．外注業者に対して、外注加工賃30,000円を小切手を振り出して支払った。

ア．現金　イ．仕掛品　ウ．当座預金　エ．材料副費　オ．材料

3．材料の月末の帳簿棚卸高は2,760,000円であり、実地棚卸高は2,747,000円であった。減耗分を当月の経費に計上する。

ア．材料副費　イ．材料　ウ．製品　エ．仕掛品　オ．製造間接費

4．素材について、当月の材料消費高および棚卸減耗費を計上する。月初有高、月末有高（実地棚卸数量）、当月消費量は、次のとおりである。なお、消費数量の記録方法としては継続記録法を採用しており、払出単価は平均法により計算されている。

月初有高　100kg　46,200円　　当月購入　2,100kg（@418円）

当月消費量　2,000kg　　月末有高　150kg

ア．仕掛品　イ．買掛金　ウ．製品　エ．売上原価

オ．材料　カ．製造間接費

(1)

1. 素材、補修用材料ともに、購入したときは「材料」が増えます。材料は資産（ホームポジション左）なので、増えるときは左に書きます。
掛けで購入したので「買掛金」が増えます。買掛金は負債（ホームポジション右）なので、増えるときは右に書きます。

$1,200,000$円 $+ 60,000$円 $= 1,260,000$円

材料 $1,260,000$ ／ 買掛金 $1,260,000$

2. 素材は材料という勘定科目を使って仕訳します。素材の当月消費量は3,500個とわかっていますが、材料消費高は与えられていないので計算が必要です。材料消費高はBOX図を書いて計算します。
まずはBOX図に問題文の情報を書き込みます。本問では「先入先出法で計算している」と指示があるので先入先出法のBOX図を書きます。

月末数量 　$\underset{\text{月初}}{1,200個} + \underset{\text{当月購入}}{4,000個} - \underset{\text{当月消費}}{3,500個} = 1,700個$

次に月末有高、当月消費高の順で計算します。

月末有高 　@500円 × $1,700$個 $= 850,000$円

当月消費高 　$\underset{\text{月初有高}}{480,000円} + \underset{\text{当月購入額}}{2,000,000円} - \underset{\text{月末有高}}{850,000円} = 1,630,000$円

素材を消費したので「材料」が減ります。材料は資産（ホームポジション左）なので、減るときは右に書きます。
素材は直接材料費であり、直接材料費を消費したので「仕掛品」が増えます。仕掛品は資産（ホームポジション左）なので、増えるときは左に書きます。

仕掛品 1,630,000 ／ 材料 1,630,000

3. BOX図に問題文の情報を書き込み、材料の実際消費高を計算します。

実際消費高 <u>180,000円</u> + <u>1,037,000円</u> − <u>122,000円</u> = 1,095,000円
　　　　　　月初有高　　　　当月購入高　　　　月末有高

次に予定消費高と実際消費高を使って、材料の材料消費価格差異を計算します。

予定消費高 @600円 × 1,800kg = 1,080,000円

材料消費価格差異 <u>1,080,000円</u> − <u>1,095,000円</u> = △15,000円
　　　　　　　　　　予定消費高　　　　実際消費高　　　マイナスなので、
　　　　　　　　　　　　　　　　　　　　　　　　　　　不利差異・借方差異

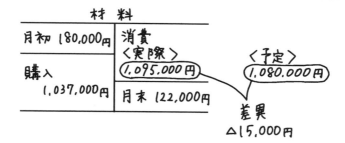

差異を計算するとマイナス（簿記では△はマイナスの意味）であり、予定より実際の方が多く費用がかかった状況で、会社にとって不利な差異、つまり不利差異（借方差異）とわかります。借方差異なので仕訳の借方（左側）に「材料消費価格差異」を書きます。右に「材料」を書きます。

材料消費価格差異 15,000 ／ 材料 15,000

(2)

1. 素材と工場消耗品の合計 842,000円は掛けで購入したので「買掛金」が増えます。買掛金は負債（ホームポジション右）なので、増えるときは右に書きます。

材料副費は予定配賦しているので「材料副費」を使います。材料副費は費用（ホームポジション左）の勘定科目で、予定配賦するときに先に減らしておき、実際に支払ったときに増やします。本問では材料副費を予定配賦しているので、材料副費を右に書いて減らします。

購入代価と材料副費の合計が「材料」の購入原価となります。材料は資産（ホームポジション左）なので、増えるときは左に書きます。

買掛金　810,000円 + 32,000円 = 842,000円

材料副費　842,000円 × 10% = 84,200円

材料　842,000円 + 84,200円 = 926,200円

材料　926,200　／　買掛金　　842,000
　　　　　　　　／　材料副費　　84,200

2. 予定配賦額と実際発生額を使って、材料副費差異を計算します。差異を計算するとマイナスであり、予定より実際の方が多く費用がかかった状況で、会社にとって不利な差異、つまり不利差異（借方差異）とわかります。借方差異なので仕訳の借方（左側）に「材料副費差異」を書きます。右に「材料副費」を書きます。

材料副費差異　$\underset{\text{予定配賦額}}{253,900円}$ − $\underset{\text{実際発生額}}{256,300円}$ = $\underset{\substack{\text{マイナスなので、}\\ \text{不利差異・借方差異}}}{\triangle 2,400円}$

材料副費差異 2,400　／　材料副費 2,400

3. 予定配賦額と実際発生額を使って、材料副費差異を計算します。差異を計算するとプラスであり、予定より実際の方が費用が少なかった状況で、会社にとって有利な差異、つまり有利差異（貸方差異）とわかります。貸方差異なので仕訳の貸方（右側）に「材料副費差異」を書きます。左に「材料副費」を書きます。

材料副費の予定配賦額　12,464,000円 × 5% = 623,200円

材料副費差異　$\underset{\text{予定配賦額}}{623,200円}$ − $\underset{\text{実際発生額}}{602,100円}$ = $\underset{\substack{\text{プラスなので、}\\ \text{有利差異・貸方差異}}}{+ 21,100円}$

材料副費 21,100　／　材料副費差異 21,100

(3)

1. 原料を倉庫から出庫し、外注業者に渡していますが「通常の出庫票にて出庫の記録を行っている」と指示がありますので、原料を製品製造のために出庫した仕訳（材料を消費した仕訳）を行えばよいことがわかります。材料を出庫（消費）したので「材料」を減らします。材料は資産（ホームポジション左）なので、減るときは右に書きます。

材料は製造指図書 No.317 のために消費したので、特定の製品を作るための消費であり、直接材料費を消費した状況なので「仕掛品」を使います。仕掛品は資産（ホームポジション左）なので、増えるときは左に書きます。

@ 800円 × 520kg = 416,000円

仕掛品416,000 ／ 材料416,000

2. 外注業者に対する加工賃は直接経費なので「仕掛品」を使います。仕掛品は資産（ホームポジション左）なので、増えるときは左に書きます。小切手を振り出したので「当座預金」が減ります。当座預金は資産（ホームポジション左）なので、減るときは右に書きます。

仕掛品30,000 ／ 当座預金30,000

> **◀) ワンポイント**
>
> 直接経費の仕訳は次のように①外注加工費の発生と②仕掛品への振り替えを分けて書くこともあります。
> ① 外注加工費　30,000 ／ 当座預金　30,000
> ② 仕掛品　　　30,000 ／ 外注加工費　30,000
> 仮に、使用できる勘定科目に「外注加工費」があれば①②の仕訳を書いても正解です。しかし本問では使用できる勘定科目に「外注加工費」がないので、①②を合算して外注加工費を相殺した次の仕訳が正解となります。
> 仕掛品　30,000 ／ 当座預金　30,000

3. 材料が減耗したことで「材料」が減ります。材料は資産（ホームポジション左）なので、減るときは右に書きます。

材料の棚卸減耗費は間接経費なので「製造間接費」を使います。製造間接費は費用（ホームポジション左）なので、増えるときは左に書きます。

棚卸減耗費　2,760,000円 − 2,747,000円 = 13,000円

製造間接費13,000 ／ 材料13,000

4. 素材は「材料」という勘定科目を使って仕訳します。素材の当月消費量は2,000kgとわかっていますが、材料消費高は与えられていないので計算が必要です。材料消費高はBOX図を書いて計算します。

まずはBOX図に問題文の情報を書き込みます。本問では「払出単価（消費単価）は平均法により計算されている」と指示があるので、平均法のBOX図を書きます。

月初有高　46,200円（問題文より）

当月購入高　@418円 × 2,100kg = 877,800円

当月消費量　2,000kg（問題文より）

合計金額　46,200円 + 877,800円 = 924,000円

合計数量　100kg + 2,100kg = 2,200kg

月末有高　2,200kg − 2,000kg = 200kg

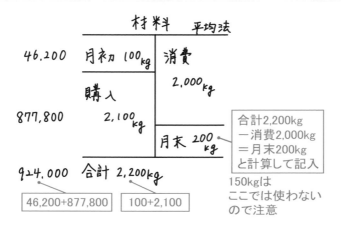

次に月末有高、当月消費高の順で計算します。

　平均単価　合計金額924,000円÷合計数量2,200kg = @420円
　月末有高　@420円×200kg = 84,000円
　当月消費高　合計金額924,000円−月末有高84,000円 = 840,000円
問題文に月末有高の実地棚卸数量が150kgと書いてあります。平均単価を使って実地棚卸高を計算します。

　月末有高（実地棚卸高）　@420円×150kg = 63,000円
帳簿棚卸高と実地棚卸高の差額が棚卸減耗費です。

　棚卸減耗費　帳簿84,000円−実地63,000円 = 21,000円

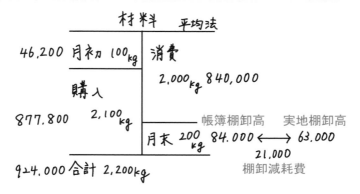

最後に仕訳を書きます。素材は直接材料費であり、直接材料費を消費したので「仕掛品」を使います。「材料」から「仕掛品」へ振り替えます。

ワンポイント

振り替えるというのは、ある勘定科目を減らして他の勘定科目を増やすことです。本問では「材料」を減らして「仕掛品」を増やしています。

仕掛品840,000 ／ 材料840,000
材料の棚卸減耗費は間接経費なので「製造間接費」を使います。製造間接費は費用（ホームポジション左）なので、増えるときは左に書きます。
製造間接費21,000 ／ 材料21,000
2つの仕訳の貸方（右側）の材料を合算します。
　材料　840,000 + 21,000 = 861,000
仕掛品　　　 840,000 ／ 材料　861,000
製造間接費　 21,000 ／

解答 01

		借方		貸方	
		記号	金額	記号	金額
(1)	1	オ	1,260,000	ウ	1,260,000
	2	ウ	1,630,000	イ	1,630,000
	3	ウ	15,000	エ	15,000
(2)	1	オ	926,200	ウ	842,000
				エ	84,200
	2	カ	2,400	ウ	2,400
	3	オ	21,100	エ	21,100
(3)	1	イ	416,000	ア	416,000
	2	イ	30,000	ウ	30,000
	3	オ	13,000	イ	13,000
	4	ア	840,000	オ	861,000
		カ	21,000		

仕訳問題②　労務費・経費

（1）～（2）について答えなさい。

（1）次の取引について仕訳しなさい。ただし、勘定科目は、設問ごとに最も適当と思われるものを選び、答案用紙の（　　）内に記号で解答すること。

1．直接工による労務費の消費高を計上する。当月、直接工の実際直接作業時間は762時間、実際間接作業時間は15時間であった。当工場において適用する予定賃率は1,600円である。

　　ア．当座預金　イ．仕掛品　ウ．賃金・給料　エ．未払費用
　　オ．製造間接費配賦差異　カ．製造間接費

2．間接工による労務費の消費高を計上する。間接工の前月賃金未払高110,000円、当月賃金支払高800,000円、当月賃金未払高160,000円であった。

　　ア．製造間接費　イ．仕掛品　ウ．賃金・給料　エ．未払金
　　オ．未払費用　カ．製品

3．直接工の賃率差異を計上した。直接工の消費賃率の計算には1時間あたり1,500円の予定消費賃率を用いており、当月の直接工の直接作業時間は520時間、間接作業時間は60時間であった。なお、直接工の賃金の実際消費高は854,000円であった。

　　ア．賃金・給料　イ．仕掛品　ウ．製造間接費配賦差異
　　エ．賃率差異　オ．製造間接費　カ．未払費用

（2）次の取引について仕訳しなさい。ただし、勘定科目は、設問ごとに最も適当と思われるものを選び、答案用紙の（　　）内に記号で解答すること。

1．当月の労務費の消費高を計上する。直接工について、作業時間票によれば、当月の実際直接作業時間は864時間、実際間接作業時間は28時間であった。当工場において適用する予定賃率は1,300円である。間接工について、前月賃金未払高120,000円、当月賃金支払高2,460,000円、

当月賃金未払高108,000円であった 。

ア．製造間接費配賦差異　イ．当座預金　ウ．仕掛品

エ．賃金・給料　オ．賃率差異　カ．製造間接費

2．直接工の賃率差異を計上した。直接工の消費賃率の計算には1時間あたり1,800円の予定消費賃率を用いており、当月の直接工の直接作業時間は280時間、間接作業時間は30時間であった。なお、直接工の賃金の前月未払高は156,000円、当月支払高は593,000円、当月未払高は130,000円であった。

ア．賃率差異　イ．仕掛品　ウ．賃金・給料　エ．製造間接費

オ．製造間接費配賦差異　カ．現金

3．工場で製品の製造に使用している機械について、当月の減価償却費を計上する。なお、機械の減価償却費の年間見積額は480,000円である。

ア．仕掛品　イ．製造間接費　ウ．未払費用　エ．材料

オ．賃金・給料　カ．機械減価償却累計額

(1)

1. 直接工の直接作業時間の賃金消費高は直接労務費なので、消費したとき は「仕掛品」が増えます。仕掛品は資産（ホームポジション左）なので、 増えるときは左に書きます。

直接工の間接作業時間の賃金消費高は間接労務費なので、消費したとき は「製造間接費」が増えます。製造間接費は費用（ホームポジション左） なので、増えるときは左に書きます。

労務費を消費したので「賃金・給料」が減ります。賃金・給料は費用 （ホームポジション左）なので、減るときは右に書きます。

仕掛品　　@1,600円×762時間＝1,219,200円

製造間接費　@1,600円×15時間＝24,000円

賃金・給料　1,219,200円＋24,000円＝1,243,200円

仕掛品　　　　1,219,200 ／ 賃金・給料　1,243,200

製造間接費　　　24,000 ／

2. 間接工の賃金消費高は下書きのBOX図を使って計算します。￣￣￣部 分は差引で求めます。

当月消費高　<u>800,000円</u> ＋ <u>160,000円</u> − <u>110,000円</u> ＝ 850,000円
　　　　　　当月支払高　　　当月未払高　　　前月未払高

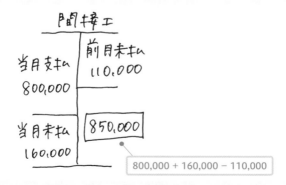

800,000 + 160,000 − 110,000

間接工の賃金消費高は間接労務費なので、消費したときは「製造間接費」 が増えます。製造間接費は費用（ホームポジション左）なので、増える ときは左に書きます。

労務費を消費したので「賃金・給料」が減ります。賃金・給料は費用（ホームポジション左）なので、減るときは右に書きます。
製造間接費850,000 ／ 賃金・給料850,000

3. まずは賃金の予定消費高を計算します。次に賃金の予定消費高と実際消費高を使って、賃率差異を計算します。差異を計算するとプラスであり、予定より実際の方が費用が少なかった状況で、会社にとって有利な差異、つまり有利差異（貸方差異）とわかります。貸方差異なので仕訳の貸方（右側）に「賃率差異」を書きます。左に「賃金・給料」を書きます。

予定消費高　@1,500円×（520時間＋60時間）＝ 870,000円

賃率差異　<u>870,000円</u> － <u>854,000円</u> ＝ <u>＋16,000円</u>
　　　　　　予定消費高　　　実際消費高　　　プラスなので、
　　　　　　　　　　　　　　　　　　　　　　有利差異・貸方差異

賃金・給料16,000 ／ 賃率差異16,000

(2)

1. まずは、直接工と間接工の賃金の当月消費高を計算します。間接工の賃金は下書きのBOX図を使って計算します。

直接工
　直接作業時間　@1,300円×864時間＝ 1,123,200円 ●─── 仕掛品
　間接作業時間　@1,300円×28時間＝ 36,400円

間接工
　当月消費高　<u>2,460,000円</u> ＋ <u>108,000円</u> － <u>120,000円</u> ＝ 2,448,000円
　　　　　　　　当月支払高　　　当月未払高　　　前月未払高

直接工の直接作業時間の賃金消費高は直接労務費になるので「仕掛品」が増えます。「賃金・給料」から「仕掛品」へ振り替えます。
仕掛品1,123,200 ／ 賃金・給料1,123,200

直接工の間接作業時間と間接工の賃金消費高は間接労務費になるので「製造間接費」が増えます。「賃金・給料」から「製造間接費」へ振り替えます。

製造間接費　36,400円 + 2,448,000円 = 2,484,400円

製造間接費 2,484,400 ／ 賃金・給料 2,484,400

2つの仕訳の貸方（右側）の賃金・給料を合算します。

賃金・給料　1,123,200円 + 2,484,400円 = 3,607,600円

仕掛品　　　1,123,200 ／ 賃金・給料　3,607,600
製造間接費　2,484,400 ／

2. まずは、直接工の賃金の予定消費高と実際消費高を計算します。実際消費高は下書きのBOX図を使って計算します。

予定消費高

　　直接作業時間　@1,800円 × 280時間 = 504,000円

　　間接作業時間　@1,800円 × 30時間 = 54,000円

　　合　計　504,000円 + 54,000円 = 558,000円

実際消費高　<u>593,000円</u> + <u>130,000円</u> − <u>156,000円</u> = 567,000円
　　　　　　当月支払高　　　当月未払高　　　前月未払高

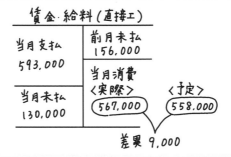

次に予定消費高と実際消費高を使って、賃率差異を計算します。差異を計算するとマイナスであり、予定より実際の方が多く費用がかかった状況で、会社にとって不利な差異、つまり不利差異（借方差異）とわかります。借方差異なので仕訳の借方（左側）に「賃率差異」を書きます。右に「賃金・給料」を書きます。

賃率差異　<u>558,000円</u> − <u>567,000円</u> = <u>△9,000円</u>
　　　　　予定消費高　　　実際消費高　　　マイナスなので、
　　　　　　　　　　　　　　　　　　　　　不利差異・借方差異

賃率差異 9,000 ／ 賃金・給料 9,000

3. 工場の機械の減価償却費は間接経費なので、計上したときに「製造間接費」が増えます。製造間接費は費用（ホームポジション左）なので、増えるときは左に書きます。当月の減価償却費は年間見積額を12か月で割り、1か月あたりの金額を計算します。

減価償却を行ったので「機械減価償却累計額」が増えます。機械減価償却累計額は資産のマイナス（ホームポジション右）なので、増えるときは右に書きます。

　　当月の減価償却費　480,000円 ÷ 12か月 = 40,000円
　　製造間接費40,000 ／ 機械減価償却累計額40,000

> **◀▶ ワンポイント**
>
> 間接経費の仕訳は次のように①減価償却費の発生と②製造間接費への振り替えを分けて書くこともあります。
> ① 減価償却費 40,000 ／ 機械減価償却累計額 40,000
> ② 製造間接費 40,000 ／ 減価償却費 40,000
> 仮に、使用できる勘定科目に「減価償却費」があれば①②の仕訳を書いても正解です。しかし本問では使用できる勘定科目に「減価償却費」がないので、①②を合算して減価償却費を相殺した次の仕訳が正解となります。
> 製造間接費 40,000 ／ 機械減価償却累計額 40,000

解答 02

		借　方		貸　方	
		記　号	金　額	記　号	金　額
(1)	1	イ カ	1,219,200 24,000	ウ	1,243,200
	2	ア	850,000	ウ	850,000
	3	ア	16,000	エ	16,000
(2)	1	ウ カ	1,123,200 2,484,400	エ	3,607,600
	2	ア	9,000	ウ	9,000
	3	イ	40,000	カ	40,000

労務費の問題では、下書きにBOX図を書くのか書かないのか、判断しにくいです。
(1) 1. のように賃金消費高を「賃率×作業時間＝賃金消費高」で計算できるときはBOX図を書きません。
(1) 2. のように賃率や作業時間の情報が書いていない場合は、前月未払高・当月支払高・当月未払高から差引で賃金消費高を計算することになるので、BOX図を書きます。間接工でBOX図を書くことが多いですが、(2) 2. のように直接工でBOX図を書くこともあります。

●統一試験での解き方

統一試験では、勘定科目をアイウエの記号で答える問題が出題されます。

> 2. 当月、部品1,800kgを消費した。部品の予定消費単価は@600円である。
>
> 　ア．製品　イ．材料　ウ．仕掛品　エ．材料消費価格差異

この場合、答案用紙に直接アイウエの記号を書くと間違えやすいので、学習の最初は一度計算用紙に仕訳を書き、仕訳を見ながら記号を選ぶ解き方がオススメです。慣れてきたら時間短縮のため答案用紙に直接記号で書いても良いですが、複雑な仕訳や計算は一度計算用紙に書いた方が間違えにくいです。

●ネット試験での解き方

ネット試験では、勘定科目を直接選択する問題が出題されることが多いです。

この場合、計算用紙に仕訳を書かずに、パソコン画面に直接入力した方が速く解けます。パソコン画面で完成した仕訳を確認することもできます。ただし、複雑な仕訳や計算は一度計算用紙に書いた方が間違えにくいです。

よく出る

答案用紙 P03

A 解答 P041

目標タイム 16分

仕訳問題③ 製造間接費

 (1) ～ (2) について答えなさい。

(1) 次の取引について仕訳しなさい。ただし、勘定科目は、設問ごとに最も適当と思われるものを選び、答案用紙の（　）内に記号で解答すること。

1. 直接作業時間を配賦基準として製造間接費を各製造指図書に予定配賦した。当工場の年間の製造間接費予算は17,220,000円、年間の予定総直接作業時間は9,840時間、当月の直接作業時間は810時間であった。
　ア．仕掛品　イ．材料　ウ．製品　エ．製造間接費　オ．賃金・給料
　カ．製造間接費配賦差異

2. 製造間接費の実際発生額は5,706,000円であったので、製造間接費予定配賦額5,670,000円との差額を製造間接費配賦差異勘定に振り替える。
　ア．仕掛品　イ．製品　ウ．製造間接費配賦差異　エ．材料
　オ．製造間接費　カ．賃金・給料

3. 当月の製造間接費の実際発生額は3,819,600円であったので、製造間接費予定配賦額との差額を予算差異勘定と操業度差異勘定に振り替える。なお、当工場の年間の製造間接費予算は46,080,000円、年間の予定総直接作業時間は14,400時間、当月の直接作業時間は1,150時間であった。
　ア．価格差異　イ．予算差異　ウ．賃率差異　エ．製造間接費
　オ．仕掛品　カ．操業度差異

(2) 次の取引について仕訳しなさい。ただし、勘定科目は、設問ごとに最も適当と思われるものを選び、答案用紙の（　）内に記号で解答すること。

1. 当工場では、変動予算（公式法変動予算）を設定しており、直接作業時間を配賦基準として、予定配賦率により製造間接費を各製造指図書に配賦する。なお、年間の製造間接費予算は34,680,000円（うち変動費

10,200,000円、固定費24,480,000円）、年間の予定総直接作業時間は10,200時間である。当月の実際直接作業時間は762時間であった。

　ア．操業度差異　イ．予算差異　ウ．製造間接費　エ．製品

　オ．売上原価　カ．仕掛品

2．製造間接費の予定配賦額と実際発生額1,414,000円との差額を製造間接費配賦差異勘定に振り替える。当工場では、変動予算（公式法変動予算）を設定しており、直接作業時間を配賦基準として製造間接費を予定配賦しており、年間の製造間接費予算額は17,280,000円（うち変動費6,912,000円、固定費10,368,000円）、年間の予定総直接作業時間は11,520時間である。当月の実際直接作業時間は950時間であった。

　ア．仕掛品　イ．製造間接費配賦差異　ウ．製造間接費

　エ．価格差異　オ．賃金・給料　カ．製品

3．製造間接費の予定配賦額と実際発生額563,000円との差額を予算差異勘定と操業度差異勘定に振り替える。当工場では、変動予算（公式法変動予算）を設定しており、機械稼働時間を配賦基準として製造間接費を予定配賦している。なお、年間の変動製造間接費予算額は3,000,000円、固定製造間接費予算額は3,600,000円、年間の予定総機械稼働時間は6,000時間、当月の実際機械稼働時間は510時間であった。

　ア．製造間接費　イ．仕掛品　ウ．賃率差異　エ．賃金・給料

　オ．予算差異　カ．操業度差異

4．当社の埼玉工場は、算定した予定配賦率1,600円／時間を使用し、機械稼働時間を配賦基準として、製造間接費の予定配賦を行っている。そこで、予定配賦額との差額を予算差異勘定と操業度差異勘定に振り替える。当月の製造間接費実際発生額は3,365,000円、製造間接費予算許容額は3,300,000円（うち変動費1,200,000円、固定費2,100,000円）、実際機械稼働時間は2,000時間であった。

　ア．操業度差異　イ．製品　ウ．仕掛品　エ．製造間接費

　オ．売上原価　カ．予算差異

解説 03

(1)

1. まずは年間の予算と予定総直接作業時間から当期中に使用する予定配賦率を計算します。次に予定配賦率と当月の直接作業時間を掛けて、当月の製造間接費の予定配賦額を計算します。最後に「製造間接費」から「仕掛品」へ振り替えます。

　　当期中の予定配賦率　17,220,000円 ÷ 9,840時間 = @1,750円
　　当月の予定配賦額　@1,750円 × 810時間 = 1,417,500円

　仕掛品1,417,500 ／ 製造間接費1,417,500

2. 製造間接費の予定配賦額と実際発生額を使って、製造間接費配賦差異を計算します。差異を計算するとマイナスであり、予定より実際の方が多く費用がかかった状況で、会社にとって不利な差異、つまり不利差異（借方差異）とわかります。借方差異なので仕訳の借方（左側）に「製造間接費配賦差異」を書きます。右に「製造間接費」を書きます。

　　製造間接費配賦差異　<u>5,670,000円</u> − <u>5,706,000円</u> = △36,000円
　　　　　　　　　　　　　予定配賦額　　　　実際発生額　　　　　　マイナスなので、
　　　　　　　　　　　　　　　　　　　　　　　　　　　　　　　　　不利差異・借方差異

　製造間接費配賦差異36,000 ／ 製造間接費36,000

3. 本問では製造間接費の予算と実際発生額について、変動費と固定費に分かれた資料が与えられていません。このため、製造間接費の原価差異分析は「変動予算」で行うことができませんので「固定予算」を使って予算差異と操業度差異を求めることになります。

　まずは、固定予算の原価差異分析の図を書きます。「よ」は予算差異、「そ」は操業度差異を示しています 。

　なお、この図は計算式を可視化しただけのものなので、図を書かずに計算式に当てはめて計算することもできます。ただし、計算式を丸暗記するよりは、図のどの部分が差異となっているか理解した方が速く正確に計算できるのでオススメです。

　　予算差異 = 予算額 − 実際発生額
　　操業度差異 = 予定配賦率 ×（実際操業度 − 基準操業度）

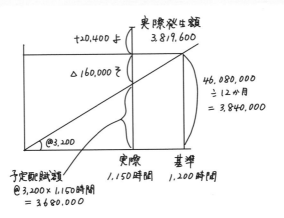

当月の予算額　<u>46,080,000円÷12か月</u> = 3,840,000円
　　　　　　　　　　年間の予算額

問題文の情報より、操業度は直接作業時間とわかります。

当月の基準操業度　<u>14,400時間÷12か月</u> = 1,200時間
　　　　　　　　　　年間の予定総直接作業時間

当月の実際操業度　1,150時間（問題文より）

予定配賦率　<u>46,080,000円</u> ÷ <u>14,400時間</u> = @3,200円
　　　　　　　年間の予算額　　　　年間の
　　　　　　　　　　　　　　　予定総直接作業時間

予算差異　<u>3,840,000円</u> − <u>3,819,600円</u> = <u>+20,400円</u>
　　　　　　当月の予算額　　　実際発生額　　　プラスなので、
　　　　　　　　　　　　　　　　　　　　　有利差異・貸方差異

操業度差異　@3,200円 × (<u>1,150時間</u> − <u>1,200時間</u>) = <u>△160,000円</u>
　　　　　　予定配賦率　　実際操業度　　基準操業度　　マイナスなので、
　　　　　　　　　　　　　　　　　　　　　　　　不利差異・借方差異

次に仕訳を書きます。予算差異は有利差異（貸方差異）なので、貸方（右側）に「予算差異」を書きます。操業度差異は不利差異（借方差異）なので、借方（左側）に「操業度差異」を書きます。予算差異と操業度差異の差額139,600円は「製造間接費」を使います。

操業度差異　160,000　／　製造間接費　139,600
　　　　　　　　　　　　／　予算差異　　　20,400

参考 製造間接費総差異（製造間接費配賦差異）

予定配賦額　@3,200円 × 1,150時間 = 3,680,000円
　　　　　　　予定配賦率　　　実際操業度

製造間接費総差異　3,680,000円 − 3,819,600円 = △139,600円
　　　　　　　　　　予定配賦額　　　実際発生額　　　マイナスなので、
　　　　　　　　　　　　　　　　　　　　　　　　　不利差異・借方差異

製造間接費総差異△139,600円の内訳が、予算差異 + 20,400円と操業度差異△160,000円なので、予算差異と操業度差異を合算すると製造間接費総差異と一致します。

　　予算差異 + 20,400円 + 操業度差異△160,000円
　　= 製造間接費総差異△139,600円

(2)

1. まずは年間の予算と予定総直接作業時間から当期中に使用する予定配賦率を計算します。次に予定配賦率と当月の直接作業時間を掛けて、当月の製造間接費の予定配賦額を計算します。最後に「製造間接費」から「仕掛品」へ振り替えます。

　　当期中の予定配賦率　34,680,000円 ÷ 10,200時間 = @3,400円
　　当月の予定配賦額　@3,400円 × 762時間 = 2,590,800円
　仕掛品2,590,800 ／ 製造間接費2,590,800

◀▶ ワンポイント

本問は変動予算を設定していますが、予定配賦額の計算には影響ありません。固定予算と変動予算の違いは、製造間接費の原価差異分析（予算差異と操業度差異を分ける場合）で出てくる内容です。

2. まずは製造間接費の予定配賦額を計算します。

　　当期中の予定配賦率　17,280,000円 ÷ 11,520時間 = @1,500円
　　当月の予定配賦額　@1,500円 × 950時間 = 1,425,000円

次に製造間接費の予定配賦額と実際発生額を使って、製造間接費配賦差異を計算します。差異を計算するとプラスであり、予定より実際の方が費用が少なかった状況で、会社にとって有利な差異、つまり有利差異（貸方差異）とわかります。貸方差異なので仕訳の貸方（右側）に「製造間接費配賦差異」を書きます。左に「製造間接費」を書きます。

　　製造間接費配賦差異　1,425,000円 − 1,414,000円 = + 11,000円
　　　　　　　　　　　　　予定配賦額　　　実際発生額　　　プラスなので、
　　　　　　　　　　　　　　　　　　　　　　　　　　　　有利差異・貸方差異

1 仕訳
2 費目別計算
3 製造間接費の部門別計算
4 個別原価計算
5 製造原価報告書・損益計算書
6 単純総合原価計算
7 工程別総合原価計算
8 組別総合原価計算
9 等級別総合原価計算
10 標準原価計算
11 直接原価計算
12 模擬問題

製造間接費11,000 ／ 製造間接費配賦差異11,000

3. 本問では「変動予算（公式法変動予算）」と指示があるので「変動予算」を使って予算差異と操業度差異を求めることになります。まずは、変動予算の原価差異分析の図を書きます。「よ」は予算差異、「そ」は操業度差異を示しています。

　なお、この図は計算式を可視化しただけのものなので、図を書かずに計算式に当てはめて計算することもできます。ただし、計算式を丸暗記するよりは、図のどの部分が差異となっているか理解した方が速く正確に計算できるのでオススメです。

　　予算差異＝予算許容額－実際発生額
　　予算許容額＝変動費率×実際操業度＋固定費予算額
　　操業度差異＝固定費率×（実際操業度－基準操業度）
　　固定費率＝固定費予算額÷基準操業度

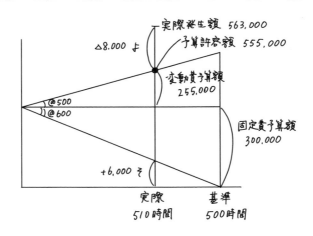

当月の基準操業度　6,000時間÷12か月＝500時間
年間の予定総機械稼働時間

当月の実際操業度　510時間（問題文より）

変動費率　$\underset{\text{年間の変動費予算額}}{3,000,000\text{円}} \div \underset{\substack{\text{年間の}\\\text{予定総機械稼働時間}}}{6,000\text{時間}} = @\,500\text{円}$

固定費率　$\underset{\text{年間の固定費予算額}}{3,600,000\text{円}} \div \underset{\substack{\text{年間の}\\\text{予定総機械稼働時間}}}{6,000\text{時間}} = @\,600\text{円}$

当月の変動費予算額　$\underset{\text{変動費率}}{@\,500\text{円}} \times \underset{\text{当月の実際操業度}}{510\text{時間}} = 255,000\text{円}$

当月の固定費予算額　$\underset{\text{年間の固定費予算額}}{3,600,000\text{円}} \div 12\text{か月} = 300,000\text{円}$

予算許容額　$\underset{\text{当月の変動費予算額}}{255,000\text{円}} + \underset{\text{当月の固定費予算額}}{300,000\text{円}} = 555,000\text{円}$

予算差異　$\underset{\text{予算許容額}}{555,000\text{円}} - \underset{\text{実際発生額}}{563,000\text{円}} = \underset{\substack{\text{マイナスなので、}\\\text{不利差異・借方差異}}}{\triangle 8,000\text{円}}$

操業度差異　$\underset{\text{固定費率}}{@\,600\text{円}} \times (\underset{\text{実際操業度}}{510\text{時間}} - \underset{\text{基準操業度}}{500\text{時間}}) = \underset{\substack{\text{プラスなので、}\\\text{有利差異・貸方差異}}}{+\,6,000\text{円}}$

次に仕訳を書きます。予算差異は不利差異（借方差異）なので、借方（左側）に「予算差異」を書きます。操業度差異は有利差異（貸方差異）なので、貸方（右側）に「操業度差異」を書きます。予算差異と操業度差異の差額2,000円は「製造間接費」を使います。

予算差異　8,000　／　製造間接費　2,000
　　　　　　　　　／　操業度差異　6,000

参考　製造間接費総差異（製造間接費配賦差異）

年間の製造間接費予算額　$3,000,000\text{円} + 3,600,000\text{円} = 6,600,000\text{円}$

予定配賦率　$6,600,000\text{円} \div 6,000\text{時間} = @\,1,100\text{円}$

予定配賦額　$\underset{\text{予定配賦率}}{@\,1,100\text{円}} \times \underset{\text{実際操業度}}{510\text{時間}} = 561,000\text{円}$

製造間接費総差異　$\underset{\text{予定配賦額}}{561,000\text{円}} - \underset{\text{実際発生額}}{563,000\text{円}} = \underset{\substack{\text{マイナスなので、}\\\text{不利差異・借方差異}}}{\triangle 2,000\text{円}}$

製造間接費総差異△2,000円の内訳が、予算差異△8,000円と操業度差異+6,000円なので、予算差異と操業度差異を合算すると製造間接費総差異と一致します。

予算差異△8,000円 + 操業度差異+6,000円
＝製造間接費総差異△2,000円

4. 本問は製造間接費の年間予算や年間の予定機械稼働時間の情報が不明ですので、予定配賦額・予算許容額・実際発生額の３つを使って、予算差異と操業度差異の金額を計算します。

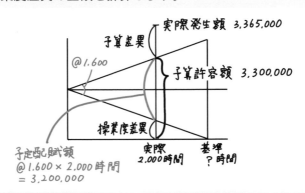

予定配賦額　<u>@1,600円</u> × <u>2,000時間</u> = 3,200,000円
　　　　　　　予定配賦率　　　実際機械稼働時間

予算差異　<u>3,300,000円</u> − <u>3,365,000円</u> = <u>△65,000円</u>
　　　　　　予算許容額　　　　実際発生額　　　マイナスなので、
　　　　　　　　　　　　　　　　　　　　　　　不利差異・借方差異

操業度差異　<u>3,200,000円</u> − <u>3,300,000円</u> = <u>△100,000円</u>
　　　　　　　予定配賦額　　　　予算許容額　　　マイナスなので、
　　　　　　　　　　　　　　　　　　　　　　　　不利差異・借方差異

次に仕訳を書きます。予算差異と操業度差異はともに不利差異（借方差異）なので、借方（左側）に「予算差異」「操業度差異」と書きます。右に「製造間接費」と書きます。

予算差異　　　65,000 ／ 製造間接費 165,000
操業度差異 100,000 ／

解答 03

		仕		訳	
		借　方		貸　方	
		記　号	金　額	記　号	金　額
(1)	1	ア	1,417,500	エ	1,417,500
	2	ウ	36,000	オ	36,000
	3	カ	160,000	エ	139,600
				イ	20,400
(2)	1	カ	2,590,800	ウ	2,590,800
	2	ウ	11,000	イ	11,000
	3	オ	8,000	ア	2,000
				カ	6,000
	4	カ	65,000	エ	165,000
		ア	100,000		

Chapter 1
問題 **04**

ときどき出る

答案用紙 P04

A 解答 P047

目標タイム 10分

仕訳問題④　その他

（1）～（2）について答えなさい。

（1）次の取引について仕訳しなさい。ただし、勘定科目は、設問ごとに最も適当と思われるものを選び、答案用紙の（　）内に記号で解答すること。

1．京都工場では実際個別原価計算を採用しており、当月完成した製品について、仕掛品勘定から製品勘定に振り替える。完成した製品は、前月から製造に着手していた製造指図書＃256（前月の製造原価16,000円、当月の製造原価378,000円）と、当月から製造に着手した製造指図書#257（当月の製造原価280,000円）の2つである。
　　ア．製造間接費　イ．売上原価　ウ．仕掛品　エ．製品
　　オ．売上　カ．材料

2．製品（完成品原価3,540,000円）を売り渡し、代金5,310,000円が当社の普通預金口座へ振り込まれた。
　　ア．売上　イ．売上原価　ウ．普通預金　エ．仕掛品
　　オ．売掛金　カ．製品

3．当月に発生した原価差異は、原価差異勘定の借方に40,000円計上されている。当月末に、原価差異勘定から売上原価勘定へ振り替える。
　　ア．売上　イ．売上原価　ウ．製品　エ．仕掛品
　　オ．原価差異　カ．材料

（2）次の取引について仕訳しなさい。ただし、勘定科目は、設問ごとに最も適当と思われるものを選び、答案用紙の（　）内に記号で解答すること。

1．製造間接費について、部門別に予定配賦率を使用して仕掛品勘定に予定配賦する。予定配賦率はA製造部300円／時間、B製造部900円／時間である。配賦基準は機械稼働時間を利用している。当月の実際機械稼働

時間は、A製造部800時間、B製造部は350時間であった。

　　ア．製造間接費　イ．製品　ウ．製造間接費配賦差異　エ．仕掛品

　　オ．原価差異　カ．操業度差異

2．製造間接費について、部門別に算定した予定配賦率にもとづいて予定配賦した。製造部門費の配賦基準は直接作業時間であり、補助部門費の配賦は直接配賦法による。各部門の月次予算額は、第1製造部2,400,000円、第2製造部1,900,000円、修繕部820,000円、事務部900,000円である。当月の予定直接作業時間は、第1製造部2,500時間、第2製造部2,000時間、当月の実際直接作業時間は、第1製造部2,460時間、第2製造部1,930時間であった。当社の補助部門は修繕部と事務部であり、補助部門費の配賦に関するデータは下記のとおりである。

	合計	第1製造部	第2製造部	修繕部	事務部
修繕時間	225時間	115時間	90時間	－	20時間
従業員数	40人	20人	10人	2人	8人

　　ア．予算差異　イ．製造間接費　ウ．仕掛品　エ．操業度差異

　　オ．賃金・給料　カ．製品

3．当社の川崎工場では単純総合原価計算を採用しており、当月に製品1,000個が完成したため製品勘定へ振り替えた。なお、月初仕掛品原価は125,000円、当月製造費用は1,625,000円、月末仕掛品原価は250,000円であった。

　　ア．材料　イ．製造間接費　ウ．仕掛品　エ．売上原価

　　オ．製品　カ．賃金・給料

(1)

1. 個別原価計算の問題です。当月完成した製品 # 256 と # 257 について、「仕掛品」から「製品」へ振り替える仕訳を書きます。

前月の製造原価16,000円は、前月に材料などの勘定から仕掛品勘定へ振り替える仕訳を書いていたはずです。当月の製造原価378,000円と280,000円は、当月、材料などを消費した際に、材料などの勘定から仕掛品勘定へ振り替える仕訳を書いていたはずです。したがってこれらの製造原価はすべて仕掛品勘定に計上されているので、当月完成した際に全額、仕掛品勘定から製品勘定へ振り替えます。

16,000円 + 378,000円 + 280,000円 = 674,000円

製品 674,000 ／ 仕掛品 674,000

2. 製品を販売したので「売上」が増えます。売上は収益（ホームポジション右）なので、増えるときは右に書きます。

普通預金口座へ振り込まれたので「普通預金」が増えます。普通預金は資産（ホームポジション左）なので、増えるときは左に書きます。

普通預金 5,310,000 ／ 売上 5,310,000

製品を売ったので、完成品原価3,540,000円を「製品」から「売上原価」に振り替えます。製品が減って売上原価が増える仕訳になります。

売上原価 3,540,000 ／ 製品 3,540,000

3. 原価差異勘定は問題文より、借方残高40,000円の状況とわかります。「原価差異」を「売上原価」に振り替えるので、原価差異を40,000円から0円にします。貸方（右側）に「原価差異」を書きます。

左に「売上原価」を書きます。

売上原価 40,000 ／ 原価差異 40,000

◆ ワンポイント

当期中に発生した原価差異（材料消費価格差異、材料副費差異、賃率差異、製造間接費配賦差異など）は、当月末または当期末に売上原価に振り替えます。これによって、原価差異の金額も最終的に損益計算書に反映されます。

(2)

1. 製造間接費の部門別計算の問題です。A製造部とB製造部で製造間接費の予定配賦をするので「製造間接費」から「仕掛品」へ振り替える仕訳を書きます。

A製造部の予定配賦額を計算し、仕訳を書きます。

　300円／時間 × 800時間 = 240,000円

仕掛品240,000 ／ 製造間接費240,000

B製造部の予定配賦額を計算し、仕訳を書きます。

　900円／時間 × 350時間 = 315,000円

仕掛品315,000 ／ 製造間接費315,000

A製造部の仕訳とB製造部の仕訳を合算します。

　240,000円 + 315,000円 = 555,000円

仕掛品555,000 ／ 製造間接費555,000

2. 製造間接費の部門別計算の応用問題です。解き方としては、①まずは下書きに「製造間接費の部門別配賦表」を書き、第1製造部と第2製造部の月次予算額を計算します。②次に第1製造部と第2製造部の予定配賦率を計算します。③最後に第1製造部と第2製造部の予定配賦額を計算し「製造間接費」から「仕掛品」へ振り替える仕訳を書きます。

①下書きに「製造間接費の部門別配賦表」を書きます。本問では部門共通費がないので、部門個別費のみを計算します。補助部門費の配賦は直接配賦法で計算します。なお、問題文の表で与えられている情報のうち、修繕時間と従業員数は第1製造部と第2製造部の部分だけを使う点に注意しましょう。

修繕部費　第1製造部　820,000円 × 115時間 ÷（115 + 90）時間
　　　　　　　　　　　= 460,000円

　　　　　第2製造部　820,000円 × 90時間 ÷（115 + 90）時間
　　　　　　　　　　　= 360,000円

事務部費　第1製造部　900,000円 × 20人 ÷（20 + 10）人 = 600,000円

　　　　　第2製造部　900,000円 × 10人 ÷（20 + 10）人 = 300,000円

製造部門費　第1製造部　2,400,000円 + 460,000円 + 600,000円
　　　　　　　　　　　= 3,460,000円

　　　　　　第2製造部　1,900,000円 + 360,000円 + 300,000円
　　　　　　　　　　　= 2,560,000円

	製造部門		補助部門	
	第1製造部	第2製造部	修繕部	事務部
部門個別費	2,400,000	1,900,000	820,000	900,000
修繕部費	460,000	360,000		
事務部費	600,000	300,000		
製造部門費	3,460,000	2,560,000		

問題文より

②第1製造部と第2製造部の予定配賦率を計算します。

第1製造部　3,460,000円　÷　2,500時間＝1,384円／時間

　　補助部門費配賦後の月次予算額　　予定直接作業時間
　　（部門別配賦表の第1製造部）

第2製造部　2,560,000円　÷　2,000時間＝1,280円／時間

　　補助部門費配賦後の月次予算額　　予定直接作業時間
　　（部門別配賦表の第2製造部）

③第1製造部と第2製造部の予定配賦額を計算し、「製造間接費」から「仕掛品」へ振り替える仕訳を書きます。

第1製造部

　予定配賦額　1,384円／時間×2,460時間＝3,404,640円

　　　　　　　予定配賦率　　　　　実際直接作業時間

仕掛品3,404,640 ／ 製造間接費3,404,640

第2製造部

　予定配賦額　1,280円／時間×1,930時間＝2,470,400円

　　　　　　　予定配賦率　　　　　実際直接作業時間

仕掛品2,470,400 ／ 製造間接費2,470,400

第1製造部の仕訳と第2製造部の仕訳を合算します。

　3,404,640円＋2,470,400円＝5,875,040円

仕掛品5,875,040 ／ 製造間接費5,875,040

3. 総合原価計算の問題です。まず仕掛品BOX図を書き、当月の完成品原価を計算します。

　完成品原価　125,000 ＋ 1,625,000 － 250,000 ＝ 1,500,000

　　　　　　　月初仕掛品原価　　当月製造費用　　月末仕掛品原価

	仕 掛 品		（単位：円）
月　　初	125,000	完　成	1,500,000
当月投入	1,625,000		
		月　末	250,000

製品が完成したので「仕掛品」から「製品」に振り替えます。仕掛品が
減って製品が増える仕訳になります。
製品1,500,000／仕掛品1,500,000

解答 04

		仕		訳	
		借　方		貸　方	
		記　号	金　額	記　号	金　額
(1)	1	エ	674,000	ウ	674,000
	2	ウ	5,310,000	ア	5,310,000
		イ	3,540,000	カ	3,540,000
	3	イ	40,000	オ	40,000
(2)	1	エ	555,000	ア	555,000
	2	ウ	5,875,040	イ	5,875,040
	3	オ	1,500,000	ウ	1,500,000

仕訳問題⑤　本社工場会計

 （1）〜（2）について答えなさい。

（1）当社は本社と工場が離れていることから、工場会計を独立させている。材料と製品の倉庫は工場に置き、材料購入を含めて支払い関係はすべて本社が行っている。次の取引について仕訳しなさい。ただし、勘定科目は、設問ごとに最も適当と思われるものを選び、答案用紙の（　　）内に記号で解答すること。

1．当月、工場での賃金の消費高を計上する。工場での仕訳を示しなさい。
　　直接工：作業時間の記録によれば、直接工は直接作業のみ5,400時間行い、当工場で適用する予定総平均賃率は1,200円であった。
　　間接工：前月賃金未払高240,000円、当月賃金支払高3,000,000円、当月賃金未払高200,000円であった。
　　ア．賃金・給料　イ．仕掛品　ウ．製造間接費　エ．未払金
　　オ．未払費用　カ．工場

2．当月の賃金として、直接工に対して6,480,000円、間接工に対して3,000,000円を現金で支払った。本社での仕訳を示しなさい。
　　ア．工場　イ．仕掛品　ウ．賃金・給料　エ．製造間接費　オ．本社
　　カ．現金

3．製品製造にかかわる当月分の特許権使用料は620,000円であり、小切手を振り出して支払った。工場での仕訳を示しなさい。
　　ア．製造間接費　イ．仕掛品　ウ．現金　エ．工場　オ．当座預金
　　カ．本社

4．本社は、工場の機械装置の減価償却費450,000円を計上し、この旨を工場に連絡した。なお、減価償却費勘定、機械装置減価償却累計額勘定は本社に、仕掛品勘定、製造間接費勘定は工場に設けている。本社での仕訳を示しなさい。
　　ア．仕掛品　イ．本社　ウ．工場　エ．製造間接費

オ．機械装置減価償却累計額　カ．減価償却費

(2) 次の取引について仕訳しなさい。ただし、勘定科目は、設問ごとに最も適当と思われるものを選び、答案用紙の（　　）内に記号で解答すること。

1．当社は本社会計と工場会計を独立させている。工場で使用する勘定科目は、材料、賃金・給料、製造間接費、仕掛品、本社である。製品用の素材800kg（購入価額500円／kg）、工場で使用する消耗器具（購入価額100,000円）を掛けで購入し、倉庫に搬入した。工場での仕訳を示しなさい。

ア．本社　イ．材料　ウ．現金　エ．製造間接費　オ．買掛金
カ．工場

2．当社は本社会計と工場会計を独立させている。工場で使用する勘定科目は、材料、賃金・給料、製造間接費、仕掛品、本社である。工場で発生した水道、ガス、電気代の合計￥280,000を現金で支払った。工場での仕訳を示しなさい。

ア．製造間接費　イ．現金　ウ．仕掛品　エ．本社　オ．工場

3．当社は本社会計と工場会計を独立させている。工場で使用する勘定科目は、材料、賃金・給料、製造間接費、仕掛品、本社である。製品1,800,000円が完成した。工場はこれをただちに得意先へ2,500,000円で販売・発送し、その旨を本社に連絡した。工場での仕訳を示しなさい。

ア．工場　イ．仕掛品　ウ．本社　エ．売上　オ．売掛金

4．当社は本社会計と工場会計を独立させている。工場で使用する勘定科目は、材料、賃金・給料、製造間接費、仕掛品、製品、本社であり、材料と製品の倉庫は工場に置いている。製品4,200,000円が完成し、工場の倉庫に搬入・保管された。工場での仕訳を示しなさい。

ア．本社　イ．仕掛品　ウ．工場　エ．製品　オ．売上

5．当社は本社会計と工場会計を独立させている。工場で使用する勘定科目は、材料、賃金・給料、製造間接費、仕掛品、製品、本社であり、材料と製品の倉庫は工場に置いている。本社の営業部で製品を6,300,000円で販売し、代金は掛けとした。販売した製品の製造原価は4,200,000円であった。本社での仕訳を示しなさい。

ア．工場　イ．本社　ウ．売掛金　エ．売上原価　オ．売上

(1)

1. 問題文より「工場での仕訳」を解答します。まず直接工の賃金の当月消費高、間接工の賃金の当月消費高を計算します。

直接工　当月消費高　@1,200円 × 5,400時間 = 6,480,000円

間接工　当月消費高　3,000,000円 + 200,000円 − 240,000円

<small>当月支払高　　　　当月未払高　　　　前月未払高</small>

= 2,960,000円

賃金・給料(間接工)

支払高 3,000,000	前月未払 240,000
当月未払 200,000	当月消費高 2,960,000

直接工の直接作業の消費高は直接労務費になるので「仕掛品」を使います。「賃金・給料」から「仕掛品」へ振り替えます。

仕掛品 6,480,000 ／ 賃金・給料 6,480,000

間接工の消費高は間接労務費になるので「製造間接費」を使います。「賃金・給料」から「製造間接費」へ振り替えます。

製造間接費 2,960,000 ／ 賃金・給料 2,960,000

貸方（右側）の賃金・給料を合算します。

賃金・給料の金額　6,480,000 + 2,960,000 = 9,440,000

仕掛品　　　　6,480,000 ／賃金・給料　9,440,000
製造間接費　 2,960,000 ／

参考 本社での仕訳　　仕訳なし

2. 問題文より「本社での仕訳」を解答します。問題文に「材料購入を含めて支払い関係はすべて本社が行っている」と指示があるので、本社で現金を支払っていることがわかります。「現金」は資産（ホームポジショ

ン左）なので、減るときは右に書きます。

直接工と間接工の賃金を支払ったときは、工場の仕訳で「賃金・給料」を増やすので、本社の仕訳では「工場」を使います。

　　6,480,000円 + 3,000,000円 = 9,480,000円

工場9,480,000 ／ 現金9,480,000

参 考 工場での仕訳　　賃金・給料9,480,000 ／ 本社9,480,000

3. 問題文より「工場での仕訳」を解答します。特許権使用料は直接経費であり「仕掛品」を使います。仕掛品は資産（ホームポジション左）なので、増えるときは左に書きます。

代金の支払いについては「材料購入を含めて支払い関係はすべて本社が行っている」と指示があるため「本社」を使います。

仕掛品620,000 ／ 本社620,000

参 考 本社での仕訳　　工場620,000 ／当座預金620,000

4. 問題文より「本社での仕訳」を解答します。

工場の機械装置の減価償却について考えます。機械装置減価償却累計額勘定が工場ではなく本社に設けられているので、本社の仕訳で「機械装置減価償却累計額」を計上します。

しかし、工場の機械装置の減価償却費は本社で発生した費用ではなく工場で発生した費用です。減価償却費は間接経費なので、参考にもあるように工場において製造間接費を使って仕訳します。そこで本社では費用を計上するのではなく「工場」を使って仕訳することになります。

工場450,000 ／ 機械装置減価償却累計額450,000

参 考 工場での仕訳　　製造間接費450,000 ／ 本社450,000

(2)

1. 問題文より「工場での仕訳」を解答します。工場では素材と工場消耗器具を購入したので「材料」が増えます。材料は資産（ホームポジション左）なので、増えるときは左に書きます。

　　500円 ／ kg × 800kg + 100,000円 = 500,000円

選択肢に「買掛金」はありますが、問題文の工場で使用する勘定科目に「買掛金」がないので「本社」を使います。右に書きます。試験には、

このような形式で出題されるため、本書でも出題しています。問題文の条件を優先させることがポイントです。

材料500,000 ／ 本社500,000

参 考 本社での仕訳　　工場500,000 ／ 買掛金500,000

2. 問題文より「工場での仕訳」を解答します。工場では水道、ガス、電気代を支払ったので「水道光熱費」が増えます。水道光熱費は費用（ホームポジション左）なので、増えるときは左に書きます。
工場で使用する勘定科目に「現金」がないので「本社」を使います。右に書きます。

水道光熱費280,000 ／ 本社280,000

選択肢に「水道光熱費」がないため、工場で書く仕訳としては、間接経費である水道光熱費を「製造間接費」に振り替える必要があるとわかります。
水道光熱費は費用（ホームポジション左）なので、減るときは右に書きます。
製造間接費は費用（ホームポジション左）なので、増えるときは左に書きます。

製造間接費280,000 ／ 水道光熱費280,000

工場で書いた2つの仕訳を合算したものが答えになります。

製造間接費280,000 ／ 本社280,000

参 考 本社での仕訳　　工場280,000 ／ 現金280,000

3. 問題文より「工場での仕訳」を解答します。製品が完成し、ただちに得意先へ販売・発送しています。工場では製品が完成したので「仕掛品」から「製品」に振り替えます。仕掛品は資産（ホームポジション左）なので、減るときは右に書きます。
「製品」を増やしたいのですが、工場で使用する勘定科目に「製品」がないので「本社」を使います。左に書きます。

本社1,800,000 ／ 仕掛品1,800,000

参考 本社での仕訳　　売掛金　　2,500,000 ／ 売上　2,500,000
　　　　　　　　　　　売上原価　1,800,000 ／ 工場　1,800,000

※本社では次のように仕訳を書きますが、3つの仕訳を合算したものが、
参考 の「本社での仕訳」となります。

売掛金 2,500,000 ／ 売上 2,500,000

製品 1,800,000 ／ 工場 1,800,000

売上原価 1,800,000 ／ 製品 1,800,000

4. 問題文より「工場での仕訳」を解答します。工場では製品が完成したの
で「仕掛品」から「製品」に振り替えます。なお、問題文に「材料と製
品の倉庫は工場に置いている」と指示がありますので、完成した製品は
工場が管理していることがわかります。

工場では「仕掛品」が減ります。仕掛品は資産（ホームポジション左）
なので、減るときは右に書きます。

また、「製品」が増えます。製品は資産（ホームポジション左）なので、
増えるときは左に書きます。

製品 4,200,000 ／ 仕掛品 4,200,000

なお、工場で使用する勘定科目に「仕掛品」「製品」がありますので、
本問は「本社」を使わずに仕訳が完成しました。

参考 本社での仕訳　　仕訳なし

5. 問題文より「本社での仕訳」を解答します。まずは製品を売ったため「売
上」が増えます。売上は収益（ホームポジション右）なので、増えると
きは右に書きます。

掛けで売ったため「売掛金」が増えます。売掛金は資産（ホームポジシ
ョン左）なので、増えるときは左に書きます。

売掛金 6,300,000 ／ 売上 6,300,000

次に製品を売ったので製造原価の金額を「製品」から「売上原価」に振
り替えます。ただし、本問では「製品の倉庫は工場」にあり、工場で使
用する勘定科目に「製品」があります。したがって、本社では「製品」
を使うことができないため「工場」を使います。

売上原価4,200,000 ／ 工場4,200,000

参考 工場での仕訳　　本社4,200,000 ／ 製品4,200,000

解答 05

		仕		訳	
		借　方		貸　方	
		記　号	金　額	記　号	金　額
(1)	1	イ	6,480,000	ア	9,440,000
		ウ	2,960,000		
	2	ア	9,480,000	カ	9,480,000
	3	イ	620,000	カ	620,000
	4	ウ	450,000	オ	450,000
(2)	1	イ	500,000	ア	500,000
	2	ア	280,000	エ	280,000
	3	ウ	1,800,000	イ	1,800,000
	4	エ	4,200,000	イ	4,200,000
	5	ウ	6,300,000	オ	6,300,000
		エ	4,200,000	ア	4,200,000

Chapter 2

第4問対策
費目別計算

費目別計算は暗記することが多く最初は大変ですが、
コツをつかめば簡単です。
まずは総勘定元帳への記入と、仕訳を書くことが
できるようになりましょう。

費目別計算のまとめ

　費目別計算とは、原価を「直接材料費」「直接労務費」「直接経費」「間接材料費」「間接労務費」「間接経費」に分け、それぞれの金額を計算する分野です。まずは燃料、直接工賃金、特許権使用料などの原価がどの費目に含まれるのか暗記することが必要です。また、予定原価と実際原価の取り扱いについては仕訳ができる必要があります。

学習のコツ：第4問（28点）でよく出題されます。仕訳を書くための問題演習は必要ですが、得点しやすいのが特徴です。

出題パターン

1．原価を製造直接費と製造間接費に分ける問題。
2．予定原価と実際原価の差異を記帳する問題。
3．仕訳の問題。
4．仕掛品勘定、製品勘定などへ記帳する問題。

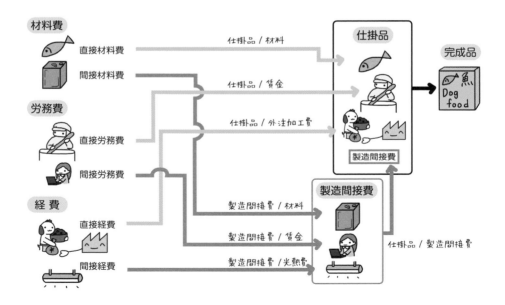

まずは原価がどの費目に分かれるか暗記することがポイントです。

	製造直接費	製造間接費
材料費	■主要材料費（素材費・原料費） 自動車工場の鋼板　など ■買入部品費 製品の箱、 自動車工場のタイヤ　など	■補助材料費 燃料、塗料、 修繕のための材料、 補修用材料　など ■工場消耗品費 軍手、電球、やすり　など ■消耗工具器具備品費 ハンマー、のこぎり　など
労務費	■直接工賃金 直接作業時間	■直接工賃金 間接作業時間、 手待時間 ■間接工賃金 ■工場の事務員、工場長などの給料 ■雑給 工場で働くアルバイトの給料
経費	■外注加工費 外部の会社に加工を依頼したときの加工費 ■特許権使用料 他の会社の特許を使用したときの使用料	■減価償却費 ■水道光熱費 ■保険料 ■修繕費、修繕引当金繰入 ■棚卸減耗費 直接材料費から出た棚卸減耗費でも「間接経費」になるので注意 ■食堂の費用 工場付設の食堂

● 覚え方のコツ　製造直接費は 5 つだけで、残りはすべて製造間接費になります。

材料費

関東株式会社の埼玉工場では、買入部品の消費単価に予定単価を利用している。また、実際材料費の計算において買入部品の消費量の計算には継続記録法を採用し、補助材料の消費量の計算には棚卸計算法を採用している。[資　料]をもとにして、解答用紙の材料勘定を完成させなさい。なお、[　]の中には次の中から相手勘定科目として適切なものを選んで記入しなさい。

| 仕掛品 | 製品 | 売上原価 |

[資　料]

①買入部品A部品、B部品の予定単価と実際単価

	A部品	B部品
予定単価	800円	960円
実際単価	810円	1,000円

②買入部品A部品、B部品の月初在庫量、当月購入量、当月消費量、月末在庫量

	A部品	B部品
月初在庫量	200個	100個
当月購入量	1,500個	800個
当月消費量	1,200個	700個
月末在庫量	500個	200個

③補助材料の月初有高、当月買入額合計、月末有高

月初有高	80,000円
当月買入額合計	500,000円
月末有高	200,000円

解説 01

　材料勘定を記入する基本問題です。補助材料の月初有高、買入額、月末有高も材料勘定ですので注意しましょう。

ステップ1 本問は買入部品2種類と補助材料があり、材料勘定に直接金額を記入すると間違えやすいので、BOX図を書いて情報を整理しましょう。まず、買入部品A部品について実際単価を使ってBOX図を書きます。当月消費高については予定単価を使っていますので、BOX図の横に金額を書いておきます。「予定単価での金額」と「実際単価での金額」の差額が材料消費価格差異になります。

〈買入部品A部品〉

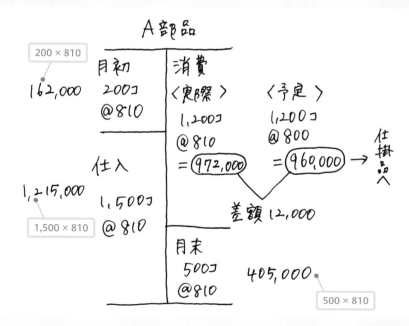

ステップ2 買入部品B部品は、買入部品A部品と同じく当月消費高について予定単価を使っています。「予定単価での金額」と「実際単価での金額」の差額が材料消費価格差異になります。

〈買入部品B部品〉

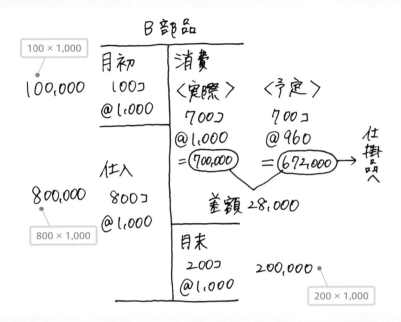

ステップ3 補助材料は金額をそのまま写します。棚卸計算法を採用しているので、当月消費高は月初有高＋当月買入額合計−月末有高で計算します。

◁▶ ワンポイント

買入部品については継続記録法を採用しているので、在庫量と購入量と消費量の個数がすべてわかります。一方、補助材料は棚卸計算法を採用しているので、消費量の個数や金額を差額で計算しなければなりません。

ステップ 4 ステップ1～3を合計して答案用紙の材料勘定に記入します。

月 初 有 高 A部品162,000 + B部品100,000 + 補助80,000
= 342,000

当月仕入高 A部品1,215,000 + B部品800,000 + 補助500,000
= 2,515,000

当月消費高（仕掛品） A部品960,000 + B部品672,000
= 1,632,000

当月消費高（製造間接費） 補助380,000

材料消費価格差異 A部品12,000 + B部品28,000 = 40,000

月 末 有 高 A部品405,000 + B部品200,000 + 補助200,000
= 805,000

◁▶ ワンポイント

買入部品費は直接材料費のため仕掛品勘定へ、補助材料費は間接材料費のため製造間接費へ振り替えることに注意が必要です。
また、直接材料費も間接材料費も、仕入のときは材料勘定です。消費高を振り替える際に、仕掛品勘定と製造間接費に分かれます。

解答 01

	材 料	（単位：円）
月 初 有 高 （ **342,000** ）	当 月 消 費 高	
当 月 仕 入 高 （ **2,515,000** ）	[**仕 掛 品**] （ **1,632,000** ）
	製 造 間 接 費 （ **380,000** ）
	材料消費価格差異 （ **40,000** ）
	月 末 有 高 （ **805,000** ）
（ 2,857,000 ）	（ 2,857,000 ）

あまり出ない

答案
用紙
P06

(A) 解答
P068

目標
タイム
15分

労務費

島根製作所の労務費に関する次の［資　料］から、答案用紙の総勘定元帳の（　　）内に適切な金額を記入しなさい。なお、当製作所では、直接工は直接作業のみを行っており、予定賃率を用いた消費賃金で直接労務費を計算している。間接工賃金と給料に関しては、要支払額で間接労務費を計算している。

［資　料］

1．4月1日から4月30日の直接工の実際直接作業時間の合計は400時間であった。

2．3月21日から4月20日の賃金・給料の支払総額は2,427,000円であった。内訳は次のとおりであった。

直接工賃金	1,013,000円
間接工賃金	630,000円
給料	784,000円

3．賃金・給料の未払額は次のとおりであった。

	月初未払額	月末未払額
直接工賃金	319,000円	270,000円
間接工賃金	210,000円	189,000円
給料	100,000円	110,000円

4．従業員賞与の年間見積総額は6,000,000円である。

5．直接工に対する予定賃率は、直接作業時間あたり2,100円である。

解説 02

労務費の勘定記入の基本問題です。

ステップ1 本問は直接工賃金、間接工賃金、給料の3つを賃金・給料勘定へ集約するため、賃金・給料勘定に直接金額を記入すると間違えやすいので、BOX図を書いて情報を整理しましょう。問題文の情報をもとに直接工賃金、間接工賃金、給料の3つのBOX図を書きます。そして「月初未払」「当月支払」「月末未払」の差額が「当月消費」になります。

直接工賃金は、当月消費高について予定賃率を使っています。このため、賃金の「予定消費額」と「実際消費額」の差額が原価差異になります。

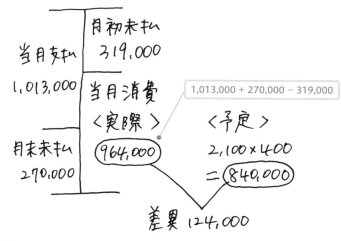

賃金・給料（直接工）

当月支払 1,013,000	月初未払 319,000
	当月消費〈実際〉 964,000
月末未払 270,000	

1,013,000 + 270,000 − 319,000

〈予定〉 2,100 × 400 ＝ 840,000

差異 124,000

労務費の賃金・給料勘定やBOX図は材料費の形と違うので、書き方が難しく感じる方は、次のように仕訳を総勘定元帳へ転記すると考えるとわかりやすいです。総勘定元帳への転記は3級で学習しました。

［資　料］3.　から、賃金・給料には月初と月末に未払額があることがわかります。前月末に経過勘定である未払費用を計上しており、月初に再振替仕訳をします。経過勘定については3級で学習した内容と同じです。

月初（再振替仕訳）　未払費用　319,000　／　賃金・給料　319,000

この再振替仕訳で賃金・給料が右にくるので、月初の未払額は、解答の賃金・給料勘定では右上に前月繰越として書き、BOX図では右上に月初未払として書きます。

他の仕訳は次のようになるため、賃金・給料勘定とBOX図には、当月支払1,013,000は借方（左側）、当月消費840,000は貸方（右側）、月末270,000は借方（左側）に書きます。

当月支払　賃金・給料　1,013,000　／　現金預金　1,013,000

当月消費　仕掛品　840,000　／　賃金・給料　840,000

月末　　　賃金・給料　270,000　／　未払費用　270,000

なお、予定消費額と実際消費額に差異が出ているので、月末に次の仕訳もします。

月末（差異の仕訳）　原価差異　124,000　／　賃金・給料　124,000

　　　BOX図ではなく線表で解いても構いません。線表で解く場合は次のようになります。

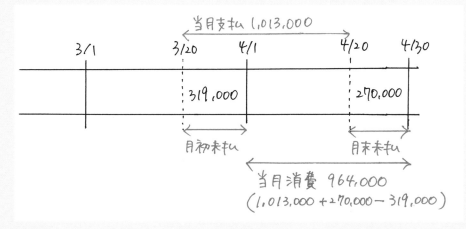

間接工賃金と給料は予定賃率を使っていないので、次のように実際消費額を計算します。

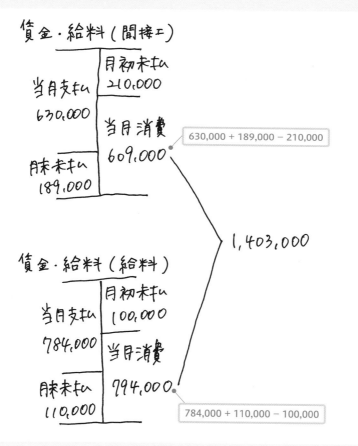

賃金・給料（間接工）

当月支払 630,000

月初未払 210,000

当月消費 609,000 → 630,000 + 189,000 − 210,000

期末未払 189,000

1,403,000

賃金・給料（給料）

当月支払 784,000

月初未払 100,000

当月消費 794,000 → 784,000 + 110,000 − 100,000

期末未払 110,000

◉▶ ワンポイント

問題文に「間接工賃金と給料に関しては、要支払額で」と指示があります。この「要支払額」とは、予定消費額ではなく実際消費額で計算するという意味です。間違って3月21日から4月20日の間接工賃金630,000と給料784,000をそのまま記入しないように注意しましょう。

ステップ2 BOX図をもとに答案用紙をうめていきます。[資　料]に情報が書いていない部分は、貸借差額で計算すると金額を求めることができます。

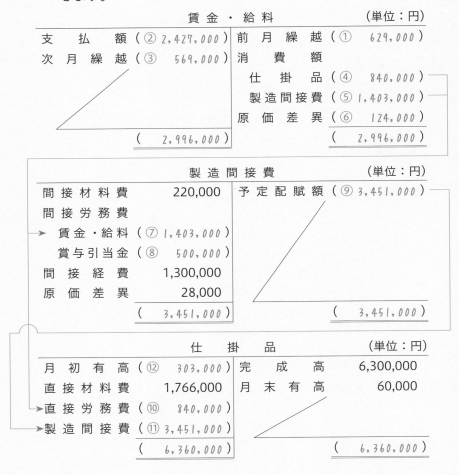

賃金・給料　　　　　　　　（単位：円）

支　払　額	(② 2,427,000)	前月繰越	(①	629,000)
次月繰越	(③　569,000)	消費額		
		仕掛品	(④	840,000)
		製造間接費	(⑤ 1,403,000)	
		原価差異	(⑥	124,000)
	(　2,996,000)		(　2,996,000)	

製造間接費　　　　　　　　（単位：円）

間接材料費	220,000	予定配賦額	(⑨ 3,451,000)
間接労務費			
賃金・給料	(⑦ 1,403,000)		
賞与引当金	(⑧　500,000)		
間接経費	1,300,000		
原価差異	28,000		
	(　3,451,000)		(　3,451,000)

仕　掛　品　　　　　　　　（単位：円）

月初有高	(⑫　303,000)	完成高	6,300,000
直接材料費	1,766,000	月末有高	60,000
直接労務費	(⑩　840,000)		
製造間接費	(⑪ 3,451,000)		
	(　6,360,000)		(　6,360,000)

①直接工月初未払319,000 + 間接工月初未払210,000 + 給料月初未払100,000 = 629,000

②直接工当月支払1,013,000 + 間接工当月支払630,000 + 給料当月支払784,000 = 2,427,000

③直接工月末未払270,000 + 間接工月末未払189,000 + 給料月末未払110,000 = 569,000

④直接工当月消費〈予定〉840,000

　直接工当月消費について予定額を使うのは「予定賃率を用いた消費賃金で直接労務費を計算している」との指示があるためです。

⑤間接工当月消費609,000＋給料当月消費794,000＝1,403,000

⑥貸借差額。または、

　直接工当月消費〈実際〉964,000－〈予定〉840,000＝124,000

⑦賃金・給料を製造間接費へ振り替えるので、賃金・給料の消費額の製造間接費1,403,000を書き写します。

⑧賞与の年間見積総額6,000,000÷12か月＝500,000

⑨製造間接費の借方合計220,000＋1,403,000＋500,000＋1,300,000＋28,000＝3,451,000

⑩賃金・給料を仕掛品へ振り替えるので、賃金・給料の消費額の仕掛品840,000を書き写します。

⑪製造間接費を仕掛品へ振り替えるので、製造間接費の予定配賦額3,451,000を書き写します。

⑫仕掛品の貸方合計6,300,000＋60,000＝6,360,000から借方の直接材料費、直接労務費、製造間接費をマイナスし、差引で算出します。6,360,000－1,766,000－840,000－3,451,000＝303,000

◀▶ ワンポイント

商業簿記の勘定記入の問題では、次のように、振り替える元の勘定科目と振り替えた先の勘定科目は同一のことが多いです。

売　　掛　　金		（単位：円）
	現　　　　金	30,000

現　　　　金		
売　掛　金	30,000	

一方、工業簿記の勘定記入の問題では、本問のように、振り替える元の勘定科目と振り替えた先の勘定科目は異なることが多いので注意が必要です。

製　造　間　接　費		（単位：円）
	予　定　配　賦　額	3,451,000

仕　　掛　　品		（単位：円）
製　造　間　接　費	3,451,000	

賃 金 ・ 給 料　　　　　　　（単位：円）

支 払 額	(**2,427,000**)	前 月 繰 越	(**629,000**)
次 月 繰 越	(**569,000**)	消 費 額	
		仕 掛 品	(**840,000**)
		製 造 間 接 費	(**1,403,000**)
		原 価 差 異	(**124,000**)
	(**2,996,000**)		(**2,996,000**)

製 造 間 接 費　　　　　　　（単位：円）

間 接 材 料 費	220,000	予 定 配 賦 額	(**3,451,000**)
間 接 労 務 費			
賃 金 ・ 給 料	(**1,403,000**)		
賞 与 引 当 金	(**500,000**)		
間 接 経 費	1,300,000		
原 価 差 異	28,000		
	(**3,451,000**)		(**3,451,000**)

仕 　 掛 　 品　　　　　　　（単位：円）

月 初 有 高	(**303,000**)	完 成 高	6,300,000
直 接 材 料 費	1,766,000	月 末 有 高	60,000
直 接 労 務 費	(**840,000**)		
製 造 間 接 費	(**3,451,000**)		
	(**6,360,000**)		(**6,360,000**)

あまり出ない

答案
用紙
P07

解答
P073

目標
タイム
15分

経費

佐世保工場の製造経費に関する次の［資　料］から、答案用紙の総勘定元帳の（　　）内に適切な金額を記入しなさい。

［資　料］

1. 工場の建物・機械の減価償却費の年間発生見積額は4,116,000円であるので、当月分を計上する。

2. 電力料など水道光熱費の当月現金にて支払った金額は219,000円であり、当月測定された金額は201,000円であった。

3. 当月、修繕引当金へ80,000円繰り入れられた。

4. 材料の月末の帳簿棚卸高は720,000円であり、実地棚卸高は710,000円であった。減耗分を当月の経費に計上する。

5. 工場付設の社員食堂にかかった費用は78,000円であり、小切手を振り出して支払った。

6. 工場建物の6か月分の火災保険料1,260,000円を現金にて支払い、前払保険料勘定で処理したので、当月分経費を計上する。

7. 製品Aの加工のため、協力会社に無償で支給してあった部品が、加工後すべて納入されたので、その加工賃150,000円を現金にて支払った。なお、納入部品は、検査後直ちに製造現場に引き渡された。

8. 製品Bについての特許権使用料のうち、当月生産量に対応した金額として170,000円を計上する。

経費の勘定記入の問題です。金額の求め方に慣れておきましょう。

ステップ1 [資　料] 1.〜8. を見ながら総勘定元帳をうめていきます。原価計算期間は1か月であることが多く、本問も [資　料] に「当月」と書いてあるので、すべて1か月の金額を計上する必要があります。直接経費は仕掛品、間接経費は製造間接費に計上されます。

製　造　間　接　費			（単位：円）
間 接 材 料 費	620,000	予 定 配 賦 額	（⑩ 2,760,000）
間 接 労 務 費	1,230,000	原 価 差 異	12,000
間 接 経 費			
減価償却累計額	（① 343,000）		
未払水道光熱費	（② 201,000）		
修 繕 引 当 金	（③ 80,000）		
材　　　　料	（④ 10,000）		
現 金 預 金	（⑤ 78,000）		
前 払 保 険 料	（⑥ 210,000）		
	（⑧ 2,772,000）		（⑨ 2,772,000）

仕　　掛　　品			（単位：円）
月 初 有 高	50,000	完 成 品	（⑲ 8,000,000）
直 接 材 料 費	2,830,000	月 末 有 高	（⑳ 40,000）
直 接 労 務 費	2,080,000		
直 接 経 費	（⑦ 320,000）		
製 造 間 接 費	（⑪ 2,760,000）		
	（⑫ 8,040,000）		（⑬ 8,040,000）

製　　　品			（単位：円）
月 初 有 高	150,000	売 上 原 価	（⑮ 8,050,000）
完 成 品 原 価	（⑱ 8,000,000）	月 末 有 高	100,000
	（⑰ 8,150,000）		（⑯ 8,150,000）

売　上　原　価		（単位：円）
製　　　　品　（⑭ 8,050,000）	月　次　損　益	8,050,000

①減価償却費は間接経費です。年間発生見積額を当月分にします。

　4,116,000 ÷ 12か月 = 343,000

②水道光熱費は間接経費です。支払額ではなくメーターを用いて測定された金額を使うので201,000を記入します。

③修繕引当金繰入は間接経費です。当期分80,000を記入します。

④材料の棚卸減耗費は間接経費です。

　720,000 − 710,000 = 10,000

> **◆ ワンポイント**
>
> 「主要材料から発生した棚卸減耗費」「補助材料から発生した棚卸減耗費」ともに間接経費となります。

⑤工場付設の社員食堂にかかった費用は間接経費なので78,000を記入します。

⑥保険料は間接経費です。6か月分を当月分にします。

　1,260,000 ÷ 6か月 = 210,000

⑦外注加工費及び特許権使用料は直接経費です。

　製品Aの外注加工費150,000 + 製品Bの特許権使用料170,000

　= 320,000

ステップ2 総勘定元帳の残りの部分を求めます。振替元の金額や貸借差額を利用して計算すると解くことができます。

⑧製造間接費の借方合計を記入します。

　620,000 + 1,230,000 + 343,000 + 201,000 + 80,000

　+ 10,000 + 78,000 + 210,000 = 2,772,000

⑨借方合計⑧の金額を書き写します。

⑩合計 2,772,000 − 原価差異12,000 = 2,760,000

⑪製造間接費勘定の予定配賦額⑩の金額を書き写します。

⑫仕掛品の借方合計を記入します。

　50,000 + 2,830,000 + 2,080,000 + 320,000 + 2,760,000

　= 8,040,000

⑬借方合計⑫の金額を書き写します。

⑭ここで確定した金額が足りず、⑬までで仕掛品勘定は先に進めなくなります。そこで、仕掛品勘定は後に回し売上原価勘定を先にうめます。

⑭には、売上原価勘定の貸方合計を書き写します。

⑮売上原価勘定の製品⑭の金額を書き写します。

⑯製品勘定の貸方合計を記入します。

8,050,000 + 100,000 = 8,150,000

⑰貸方合計⑯の金額を書き写します。

⑱差引で求めます。

8,150,000 − 150,000 = 8,000,000

⑲製品勘定の完成品原価⑱の金額を書き写します。

⑳差引で求めます。

8,040,000 − 8,000,000 = 40,000

《▶ ワンポイント 》

原価差異は月末か期末に売上原価に振り替えます。

本問では答案用紙の形式を見ると、原価差異は売上原価に振り替えられていません。したがって本問では、期末にまとめて振り替えていることがわかります。

解答 03

製造間接費 （単位：円）

間接材料費	620,000	予定配賦額	（ **2,760,000** ）
間接労務費	1,230,000	原価差異	12,000
間接経費			
減価償却累計額	（ **343,000** ）		
未払水道光熱費	（ **201,000** ）		
修繕引当金	（ **80,000** ）		
材料	（ **10,000** ）		
現金預金	（ **78,000** ）		
前払保険料	（ **210,000** ）		
	（ **2,772,000** ）		（ **2,772,000** ）

仕掛品 （単位：円）

月初有高	50,000	完成品	（ **8,000,000** ）
直接材料費	2,830,000	月末有高	（ **40,000** ）
直接労務費	2,080,000		
直接経費	（ **320,000** ）		
製造間接費	（ **2,760,000** ）		
	（ **8,040,000** ）		（ **8,040,000** ）

製品 （単位：円）

月初有高	150,000	売上原価	（ **8,050,000** ）
完成品原価	（ **8,000,000** ）	月末有高	100,000
	（ **8,150,000** ）		（ **8,150,000** ）

売上原価 （単位：円）

製品	（ **8,050,000** ）	月次損益	8,050,000

さまざまな費目

次の［資　料］にもとづいて、答案用紙を完成しなさい。ただし、当社では製造間接費を実際配賦している。

［資　料］　　　　　　　　　　　　　　　　　　　　　　（単位：千円）

1．棚卸資産

	月初有高	当月仕入高	月末有高
素材（直接材料費）	234,000	1,430,000	260,000
補助材料	17,000	175,000	18,000
仕掛品	113,000	－	95,000
製品	195,000	－	390,000

2．賃金

	前月未払高	当月支払高	当月未払高
直接工（直接労務費）	13,000	130,000	15,000
間接工	6,000	45,500	6,500

3．減価償却費
　　工場建物　　　　364,000
　　工場機械　　　　327,000
　　本社建物　　　　201,000

4．消耗工具器具備品費　65,000

5．工場の固定資産税　　13,000

6．本社役員給与手当　444,000

7．販売員給与手当　　　97,000

8．広告費　　　　　　290,000

9．その他の販売費　　　6,000

10．その他の一般管理費　4,000

解説 04

　材料費、労務費、経費の勘定記入の応用問題です。販売費と一般管理費が難しいですが、他の部分は今まで学習した内容です。試験でときどき出題されますので解けるように練習しましょう。

ステップ1 　素材、補助材料、直接工賃金、間接工賃金についてBOX図を書きます。□□□部分は差引で出します。

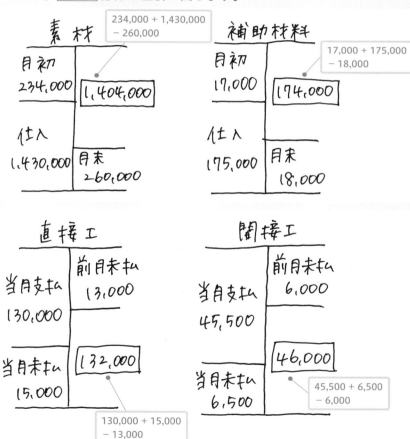

製造間接費、販売費、一般管理費について、問題文や下書きを見ながら集計します。ここは難しい内容ですが、頑張って覚えましょう。

製造間接費

$$174,000 + 46,000 + 364,000 + 327,000 + 65,000$$
補助材料　間接工賃金　工場建物減価償却費　工場機械減価償却費　消耗工具器具備品費

$$+ 13,000 = 989,000$$
工場の固定資産税

販売費

$$97,000 + 290,000 + 6,000 = 393,000$$
販売員給与手当　広告費　その他

一般管理費

$$201,000 + 444,000 + 4,000 = 649,000$$
本社建物減価償却費　本社役員給与手当　その他

◀》 ワンポイント

費用の分け方は次のように考えます。
①製品製造のための費用、工場に関する費用
　　特定の製品を製造するためにかかった費用　→　製造直接費
　　各製品を製造するのに共通してかかった費用　→　製造間接費
②製品を販売するための費用（広告費や販売員給与など）　→　販売費
③本社で発生した費用（本社の従業員給与など）　→　一般管理費

ステップ3 答案用紙に記入していきます。

仕 掛 品 （単位：千円）

月 初 有 高	（① 113,000）	当 月 完 成 高	（⑦ 2,543,000）
直 接 材 料 費	（② 1,404,000）	月 末 有 高	（① 95,000）
直 接 労 務 費	（③ 132,000）		
製 造 間 接 費	（④ 989,000）		
	（ 2,638,000）		（ 2,638,000）

製 品 （単位：千円）

月 初 有 高	（① 195,000）	売 上 原 価	（⑨ 2,348,000）
当 月 完 成 高	（⑧ 2,543,000）	月 末 有 高	（① 390,000）
	（ 2,738,000）		（ 2,738,000）

損 益 （単位：千円）

売 上 原 価	（⑩ 2,348,000）	売 上	3,820,000
販 売 費	（⑤ 393,000）		
一 般 管 理 費	（⑥ 649,000）		
営 業 利 益	（⑪ 430,000）		
	（ 3,820,000）		（ 3,820,000）

仕掛品、製品の月初と月末：問題文を見て①を記入します。

直接材料費：P.075の素材のBOX図を見て②を記入します。

直接労務費：P.075の直接工賃金のBOX図を見て③を記入します。

製造間接費：P.076の下書きを見て④を記入します。

販 売 費：P.076の下書きを見て⑤を記入します。

一般管理費：P.076の下書きを見て⑥を記入します。

⑦仕掛品「当月完成高」は差引で計算します。

　113,000 + 1,404,000 + 132,000 + 989,000 − 95,000

　= 2,543,000

⑧製品「当月完成高」は⑦を記入します。

⑨製品「売上原価」は差引で計算します。

　195,000 + 2,543,000 − 390,000 = 2,348,000

⑩損益「売上原価」は⑨を記入します。

⑪損益「営業利益」は差引で計算します。

$3,820,000 - 2,348,000 - 393,000 - 649,000 = 430,000$

解答 04

	仕 掛 品		（単位：千円）
月 初 有 高	（ 113,000 ）	当 月 完 成 高	（ 2,543,000 ）
直 接 材 料 費	（ 1,404,000 ）	月 末 有 高	（ 95,000 ）
直 接 労 務 費	（ 132,000 ）		
製 造 間 接 費	（ 989,000 ）		
	（ 2,638,000 ）		（ 2,638,000 ）

	製 品		（単位：千円）
月 初 有 高	（ 195,000 ）	売 上 原 価	（ 2,348,000 ）
当 月 完 成 高	（ 2,543,000 ）	月 末 有 高	（ 390,000 ）
	（ 2,738,000 ）		（ 2,738,000 ）

	損 益		（単位：千円）
売 上 原 価	（ 2,348,000 ）	売 上	3,820,000
販 売 費	（ 393,000 ）		
一 般 管 理 費	（ 649,000 ）		
営 業 利 益	（ 430,000 ）		
	（ 3,820,000 ）		（ 3,820,000 ）

Chapter 3

第4問対策
製造間接費の部門別計算

部門別計算では、直接配賦法と相互配賦法の表を
書けるようになることが重要です。
製造間接費を仕掛品へ配賦するときは
実際配賦か予定配賦を使う点もポイントです。

製造間接費の部門別計算のまとめ

　製造間接費の部門別計算とは、工場を「切削部」「組立部」などの製造部門と、「修繕部」「事務部」などの補助部門に分け、製造間接費の計算を行う分野です。まずは部門別配賦表を直接配賦法と相互配賦法でそれぞれ記入できるように練習しましょう。

学習のコツ：第4問（28点）でたまに出題されます。部門別計算は試験での問われ方がワンパターンなので、形式に慣れれば簡単に解くことができます。学習時間は短く満点が取りやすいのが特徴です。

出題パターン
　1．製造間接費部門別配賦表を完成させる問題。
　2．各製品に最終的に配賦された製造間接費を答える問題。
　3．仕訳の問題。
　4．仕掛品勘定、製品勘定などへ記帳する問題。

ポイント1

　製造間接費の部門別計算は3つのステップで行われます。問題では、どのステップが問われているのかを把握できるようにしましょう。

ステップ1 製造間接費の第1次集計
　　　　　第1次集計では、部門個別費は各部門に負担させ、部門共通費を各部門に分けます。

ステップ2 製造間接費の第2次集計
　　　　　補助部門費を各製造部門に分けます。補助部門費の分け方には直接配賦法と相互配賦法があります。
　　　　　直接配賦法…補助部門の製造間接費を製造部門だけに配賦します。
　　　　　相互配賦法…補助部門の製造間接費を製造部門と他の補助部門に配賦します。

製品への配賦
各製造部門に集計された製造間接費を製品へ配賦します。このとき、実際配賦額か予定配賦額を使って計算します。

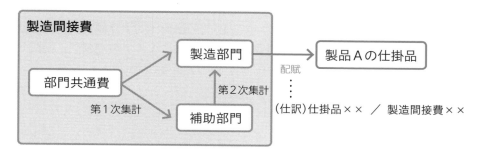

ここで、予定配賦額を使った場合、実際配賦額（実際発生額）との差額から、原価差異（製造間接費配賦差異）が発生します。この原価差異を予算差異と操業度差異に分ける問題も出題されますので、差異分析までできるように練習しておきましょう。

ポイント2

　部門別に分かれていない場合、製造間接費を集計した後に製品へ配賦します。この場合、第1次集計と第2次集計はありませんので、製品への配賦だけを行います。Chapter3以外では、このタイプの出題がほとんどです。

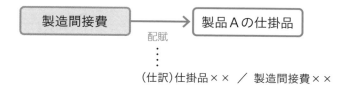

ときどき出る　　答案用紙 P08　　A 解答 P085　　目標タイム 10分

部門別配賦表（直接配賦法）

次の［資　料］にもとづいて、部門共通費年間予算額を各製造部門と各補助部門に配賦し、補助部門費を直接配賦法によって製造部門に配賦し、答案用紙の製造間接費予算部門別配賦表を完成しなさい。

［資　料］

1．部門共通費年間予算額

部門共通費	年間予算
建物減価償却費	78,000千円
機械保険料	9,000千円
福利施設負担額	12,000千円

2．部門共通費配賦基準

配賦基準	合計	製造部門		補助部門	
		第1製造部	第2製造部	修繕部	工場事務部
占有面積	60,000㎡	20,000㎡	22,000㎡	8,000㎡	10,000㎡
機械帳簿価額	6,000万円	2,400万円	2,600万円	630万円	370万円
従業員数	480人	200人	180人	75人	25人

3．補助部門費配賦基準

配賦基準	合計	製造部門		補助部門	
		第1製造部	第2製造部	修繕部	工場事務部
修繕回数	210回	40回	160回	10回	－
事務利用時間	400時間	200時間	100時間	60時間	40時間

解説 01

　直接配賦法の基本問題です。直接配賦法はときどき出題されます。基本的な問題が出題されるため、一度、解き方を身に付ければ得点源になります。必ず解けるように練習しましょう。

製造間接費予算部門別配賦表　　　　　（単位：千円）

費　　目	合　　計	製　造　部　門		補　助　部　門	
		第1製造部	第2製造部	修　繕　部	工場事務部
部 門 個 別 費	376,000	156,000	178,000	23,000	19,000
部 門 共 通 費：					
建物減価償却費	① 78,000	② 26,000	③ 28,600	④ 10,400	⑤ 13,000
機 械 保 険 料	9,000	3,600	3,900	945	555
福 利 施 設 負 担 額	12,000	5,000	4,500	1,875	625
部　　門　　費	⑥ 475,000	⑦ 190,600	⑧ 215,000	⑨ 36,220	⑩ 33,180
修 繕 部 費					
工 場 事 務 部 費					
製 造 部 門 費					

ステップ1 ［資　料］1．部門共通費年間予算額を各製造部門と補助部門に配賦します。機械保険料と福利施設負担額については、すでに答案用紙に印字されているので、本問では建物減価償却費のみ計算します。
①建物減価償却費の年間予算78,000千円
②78,000千円÷60,000㎡×20,000㎡=26,000千円
③78,000千円÷60,000㎡×22,000㎡=28,600千円
④78,000千円÷60,000㎡×8,000㎡=10,400千円
⑤78,000千円÷60,000㎡×10,000㎡=13,000千円

ステップ2 部門費合計を求めます。（単位：千円）
⑥376,000 + 78,000 + 9,000 + 12,000 = 475,000
⑦156,000 + 26,000 + 3,600 + 5,000 = 190,600
⑧178,000 + 28,600 + 3,900 + 4,500 = 215,000
⑨23,000 + 10,400 + 945 + 1,875 = 36,220
⑩19,000 + 13,000 + 555 + 625 = 33,180

なお、部門費合計の計算までは、直接配賦法と相互配賦法で同じ手順となります。

ステップ3 補助部門費を直接配賦法で製造部門に配賦します。直接配賦法なので補助部門の製造間接費を製造部門だけに配賦します。

具体的な計算方法としては、［資　料］3. の修繕回数は合計210回ですが、⑫と⑬の計算においては210回ではなく（40 + 160）回で割ります。そうすることで、補助部門の修繕回数10回を影響させることなく、修繕部の部門費36,220を製造部門だけに配賦することができます。

［資　料］3. の事務利用時間についても合計400時間ですが、⑮と⑯の計算において（200 + 100）時間で割ります。

製造間接費予算部門別配賦表　　　　（単位：千円）

費　　　目	合　　計	製　　造　　部　　門		補　　助　　部　　門	
		第1製造部	第2製造部	修　繕　部	工場事務部
部 門 個 別 費	376,000	156,000	178,000	23,000	19,000
部 門 共 通 費：					
建物減価償却費	78,000	26,000	28,600	10,400	13,000
機 械 保 険 料	9,000	3,600	3,900	945	555
福利施設負担額	12,000	5,000	4,500	1,875	625
部　　門　　費	475,000	190,600	215,000	36,220	33,180
修　繕　部　費	⑪ 36,220	⑫ 7,244	⑬ 28,976		
工 場 事 務 部 費	⑭ 33,180	⑮ 22,120	⑯ 11,060		
製 造 部 門 費	⑲ 475,000	⑰ 219,964	⑱ 255,036		

⑪修繕部の部門費36,220を書き写します。

⑫36,220千円÷（40 + 160）回×40回 = 7,244千円

⑬36,220千円÷（40 + 160）回×160回 = 28,976千円

⑭工場事務部の部門費33,180を書き写します。

⑮33,180千円÷（200 + 100）時間×200時間 = 22,120千円

⑯33,180千円÷（200 + 100）時間×100時間 = 11,060千円

ステップ4 製造部門費を求めます。（単位：千円）
⑰ 190,600 + 7,244 + 22,120 = 219,964
⑱ 215,000 + 28,976 + 11,060 = 255,036
⑲ 219,964 + 255,036 = 475,000（P.083の⑥と一致する）

解答 01

製造間接費予算部門別配賦表 （単位：千円）

費　　　目	合　　　計	製　造　部　門		補　助　部　門	
		第1製造部	第2製造部	修　繕　部	工場事務部
部 門 個 別 費	376,000	156,000	178,000	23,000	19,000
部 門 共 通 費：					
建物減価償却費	**78,000**	**26,000**	**28,600**	**10,400**	**13,000**
機 械 保 険 料	9,000	3,600	3,900	945	555
福利施設負担額	12,000	5,000	4,500	1,875	625
部　　　門　　　費	**475,000**	**190,600**	**215,000**	**36,220**	**33,180**
修 　繕 　部 　費	**36,220**	**7,244**	**28,976**		
工 場 事 務 部 費	**33,180**	**22,120**	**11,060**		
製 造 部 門 費	**475,000**	**219,964**	**255,036**		

部門別配賦表（相互配賦法）

受注生産経営を行う栃木工場では、製造間接費の製品別配賦を部門別配賦率を用いて行っている。次の［配賦基準資料］にもとづき、製造間接費部門別配賦表を完成させなさい。なお、補助部門費の配賦は相互配賦法による。

［配賦基準資料］

1. 部門共通費

配 賦 基 準	福利施設負担額 従 業 員 数	建物減価償却費 占 有 面 積
合　　　　　　　計	105人	16,400㎡
切　　削　　部	45人	3,000㎡
組　　立　　部	30人	6,000㎡
保　　全　　部	6人	2,400㎡
材　料　倉　庫　部	9人	4,000㎡
工　場　事　務　部	15人	1,000㎡

2. 補助部門費

配 賦 基 準	工場事務部費 従 業 員 数	材料倉庫部費 材 料 出 庫 額	保全部費 保全作業時間
合　　　　　　　計	60人	1,580万円	230時間
切　　削　　部	20人	700万円	70時間
組　　立　　部	20人	700万円	140時間
保　　全　　部	2人	180万円	―
材　料　倉　庫　部	8人	―	20時間
工　場　事　務　部	10人	―	―

解説 02

　相互配賦法の基本問題です。あまり出題されませんが、基礎的な内容ですので本問で手順をマスターしておきましょう。

製造間接費部門別配賦表　　　　　　　（単位：万円）

費　　目	合　　計	製　造　部　門		補　助　部　門		
		切 削 部	組 立 部	保 全 部	材料倉庫部	工場事務部
部 門 個 別 費	3,900	1,200	2,300	100	200	100
福利施設負担額	1,050	①450	②300	③60	④90	⑤150
建物減価償却費	2,050	⑥375	⑦750	⑧300	⑨500	⑩125
部　　門　　費	7,000	⑪2,025	⑫3,350	⑬460	⑭790	⑮375
【相互配賦】第 1 次 配 賦						
工 場 事 務 部 費	⑯375	⑰150	⑱150	⑲15	⑳60	－
材 料 倉 庫 部 費	㉑790	㉒350	㉓350	㉔90	－	－
保 全 部 費	㉕460	㉖140	㉗280	－	㉘40	
【直接配賦】第 2 次 配 賦				㉙105	㉚100	
材 料 倉 庫 部 費	㉛100	㉜50	㉝50			
保 全 部 費	㉞105	㉟35	㊱70			
製 造 部 門 費	㊴7,000	㊲2,750	㊳4,250			

ステップ1 部門共通費を各製造部門と補助部門に配賦します。

①1,050万円 ÷ 105人 × 45人 = 450万円

②1,050万円 ÷ 105人 × 30人 = 300万円

③1,050万円 ÷ 105人 × 6人 = 60万円

④1,050万円 ÷ 105人 × 9人 = 90万円

⑤1,050万円 ÷ 105人 × 15人 = 150万円

⑥2,050万円 ÷ 16,400㎡ × 3,000㎡ = 375万円

⑦2,050万円 ÷ 16,400㎡ × 6,000㎡ = 750万円

⑧2,050万円 ÷ 16,400㎡ × 2,400㎡ = 300万円

⑨2,050万円 ÷ 16,400㎡ × 4,000㎡ = 500万円

⑩2,050万円 ÷ 16,400㎡ × 1,000㎡ = 125万円

⑪1,200万円 + 450万円 + 375万円 = 2,025万円

⑫2,300万円＋300万円＋750万円＝3,350万円
⑬100万円＋60万円＋300万円＝460万円
⑭200万円＋90万円＋500万円＝790万円
⑮100万円＋150万円＋125万円＝375万円

ステップ2 補助部門費について相互配賦法の第1次配賦（相互配賦）を行います。

⑯工場事務部の部門費⑮375を書き写します。
⑰375万円÷(20＋20＋2＋8)人×20人＝150万円
⑱375万円÷(20＋20＋2＋8)人×20人＝150万円
⑲375万円÷(20＋20＋2＋8)人×2人＝15万円
⑳375万円÷(20＋20＋2＋8)人×8人＝60万円
㉑材料倉庫部の部門費⑭790を書き写します。
㉒790万円÷(700＋700＋180)万円×700万円＝350万円
㉓790万円÷(700＋700＋180)万円×700万円＝350万円
㉔790万円÷(700＋700＋180)万円×180万円＝90万円
㉕保全部の部門費⑬460を書き写します。
㉖460万円÷(70＋140＋20)時間×70時間＝140万円
㉗460万円÷(70＋140＋20)時間×140時間＝280万円
㉘460万円÷(70＋140＋20)時間×20時間＝40万円
㉙15万円＋90万円＝105万円
㉚60万円＋40万円＝100万円

ステップ3 再度、補助部門費について相互配賦法の第2次配賦（直接配賦）を行います。

㉛材料倉庫部の第1次配賦の合計㉚100を書き写します。
㉜100万円÷(700＋700)万円×700万円＝50万円
この式を順番どおり計算すると答えが49.9…万円となってしまいます。このような場合
100万円×700万円÷(700＋700)万円=50万円
の順で計算すると、きれいな数字になります（以下同じ）。
㉝100万円÷(700＋700)万円×700万円＝50万円
㉞保全部の第1次配賦の合計㉙105を書き写します。
㉟105万円÷(70＋140)時間×70時間＝35万円
㊱105万円÷(70＋140)時間×140時間＝70万円

㊲ 2,025万円 + 150万円 + 350万円 + 140万円 + 50万円 + 35万円
= 2,750万円

㊳ 3,350万円 + 150万円 + 350万円 + 280万円 + 50万円 + 70万円
= 4,250万円

㊴ 切削部の製造部門費㊲ 2,750万円 + 組立部の製造部門費㊳ 4,250
万円 = 7,000万円（部門費合計7,000万円と一致する）

解答 02

製造間接費部門別配賦表　　　　（単位：万円）

費　　目	合　　計	製　造　部　門		補　助　部　門		
		切 削 部	組 立 部	保 全 部	材料倉庫部	工場事務部
部 門 個 別 費	3,900	1,200	2,300	100	200	100
福利施設負担額	1,050	**450**	**300**	**60**	**90**	**150**
建物減価償却費	2,050	**375**	**750**	**300**	**500**	**125**
部　　門　　費	7,000	**2,025**	**3,350**	**460**	**790**	**375**
第 1 次 配 賦						
工場事務部費	**375**	**150**	**150**	**15**	**60**	**－**
材料倉庫部費	**790**	**350**	**350**	**90**	**－**	**－**
保 全 部 費	**460**	**140**	**280**	**－**	**40**	**－**
第 2 次 配 賦				**105**	**100**	**－**
材料倉庫部費	**100**	**50**	**50**			
保 全 部 費	**105**	**35**	**70**			
製 造 部 門 費	**7,000**	**2,750**	**4,250**			

Chapter 3
問題 03

よく出る

答案用紙 P09
解答 P092
目標タイム 10分

部門別配賦表と配賦差異

ABC社の北海道工場では、製造間接費を部門別に予定配賦している。製造部門費の配賦基準は機械稼働時間である。補助部門費の配賦は直接配賦法による。次の［資　料］にもとづいて、下記の各問に答えなさい。

［資　料］

1．補助部門費の配賦に関する月次予算データ

配賦基準	合　計	第1製造部	第2製造部	修繕部	倉庫部
修繕時間	300時間	120時間	140時間	－	40時間
材料運搬回数	80回	40回	24回	12回	4回

2．月次機械稼働時間データ

	第1製造部	第2製造部
予定機械稼働時間	3,000時間	2,400時間
実際機械稼働時間	3,060時間	2,300時間

3．当月の製造部門費実際発生額
　　　第1製造部　　　4,620,000円
　　　第2製造部　　　1,820,000円

問1　製造間接費予算にもとづいて、月次予算部門別配賦表を作成しなさい。

問2　第1製造部門の予定配賦率を計算しなさい。

問3　第2製造部門の配賦差異を計算しなさい。なお、配賦差異が有利差異か不利差異かを選択し、○で囲むこと。

解説 03

　直接配賦法の総合問題です。問2は第1製造部門、問3は第2製造部門なので、間違えないように注意が必要です。

ステップ1 問1　直接配賦法により月次予算部門別配賦表を作成します。

月次予算部門別配賦表　　　　　　　（単位：円）

費　　目	合　　計	製　造　部　門		補　助　部　門	
		第1製造部	第2製造部	修　繕　部	倉　庫　部
部　門　費	6,420,000	3,940,000	1,380,000	780,000	320,000
修　繕　部	① 780,000	② 360,000	③ 420,000		
倉　庫　部	④ 320,000	⑤ 200,000	⑥ 120,000		
製造部門費	⑨6,420,000	⑦4,500,000	⑧1,920,000		

　①補助部門の修繕部門費780,000を書き写す。
　②780,000円÷（120時間＋140時間）×120時間＝360,000円
　③780,000円÷（120時間＋140時間）×140時間＝420,000円
　④補助部門の倉庫部門費320,000を書き写す。
　⑤320,000円÷（40回＋24回）×40回＝200,000円
　⑥320,000円÷（40回＋24回）×24回＝120,000円
　⑦3,940,000円＋360,000円＋200,000円＝4,500,000円
　⑧1,380,000円＋420,000円＋120,000円＝1,920,000円
　⑨4,500,000円＋1,920,000円＝6,420,000円

ステップ2 問2　第1製造部門の予定配賦率を計算します。

$$\underset{\text{ステップ1⑦}}{4,500,000円} ÷ \underset{\text{資料2 予定時間}}{3,000時間} = 1,500円／時間$$

ステップ3 問3　まずは第2製造部門の予定配賦率と予定配賦額を計算し、次に配賦差異を計算します。

予定配賦率 $\underset{\text{ステップ1⑧}}{1,920,000\,円} \div \underset{\text{資料2 予定時間}}{2,400\,時間} = 800\,円／時間$

予定配賦額 $\underset{\text{予定配賦率}}{800\,円／時間} \times \underset{\text{資料2 実際時間}}{2,300\,時間} = 1,840,000\,円$

配賦差異 $\underset{\text{予定配賦額}}{1,840,000\,円} - \underset{\text{資料3 実際発生額}}{1,820,000\,円} = \underset{\substack{\text{プラスなので、}\\\text{有利差異}}}{+\,20,000\,円}$

解答 03

問1

月次予算部門別配賦表　　　　　　　（単位：円）

費　　　目	合　　　計	製　造　部　門		補　助　部　門	
		第1製造部	第2製造部	修　繕　部	倉　庫　部
部　門　費	6,420,000	3,940,000	1,380,000	780,000	320,000
修　繕　部	780,000	360,000	420,000		
倉　庫　部	320,000	200,000	120,000		
製造部門費	6,420,000	4,500,000	1,920,000		

問2　　　　1,500　円／時間

問3　　　　20,000　円（ 有利差異 ・ 不利差異 ）
　　　　　　　いずれかを○で囲むこと

第4問対策
個別原価計算

個別原価計算はたくさんの問題を解くことで、
いろいろな形式に慣れることが重要です。
原価を集計するときの下書きの書き方にコツがあるので
マスターしましょう。

個別原価計算のまとめ

　個別原価計算とは、オーダーメイドを受けて製品を作る場合の原価計算です。製品ごとに作られる製造指図書に原価を集計します。問題文の製造指図書や原価計算表を見て、仕掛品になるのか、製品になるのか、売上原価になるのかを判断できるようになることが大切です。

学習のコツ：第4問（28点）でたまに出題されます。個別原価計算は試験での問われ方がワンパターンなので、形式に慣れれば簡単に解くことができます。学習時間は短く、満点を取りやすいのが特徴です。

出題パターン
1. 原価を製造指図書に集計する問題。
2. 製造指図書に集計された原価を仕掛品勘定や製品勘定へ記入させる問題。
3. 製造指図書に集計された原価を製造原価報告書や損益計算書へ記入させる問題。
4. 仕訳を書く問題。

ポイント

　次のような原価計算表をもとに、仕掛品、製品勘定へ記入する場合を考えます。原価計算表とは製造指図書を集計した表です。

製造指図書 No.	#1	#2	#3	合計
直接材料費	100	200	300	600
直接労務費	200	300	300	800
直接経費	400	400	500	1,300
製造間接費	500	600	700	1,800
合計	1,200	1,500	1,800	4,500
備考	当月着手 完成・引渡済	当月着手 完成・未引渡	当月着手 未完成	
	売上原価	月末製品	月末仕掛品	

原価計算表を仕掛品、製品、売上原価勘定に記入すると次のようになります。

仕　掛　品			(単位：円)
前　月　繰　越	0	当　月　完　成　高	2,700
直　接　材　料　費	600	次　月　繰　越	1,800
直　接　労　務　費	800		
直　接　経　費	1,300		
製　造　間　接　費	1,800		
	4,500		4,500

製　　　　品			(単位：円)
前　月　繰　越	0	売　上　原　価	1,200
当　月　完　成　高	2,700	次　月　繰　越	1,500
	2,700		2,700

売　上　原　価			(単位：円)
製　　　　品	1,200		

※「前月末未完成」の場合、前月にかかった原価は仕掛品勘定の
　「前月繰越」に記入します。
　「前月末完成・未引渡」の場合、前月にかかった原価は製品勘
　定の「前月繰越」に記入します。

勘定の記入

神奈川工業では、実際個別原価計算を行っている。次の［資　料］にもとづいて、4月における仕掛品勘定及び製品勘定の（　　）内に適切な数字を記入しなさい。なお、勘定記入は月末にまとめて行っている。

［資　料］原価計算表の要約

製造指図書番号	日付	直接材料費	直接労務費	製造間接費	備考
No.0301	3/14～3/30	120,000円	97,000円	40,000円	3/14着手、3/30完成、4/2引渡
No.0302	3/16～3/31	66,000円	24,000円	9,000円	3/16着手、4/9完成、4/15引渡
	4/1～4/9	52,000円	40,000円	20,000円	
No.0303	3/21～3/31	63,000円	54,000円	13,000円	3/21着手、4/23完成、5/3引渡
	4/1～4/23	191,000円	144,000円	72,000円	
No.0401	4/5～4/21	90,000円	54,000円	27,000円	4/5着手、4/21完成、4/26引渡
No.0402	4/11～4/30	135,000円	36,000円	18,000円	4/11着手、4/30未完成

解説 01

　個別原価計算の勘定記入の基本問題です。3月末と4月末に仕掛品、製品、売上原価のどれに分類されるのか、把握できれば簡単に解けます。

ステップ1 それぞれの製品の金額を集計し、3月末及び当月（4月）にどのような状況にあるか把握します。

No.0301	3月末製品	① 257,000	当月売上原価	② 257,000
No.0302	3月末仕掛品	③ 99,000	当月売上原価	④ 211,000
No.0303	3月末仕掛品	⑤ 130,000	当月末製品	⑥ 537,000
No.0401	—		当月売上原価	⑦ 171,000
No.0402	—		当月末仕掛品	⑧ 189,000

①120,000 + 97,000 + 40,000 = 257,000
②3月末製品①257,000と同額
③66,000 + 24,000 + 9,000 = 99,000
④99,000 + 52,000 + 40,000 + 20,000 = 211,000
⑤63,000 + 54,000 + 13,000 = 130,000
⑥130,000 + 191,000 + 144,000 + 72,000 = 537,000
⑦90,000 + 54,000 + 27,000 = 171,000
⑧135,000 + 36,000 + 18,000 = 189,000

仕　掛　品			
月初	No.0302	完成	No.0302
	No.0303		No.0303
着手	No.0401		No.0401
	No.0402	月末	No.0402

製　　品			
月初	No.0301	売上	No.0301
完成	No.0302	原価	No.0302
	No.0303		No.0401
	No.0401	月末	No.0303

売上原価	
No.0301	
No.0302	
No.0401	

1 仕訳
2 費目別計算
3 製造間接費の部門別計算
4 個別原価計算
5 製造原価報告書・損益計算書
6 単純総合原価計算
7 工程別総合原価計算
8 組別総合原価計算
9 等級別総合原価計算
10 標準原価計算
11 直接原価計算
12 模擬問題

ステップ2 ［資　料］と下書きを見ながら、答案用紙の仕掛品勘定及び製品勘定に記入します。

〈仕掛品勘定〉

前 月 繰 越 99,000（No.0302）+ 130,000（No.0303）= 229,000

直接材料費 52,000 + 191,000 + 90,000 + 135,000 = 468,000

直接労務費 40,000 + 144,000 + 54,000 + 36,000 = 274,000

製造間接費 20,000 + 72,000 + 27,000 + 18,000 = 137,000

次 月 繰 越 189,000（No.0402）

当月完成高（差引で求めます）

229,000 + 468,000 + 274,000 + 137,000 − 189,000
= 919,000

〈製品勘定〉

前 月 繰 越 257,000（No.0301）

当月完成高（仕掛品勘定の当月完成高より） 919,000

売 上 原 価 257,000（No.0301）+ 211,000（No.0302）+
171,000（No.0401）= 639,000

次 月 繰 越 537,000（No.0303）

解答 01

仕　掛　品　（単位：円）

前 月 繰 越	（ 229,000 ）	当 月 完 成 高	（ 919,000 ）
直 接 材 料 費	（ 468,000 ）	次 月 繰 越	（ 189,000 ）
直 接 労 務 費	（ 274,000 ）		
製 造 間 接 費	（ 137,000 ）		
	（ 1,108,000 ）		（ 1,108,000 ）

製　品　（単位：円）

前 月 繰 越	（ 257,000 ）	売 上 原 価	（ 639,000 ）
当 月 完 成 高	（ 919,000 ）	次 月 繰 越	（ 537,000 ）
	（ 1,176,000 ）		（ 1,176,000 ）

Chapter 4

問題

02

ときどき出る

答案用紙 P10

A 解答 P103

目標タイム 15分

勘定の記入と売上原価

広島工業では実際個別原価計算を採用している。当月の作業が行われた製造指図書の状況は次のとおりである。

製造指図書#1	先月着手	完成
製造指図書#2	当月着手	完成
製造指図書#3	当月着手	完成
製造指図書#4	当月着手	完成
製造指図書#5	当月着手	未完成

次の［資 料］にもとづいて（1）答案用紙の仕掛品勘定を完成させ、(2) 当月売上原価のうち製造指図書#3にかかわる売上原価を計算し、（3）製造間接費の予算差異と操業度差異を計算しなさい。なお、予算差異と操業度差異が借方差異か貸方差異かを選択し、○で囲むこと。

［資 料］

1. 当月払い出された素材は次のとおりであった。
   製造指図書#1向けの消費　22,000円
   製造指図書#2向けの消費　36,000円
   製造指図書#3向けの消費　32,000円
   製造指図書#4向けの消費　18,000円
   製造指図書#5向けの消費　15,000円

2. 当月の直接工の実際直接作業時間は合計して90時間であり、内訳は次のとおりであった。直接工賃金は直接作業時間あたり2,000円の予定消費賃率を用いて消費額を計算している。

製造指図書＃1向け　　20時間
製造指図書＃2向け　　30時間
製造指図書＃3向け　　10時間
製造指図書＃4向け　　10時間
製造指図書＃5向け　　20時間

3．製造間接費は、直接作業時間にもとづく予定配賦率を用いて製品に正常配賦している。年間製造間接費予算額は2,754,000円、年間予定直接作業時間は1,020時間であった。当月の製造間接費実際発生額は、251,000円である。

4．製造指図書＃3の製造は特殊加工をするため加工の一部を協力会社に依頼している。当月5日に素材を協力会社に無償で引き渡し、20日にその作業が完了し納品された。協力会社に対する加工賃43,000円は翌月の20日に支払う予定である。

5．当月完成した製品はすべて顧客に引き渡された。

解説 02

各製造指図書の原価を集計し、勘定に記入する問題です。

ステップ1 下書き用紙に、それぞれの製品にかかった金額を書きます。

	月初	素材	労務費	外注	間接費	合計
#1	54,000 仕掛	22,000	2,000×20 =40,000	―	2,700×20 =54,000	170,000 完成
#2	―	36,000	2,000×30 =60,000	―	2,700×30 =81,000	177,000 完成
#3	―	32,000	2,000×10 =20,000	43,000	2,700×10 =27,000	122,000 完成
#4	―	18,000	2,000×10 =20,000	―	2,700×10 =27,000	65,000 完成
#5	―	15,000	2,000×20 =40,000	―	2,700×20 =54,000	109,000 仕掛
合計	54,000	123,000	180,000	43,000	243,000	

答案用紙に記載されている / 完成高 / 月末有高

月初有高 / 直接材料費 / 直接労務費 / 直接経費 / 製造間接費

〈 製造間接費の予定配賦率 〉

$$\frac{2,754,000 円}{1,020 時間} = 2,700 円/時間$$

101

ステップ2 下書きを見ながら金額を集計して、仕掛品勘定へ記入します。

直接材料費

22,000 + 36,000 + 32,000 + 18,000 + 15,000 = 123,000

直接労務費

40,000 + 60,000 + 20,000 + 20,000 + 40,000 = 180,000

直接経費 43,000

製造間接費

54,000 + 81,000 + 27,000 + 27,000 + 54,000 = 243,000

月末有高（#5にかかわる金額）

15,000 + 40,000 + 54,000 = 109,000

完成高

170,000 + 177,000 + 122,000 + 65,000 = 534,000

または借方合計 643,000 − 月末有高 109,000 = 534,000

ステップ3 製造指図書#3にかかわる売上原価を集計します。

32,000 + 20,000 + 43,000 + 27,000 = 122,000

ステップ4 問題文に製造間接費予算額の変動費と固定費の内訳が書いていないので、固定予算を前提とした差異の分析を行います。

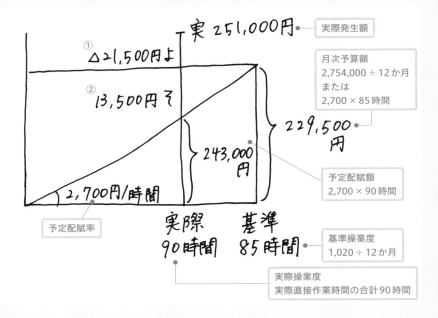

実際発生額

月次予算額
2,754,000 ÷ 12か月
または
2,700 × 85 時間

予定配賦額
2,700 × 90 時間

予定配賦率

基準操業度
1,020 ÷ 12か月

実際操業度
実際直接作業時間の合計90時間

①予算差異

月次予算額229,500円－実際発生額251,000円

＝△21,500円（不利差異・借方差異）

②操業度差異

（実際操業度90時間－基準操業度85時間）×2,700円／時間

＝13,500円（有利差異・貸方差異）

または　予定配賦額243,000円－月次予算額229,500円

＝13,500（有利差異・貸方差異）

解答 02

(1)

仕　　　掛　　　品			（単位：円）
月 初 有 高	54,000	完 成 高 （ **534,000** ）	
直 接 材 料 費 （ **123,000** ）		月 末 有 高 （ **109,000** ）	
直 接 労 務 費 （ **180,000** ）			
直 接 経 費 （ **43,000** ）			
製 造 間 接 費 （ **243,000** ）			
（ **643,000** ）		（ **643,000** ）	

(2)

製造指図書＃3にかかわる売上原価＝ | **122,000** | 円

(3)

予 算 差 異＝ | **21,500** | 円（ 借方差異 ・ 貸方差異 ）

いずれかを○で囲むこと

操業度差異＝ | **13,500** | 円（ 借方差異 ・ 貸方差異 ）

いずれかを○で囲むこと

製造原価報告書と損益計算書

熊本製作所では、実際個別原価計算を採用している。[資 料]にもとづいて、6月の製造原価報告書と月次損益計算書を作成しなさい。

[資 料]

1. 各製造指図書の状況

製造指図書	直接材料費	直接作業時間	備考
No.101	20,000円	60時間	5/10着手、5/25完成、5/31在庫、6/5販売
No.102	30,000円	80時間	6/1着手、6/12一部仕損、6/18完成、6/20販売
No.102-2	10,000円	20時間	6/13補修開始、6/16補修完了 ※No.102-2は、仕損品となったNo.102の一部を補修して合格品とするために発行した指図書であり、仕損は正常なものであった。
No.103	10,000円	30時間	6/18着手、6/29完成、6/30在庫
No.104	20,000円	50時間	6/21着手、6/30仕掛

2. 5月、6月とも直接工の消費賃金計算では、予定平均賃率を用いている。予定平均賃率は1時間あたり1,500円である。

3. 製造間接費は直接作業時間を配賦基準として予定配賦している。年間の正常直接作業時間は3,000時間、年間の製造間接費予算は変動費4,000,000円、固定費8,000,000円、合計12,000,000円であった。また、6月の製造間接費の実際発生額は、725,000円であった。なお、月次損益計算においては、製造間接費の予定配賦から生じる差異は原価差異として記入し売上原価に賦課する。

1 仕訳
2 費目別計算
3 製造間接費の部門別計算
4 個別原価計算
5 製造原価報告書・損益計算書
6 単純総合原価計算
7 工程別総合原価計算
8 組別総合原価計算
9 等級別総合原価計算
10 標準原価計算
11 直接原価計算
12 模擬問題

解説 03

個別原価計算の製造原価報告書と損益計算書を作成する基本問題です。原価差異の取り扱いがポイントです。

ステップ1 下書き用紙に、それぞれの製品にかかった金額を書きます。

5月発生原価	材	労	間	合計	
No.101	20,000	1,500×60 =90,000	4,000×60 =240,000	350,000	月初製品 売上原価
No.102	30,000	1,500×80 =120,000	4,000×80 =320,000	470,000	売上原価
No.102-2	10,000	1,500×20 =30,000	4,000×20 =80,000	120,000	
No.103	10,000	1,500×30 =45,000	4,000×30 =120,000	175,000	月末製品
No.104	20,000	1,500×50 =75,000	4,000×50 =200,000	295,000	月末 仕掛品
6月合計	70,000	270,000	720,000	1,060,000	

（6月発生原価）

直接材料費　直接労務費　製造間接費（予定配賦額）

〈製造間接費予定配賦率〉

$$\frac{12{,}000{,}000円}{3{,}000時間} = 4{,}000\ 円/時間$$

6月にかかった金額を集計して、答案用紙の製造原価報告書へ記入します。No.101は5月に完成していますので、6月の直接材料費などに含めないように注意しましょう。

直接材料費

　　30,000 + 10,000 + 10,000 + 20,000 = 70,000

直接労務費

　　120,000 + 30,000 + 45,000 + 75,000 = 270,000

製造間接費

問題文［資　料］3.「実際発生額」より725,000→印字されている

製造間接費配賦差異

予定配賦額　予定配賦率×直接作業時間で計算されている各製品の製造間接費を集計します。

　　　　　320,000（No.102）+ 80,000（No.102-2）+ 120,000

　　　　　（No.103）+ 200,000（No.104）= 720,000

実際発生額　問題文［資　料］3.「実際発生額」より725,000

予 720,000 － 実 725,000 ＝ △5,000　　不利差異（借方差異）

◀)） ワンポイント

不利差異なので、いったん製造原価からマイナスします。こうすることで、製造原価報告書の直接材料費70,000、直接労務費270,000、製造間接費725,000は実際発生額、当月製造費用1,060,000は予定配賦額※となり、製造原価報告書に実際発生額、予定配賦額、製造間接費配賦差異5,000の3つの情報をすべて表示できます。

※本問では、直接材料費は予定価格を使っていないので実際発生額70,000のみで計算しています。直接労務費は予定平均賃率を使っていますが、問題文に実際発生額の情報がないため予定配賦額270,000と実際発生額は一致していると考えます。製造間接費の予定配賦額は720,000なので、当月製造費用は次のように計算することもできます。

　　70,000 + 270,000 + 720,000 = 1,060,000

当月製造費用

1,065,000 − 5,000 = 1,060,000

月初仕掛品原価　0

◀▶ ワンポイント

No.101は月初製品なので、ここには入れません。

月末仕掛品原価　295,000（No.104）

当月製品製造原価　0 + 1,060,000 − 295,000 = 765,000

ステップ3 かかった金額を集計して、答案用紙の月次損益計算書へ記入します。

売上原価

350,000（No.101）+ 470,000（No.102）

+ 120,000（No.102-2）= 940,000

原価差異　製造原価報告書の製造間接費配賦差異より5,000

計　不利差異なので売上原価にプラスします。

940,000 + 5,000 = 945,000

◀▶ ワンポイント

不利差異は、予定配賦額より実際発生額の方が大きくなってしまったということなので、会社にとって余計なコストがかかった状況です。したがって月次損益計算書の売上原価に賦課（プラス）し、費用を大きくします。

また、月次損益計算書の売上原価は予定配賦額で計算されているので、売上原価に不利差異をプラスすることで実際発生額に戻していると考えることもできます。ただし、原価差異は6月における差異であり、一方、売上原価には5月に発生したNo.101の原価も含まれているため、正確にNo.101、No.102、No.102-2の実際発生額に戻しているわけではないので注意が必要です。

売上総利益　2,000,000 − 945,000 = 1,055,000

営業利益　1,055,000 − 300,000 = 755,000

◀▶ ワンポイント

製造原価報告書の当月製品製造原価は、月次損益計算書の売上原価と違いますので、間違えないように注意しましょう。

月初製品＋当月製品製造原価−月末製品＝売上原価

製 造 原 価 報 告 書

（単位：円）

直 接 材 料 費	（	**70,000** ）
直 接 労 務 費	（	**270,000** ）
製 造 間 接 費		725,000
合 計	（	**1,065,000** ）
製 造 間 接 費 配 賦 差 異	（	**5,000** ）
当 月 製 造 費 用	（	**1,060,000** ）
月 初 仕 掛 品 原 価	（	**0** ）
合 計	（	**1,060,000** ）
月 末 仕 掛 品 原 価	（	**295,000** ）
当 月 製 品 製 造 原 価	（	**765,000** ）

月 次 損 益 計 算 書

（単位：円）

売 上 高		2,000,000
売 上 原 価	（	**940,000** ）
原 価 差 異	（	**5,000** ）
計	（	**945,000** ）
売 上 総 利 益	（	**1,055,000** ）
販 売 費 及 び 一 般 管 理 費		300,000
営 業 利 益	（	**755,000** ）

Chapter 4
問題 04

個別原価計算の仕訳

あまり出ない	答案用紙 P12	A 解答 P113	目標タイム 10分

京都株式会社では、経理システムの受注生産を行っており、製品原価の計算には実際個別原価計算（プロジェクト別）を採用している。次の［資　料］にもとづいて、下記の（1）～（5）の［一連の取引］について仕訳しなさい。ただし、勘定科目は、設問ごとに最も適当と思われるものを選び、答案用紙の（　　）内に記号で解答すること。

ア．現金　イ．材料　ウ．仕掛品　エ．製品　オ．買掛金
カ．賃金・給料　キ．製造間接費　ク．原価差異

［資　料］

1．4月の直接材料消費量・直接作業時間

プロジェクト番号	#19001	#19002	#19003
直接材料消費量	60台	70台	54台
直接作業時間	230時間	300時間	140時間

2．直接材料費は予定消費単価を使用して計算しており、予定消費単価は36,000円／台である。

3．直接労務費は予定平均賃率を使用して計算しており、予定平均賃率は1,000円／時間である。

4．製造間接費は予定配賦率を使用して計算しており、配賦基準は直接作業時間である。

5．年間製造間接費予算額　　　10,080,000円

6．年間予定直接作業時間　　　8,400時間

7．当月の製造間接費実際発生額　844,000円

[一連の取引]

(1) 4月の直接材料費を計上する。

(2) 4月の製造間接費を予定配賦する。

(3) プロジェクト＃19002については、プログラミング作業の一部を外部のA社に依頼している。必要資材をA社に無償で引き渡し、すべての作業が完了し納品された。A社の作業に対する加工賃360,000円は現金で支払った。

(4) 4月末にプロジェクト＃19001が完成したので、完成品原価を計上する。

(5) 製造間接費の予定配賦額と実際発生額の差額を原価差異勘定に振り替える。

解説 04

　個別原価計算の仕訳問題です。問題文の情報から下書きを書き、各仕訳を解答します。下書きを書くことで、どこの金額が問われているのか、わかりやすいです。

ステップ1 下書きを書き、情報を整理します。

製造間接費の予定配賦率
10,080,000円 ÷ 8,400時間 = @1,200

	直接材料費	直接労務費	直接経費	製造間接費	合計	
#19001	36,000×60 =2,160,000	1,000×230 =230,000	—	1,200×230 =276,000	(4) 2,666,000	完成
#19002	36,000×70 =2,520,000	1,000×300 =300,000	(3) 360,000	1,200×300 =360,000	3,540,000	仕掛
#19003	36,000×54 =1,944,000	1,000×140 =140,000	—	1,200×140 =168,000	2,252,000	仕掛
合計	(1) 6,624,000	670,000	360,000	(2) 804,000	8,458,000	

ステップ2 下書きを見て、（1）〜（4）に解答します。

　（1）直接材料費の消費額を計算し、仕訳を書きます。材料を消費したので「材料」が減ります。材料は資産（ホームポジション左）なので、減るときは右に書きます。

「仕掛品」が増えます。仕掛品は資産（ホームポジション左）なので、増えるときは左に書きます。下書き（1）の金額を使います。

　　2,160,000 + 2,520,000 + 1,944,000 = 6,624,000

仕掛品　6,624,000 ／ 材料　6,624,000

　（2）製造間接費の予定配賦額を計算し、仕訳を書きます。製造間接費を配賦したので「製造間接費」が減ります。製造間接費は費用（ホームポジション左）なので、減るときは右に書きます。

「仕掛品」が増えます。仕掛品は資産（ホームポジション左）なので、増えるときは左に書きます。下書き（2）の金額を使います。

　　276,000 + 360,000 + 168,000 = 804,000

仕掛品　804,000 ／ 製造間接費　804,000

（3）外注加工賃の仕訳を書きます。外注加工賃は直接経費なので、外注加工賃を消費した場合「仕掛品」が増えます。仕掛品は資産（ホームポジション左）なので、増えるときは左に書きます。

現金を支払ったので「現金」が減ります。現金は資産（ホームポジション左）なので、減るときは右に書きます。下書き（3）の金額を使います。

仕掛品　360,000 ／ 現金　360,000

◆ ワンポイント

本問では、使用できる勘定科目に外注加工賃（または外注加工費）がないので、「②外注加工賃を使わない場合の仕訳」を書くことになります。

①外注加工賃を使う場合の仕訳

　外注加工賃　360,000 ／ 現金　360,000

　仕掛品　360,000 ／ 外注加工賃　360,000

②外注加工賃を使わない場合の仕訳

　仕掛品　360,000 ／ 現金　360,000

（4）＃19001の完成品の仕訳を書きます。「仕掛品」から「製品」へ振り替えるので、仕掛品を減らし、製品を増やします。

仕掛品は資産（ホームポジション左）なので、減るときは右に書きます。製品は資産（ホームポジション左）なので、増えるときは左に書きます。下書き（4）の金額を使います。

　　2,160,000 + 230,000 + 276,000 = 2,666,000

製品　2,666,000 ／ 仕掛品　2,666,000

ステップ3（5）製造間接費の原価差異を計算し、仕訳を書きます。予定配賦額804,000より実際発生額844,000の方が大きいので、不利差異（借方差異）とわかります。借方差異なので、借方（左側）に「原価差異」と書きます。貸方（右側）に「製造間接費」と書きます。

　　予定配賦額804,000円 − 実際発生額844,000円 ＝ △40,000円

原価差異　40,000 ／ 製造間接費　40,000

参 考 製造間接費勘定を書くと次のようになります。

製造間接費

実 際 発 生 額	844,000	予 定 配 賦 額	804,000
		原 価 差 異	40,000

解答 04

	仕 訳			
	借 方		貸 方	
	記 号	金 額	記 号	金 額
(1)	ウ	6,624,000	イ	6,624,000
(2)	ウ	804,000	キ	804,000
(3)	ウ	360,000	ア	360,000
(4)	エ	2,666,000	ウ	2,666,000
(5)	ク	40,000	キ	40,000

日商簿記2級の試験では、計算用紙を使って計算や下書きを行い、そこで得られた仕訳や金額を答案用紙に書くことになります。本書の問題を解く際にも、答案用紙とは別に、白紙やノートなどを用意して計算や下書きを書く練習をしてください。

試験でも計算用紙を使いますが、統一試験（紙の試験）とネット試験でもらえる計算用紙の形式が違うので、別々にご紹介します。

●統一試験（紙の試験）

統一試験（紙の試験）では問題用紙、答案用紙、計算用紙が同じ冊子に綴じこまれており、切り離すことができません。そこで、計算や下書きは問題用紙や答案用紙の余白部分や、計算用紙を広げた部分に書くと見やすいです。試験会場の机が狭く計算用紙を広げられない場合には、計算用紙を折って使うと省スペースになります。

●ネット試験

ネット試験ではA4サイズの白紙を2枚もらえます。A4サイズの下書き用紙を半分に折って使うと、スペースを有効利用し、たくさん書くことができます。

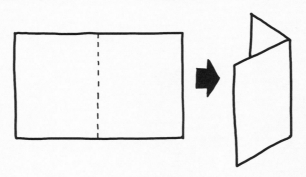

第4問対策
製造原価報告書・損益計算書

製造原価報告書・損益計算書を作成する問題を演習します。
Chapter2費目別計算で学習した内容がここでも出てきます。
なお、原価差異の取り扱いについて注意する必要があります。

製造原価報告書・損益計算書のまとめ

　製造原価報告書や損益計算書を作成する問題です。製造原価報告書とは、工場で製品を作るためにどれだけ原価がかかったかが書いてある書類です。期末または月末のタイミングで作成します。損益計算書には、製造原価報告書に書いてある製造原価や、本社で行った取引の情報が書いてあります。

学習のコツ：第4問（28点）でたまに出題されます。全体としては簡単ですが「製造間接費配賦差異」「原価差異」の取り扱いに注意する必要があります。学習時間は短いですが、原価差異が難しいので満点は取りにくいです。

出題パターン
　1．製造原価報告書へ記入させる問題。
　2．損益計算書へ記入させる問題。

ポイント

　製造間接費を予定配賦している場合、実際に発生した製造間接費と差異が生じます。この差異の記入方法に注意する必要があります。

1．有利差異（貸方差異）の場合
　予定配賦額700,000 − 実際発生額680,000 = + 20,000（有利差異）
　予定配賦額より実際発生額が少なくて済んだ状況です。
〈**製造原価報告書**〉
　製造間接費配賦差異20,000と記入し、製造間接費の合計にプラスします。これは製造間接費の実際発生額680,000に配賦差異20,000をプラスして予定配賦額700,000を計算し、当期総製造費用に予定配賦額が含まれるように調整しています。
〈**損益計算書**〉
　原価差異20,000と記入し、売上原価からマイナスします。有利差異なので、会社にとって有利（費用が減る）になると覚えておきましょう。

製造原価報告書　　　　　　　　（単位：円）

Ⅰ. 直接材料費
　1. 期首材料棚卸高　　　　　800,000
　2. 当期材料仕入高　　　　3,900,000
　　　合　　計　　　　　　　4,700,000
　3. 期末材料棚卸高　　　　　700,000　　　4,000,000
Ⅱ. 直接労務費　　　　　　　　　　　　　1,700,000
Ⅲ. 直接経費　　　　　　　　　　　　　　　500,000
Ⅳ. 製造間接費　　　　実際発生額
　1. 間接労務費　　　　　　　580,000　　680,000と700,000
　2. 減価償却費　　　　　　　100,000　　の差額
　　　合　　計　　　　　　　　680,000　　　　　　予定配賦額
　製造間接費配賦差異　　　　　20,000　　　700,000
　　　当期総製造費用　　　　　　　　　6,900,000
　　　期首仕掛品棚卸高　　　　　　　　1,200,000
　　　　合　　計　　　　　　　　　　　8,100,000
　　　期末仕掛品棚卸高　　　　　　　　1,400,000
　　　当期製品製造原価　　　　　　　　6,700,000

損益計算書　　　　　　　　（単位：円）

Ⅰ. 売上高　　　　　　　　　　　　　　10,000,000
Ⅱ. 売上原価
　1. 期首製品棚卸高　　　　　600,000
　2. 当期製品製造原価　　　6,700,000
　　　合　　計　　　　　　　7,300,000　　有利差異の場合、売上
　3. 期末製品棚卸高　　　　　400,000　　原価からマイナスする
　　　原価差異　　　　　　　　20,000　　　6,880,000
　　　売上総利益　　　　　　　　　　　3,120,000
Ⅲ.　販売費及び一般管理費　　　　　　7,300,000 − 400,000
　　　　　　　　　　　　　　　　　　− 20,000
　1. 広告費　　　　　　　　1,800,000
　2. 本社建物減価償却費　　1,000,000　　　2,800,000
　　　営業利益　　　　　　　　　　　　　320,000

2．不利差異（借方差異）の場合

　予定配賦額 700,000 － 実際発生額 740,000 ＝ － 40,000（不利差異）

　予定配賦額より実際発生額が大きくなってしまった状況です。

〈製造原価報告書〉

　製造間接費配賦差異 40,000 と記入し、製造間接費の合計からマイナスします。これは製造間接費の実際発生額 740,000 から配賦差異 40,000 をマイナスして予定配賦額 700,000 を計算し、当期総製造費用に予定配賦額が含まれるように調整しています。

〈損益計算書〉

　原価差異 40,000 と記入し、売上原価にプラスします。不利差異なので、会社にとって不利（費用が増える）になると覚えておきましょう。

差異が出てくるとわかりにくいね

製造原価報告書の製造間接費の金額が、予定配賦額になることを覚えておけば、間違えにくいよ

なるほど〜♪

◆ワンポイント

販売費と一般管理費の分け方は次のように考えましょう。
　①製品製造のための費用、工場に関する費用　→　製造直接費か製造間接費
　②製品を販売するための費用（広告費や販売員給与など）　→　販売費
　③本社で発生した費用（本社の従業員給与など）　→　一般管理費

製造原価報告書　　　　　　（単位：円）

Ⅰ．直接材料費
　1．期首材料棚卸高　　　　　　800,000
　2．当期材料仕入高　　　　　3,900,000
　　　合　　計　　　　　　　　4,700,000
　3．期末材料棚卸高　　　　　　700,000　　4,000,000
Ⅱ．直接労務費　　　　　　　　　　　　　　1,700,000
Ⅲ．直接経費　　　　　　　　　　　　　　　　500,000
Ⅳ．製造間接費
実際発生額
　1．間接労務費　　　　　　　　640,000
　2．減価償却費　　　　　　　　100,000
　　　合　　計　　　　　　　　　740,000
740,000と700,000の差額
製造間接費配賦差異　　　　　　　40,000
予定配賦額
　　　　　　　　　　　　　　　700,000
　　当期総製造費用　　　　　　6,900,000
　　期首仕掛品棚卸高　　　　　1,200,000
　　　合　　計　　　　　　　　8,100,000
　　期末仕掛品棚卸高　　　　　1,400,000
　　当期製品製造原価　　　　　6,700,000

損益計算書　　　　　　　（単位：円）

Ⅰ．売上高　　　　　　　　　　　　　　　10,000,000
Ⅱ．売上原価
　1．期首製品棚卸高　　　　　　600,000
　2．当期製品製造原価　　　　6,700,000
　　　合　　計　　　　　　　　7,300,000
不利差異の場合、売上原価にプラスする
　3．期末製品棚卸高　　　　　　400,000
　　原価差異　　　　　　　　　　40,000　　6,940,000
　　売上総利益　　　　　　　　　　　　　3,060,000
7,300,000 − 400,000 + 40,000
Ⅲ．販売費及び一般管理費
　1．広告費　　　　　　　　　1,800,000
　2．本社建物減価償却費　　　1,000,000　　2,800,000
　　営業利益　　　　　　　　　　　　　　　260,000

Chapter 5
問題 01

ときどき出る

答案用紙 P13
解答 P123
目標タイム 15分

製造原価報告書

次の［資　料］にもとづき、奈良株式会社の製造原価報告書を作成しなさい。なお、主要材料消費額が直接材料費と等しくなるものとし、直接工賃金消費額が直接労務費と等しくなるものとする。

［資　料］

1. 製造間接費は直接労務費の400％で予定配賦している。

2. 棚卸資産有高

	期首有高	期末有高
主要材料	1,600,000円	1,700,000円
補助材料	400,000円	300,000円
仕掛品	4,000,000円	4,200,000円

3. 材料当期仕入高

主要材料	14,000,000円
補助材料	5,000,000円

4. 賃金・給料

	期首未払額	当期支払額	期末未払額
直接工賃金	1,000,000円	4,000,000円	1,100,000円
間接工賃金	400,000円	2,000,000円	500,000円
給料	600,000円	4,000,000円	700,000円

5. 当期経費

電力料	360,000円
水道料	320,000円
租税公課	400,000円
賃借料	520,000円
減価償却費	3,000,000円

解説 01

　製造原価報告書（材料費、労務費、経費に分かれている形式）の基本問題です。製造間接費配賦差異の扱いに慣れておきましょう。

ステップ1 ［資　料］2. より、答案用紙の経費と期首仕掛品原価、期末仕掛品原価を記入します。

ステップ2 主要材料費、補助材料費、直接工賃金、間接工賃金、給料について、当期消費額を求めます。□□□部分は差引で算出します。

主要材料費

| 期首 1,600,000 | 消費 13,900,000 |
| 仕入 14,000,000 | 期末 1,700,000 |

1,600,000 + 14,000,000 − 1,700,000

補助材料費

| 期首 400,000 | 消費 5,100,000 |
| 仕入 5,000,000 | 期末 300,000 |

400,000 + 5,000,000 − 300,000

直接工賃金

支払 4,000,000	期首 1,000,000
	消費 4,100,000
期末 1,100,000	

4,000,000 + 1,100,000 − 1,000,000

間接工賃金

支払 2,000,000	期首 400,000
	消費 2,100,000
期末 500,000	

2,000,000 + 500,000 − 400,000

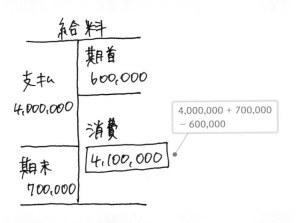

給料

支払 4,000,000	期首 600,000
	消費 $\boxed{4,100,000}$
期末 700,000	

> 4,000,000 + 700,000
− 600,000

ステップ3 製造間接費配賦差異を求めます。

製造間接費

○ 実際発生額

$\underset{\text{補助材料費}}{5,100,000} + \underset{\text{間接工賃金}}{2,100,000} + \underset{\text{給料}}{4,100,000} + \underset{\text{電力料}}{360,000}$

$+ \underset{\text{水道料}}{320,000} + \underset{\text{租税公課}}{400,000} + \underset{\text{賃借料}}{520,000} + \underset{\text{減価償却費}}{3,000,000}$

$= 15,900,000$

○ 予定配賦額　$4,100,000 \times 400\% = 16,400,000$
　　　　　　　　直接労務費（直接
　　　　　　　　工賃金の消費額）

○ 製造間接費配賦差異

予 $16,400,000$ − 実 $15,900,000 = +500,000$

予定配賦額より実際発生額が小さいので有利差異です。

◀▶ ワンポイント

有利差異の場合、製造原価報告書には［＋］として記入します。

ステップ4 当期製造費用を求めます。

合計33,900,000 + 配賦差異500,000 = 34,400,000

ステップ5 当期製品製造原価を求めます。

期首仕掛品原価4,000,000 + 当期製造費用34,400,000
－期末仕掛品原価4,200,000 = 34,200,000

解答 01

<table>
<tr><td colspan="4" align="center">製 造 原 価 報 告 書</td><td align="right">（単位：円）</td></tr>
<tr><td>材 料 費</td><td></td><td></td><td></td><td></td></tr>
<tr><td>　主要材料費</td><td align="center">（</td><td align="right">13,900,000</td><td align="center">）</td><td></td></tr>
<tr><td>　補助材料費</td><td align="center">（</td><td align="right">5,100,000</td><td align="center">）</td><td align="right">（　19,000,000　）</td></tr>
<tr><td>労 務 費</td><td></td><td></td><td></td><td></td></tr>
<tr><td>　直接工賃金</td><td align="center">（</td><td align="right">4,100,000</td><td align="center">）</td><td></td></tr>
<tr><td>　間接工賃金</td><td align="center">（</td><td align="right">2,100,000</td><td align="center">）</td><td></td></tr>
<tr><td>　給 　 料</td><td align="center">（</td><td align="right">4,100,000</td><td align="center">）</td><td align="right">（　10,300,000　）</td></tr>
<tr><td>経 　 費</td><td></td><td></td><td></td><td></td></tr>
<tr><td>　電 力 料</td><td align="center">（</td><td align="right">360,000</td><td align="center">）</td><td></td></tr>
<tr><td>　水 道 料</td><td align="center">（</td><td align="right">320,000</td><td align="center">）</td><td></td></tr>
<tr><td>　租 税 公 課</td><td align="center">（</td><td align="right">400,000</td><td align="center">）</td><td></td></tr>
<tr><td>　賃 借 料</td><td align="center">（</td><td align="right">520,000</td><td align="center">）</td><td></td></tr>
<tr><td>　減価償却費</td><td align="center">（</td><td align="right">3,000,000</td><td align="center">）</td><td align="right">（　4,600,000　）</td></tr>
<tr><td>　　合 　 計</td><td></td><td></td><td></td><td align="right">（　33,900,000　）</td></tr>
<tr><td>　　　製造間接費配賦差異</td><td colspan="3" align="center">〔 ＋ 〕</td><td align="right">（　500,000　）</td></tr>
<tr><td>　　当 期 製 造 費 用</td><td></td><td></td><td></td><td align="right">（　34,400,000　）</td></tr>
<tr><td>　　期 首 仕 掛 品 原 価</td><td></td><td></td><td></td><td align="right">（　4,000,000　）</td></tr>
<tr><td>　　　合 　 　 計</td><td></td><td></td><td></td><td align="right">（　38,400,000　）</td></tr>
<tr><td>　　期 末 仕 掛 品 原 価</td><td></td><td></td><td></td><td align="right">（　4,200,000　）</td></tr>
<tr><td>　　当 期 製 品 製 造 原 価</td><td></td><td></td><td></td><td align="right">（　34,200,000　）</td></tr>
</table>

（注）製造間接費配賦差異は、加算するなら＋、控除するなら－の符号を金額の
　　　前の〔　〕内に記入すること。

1 仕訳
2 費目別計算
3 製造間接費の部門別計算
4 個別原価計算
5 製造原価報告書・損益計算書
6 単純総合原価計算
7 工程別総合原価計算
8 組別総合原価計算
9 等級別総合原価計算
10 標準原価計算
11 直接原価計算
12 模擬問題

Chapter 5
問題 02

ときどき出る

答案
用紙
P14

A 解答
P130

目標
タイム
15分

製造原価報告書と損益計算書

次の［資　料］にもとづいて、岐阜工業の4月の製造原価報告書及び損益計算書を完成しなさい。

［資　料］

1．直接工の作業時間及び賃率

直接工の作業時間の内訳は次のようになっている。なお、賃金計算では1時間あたり1,400円を適用している。

直接作業時間　2,600時間

間接作業時間　　186時間

手待時間　　　　12時間

2．製造間接費

製造間接費は直接労務費の80％を予定配賦している。なお、配賦差異は売上原価に賦課する。

3．棚卸資産

	月初有高	月末有高
素　　　材	1,980,000円	2,040,000円
部　　　品	1,340,000円	1,240,000円
補　修　材	222,000円	237,000円
仕　掛　品	3,000,000円	3,088,000円
製　　　品	1,690,000円	1,766,000円

4．4月中の支払高等

素材仕入高	4,420,000円
部品仕入高	1,660,000円
補修材仕入高	299,000円
接着剤仕入高	16,000円
間接工賃金当月支払高	588,000円
間接工賃金前月未払高	112,000円
間接工賃金当月未払高	98,000円
電力料金（測定額）	136,000円
保険料（月割額）	287,000円
減価償却費（月割額）	1,290,000円
水道料金（測定額）	86,000円

　製造原価報告書（製造直接費と製造間接費で分かれている形式）と損益計算書の基本問題です。簡単なところを正確に解答することが大切です。

ステップ1 問題文と答案用紙を見比べて、計算せずにわかる金額を解答します。製造原価報告書の電力料金136,000、保険料287,000、減価償却費1,290,000、水道料金86,000及び月初仕掛品原価3,000,000と月末仕掛品原価3,088,000を記入します。次に損益計算書の月初製品有高1,690,000と月末製品有高1,766,000を記入します。

ステップ2 残りを上から順に解答します。[資　料]の中で直接材料費に該当するのは素材と部品です。製造原価報告書Ⅰ直接材料費の月初棚卸高、当月仕入高、月末棚卸高は素材と部品の合計金額を記入します。

月初棚卸高　素材1,980,000 + 部品1,340,000 = 3,320,000

当月仕入高　素材4,420,000 + 部品1,660,000 = 6,080,000

月末棚卸高　素材2,040,000 + 部品1,240,000 = 3,280,000

合計を計算します。

合計　月初棚卸高3,320,000 + 当月仕入高6,080,000 = 9,400,000

右の欄には消費高を記入します。

消費高　合計9,400,000 − 月末棚卸高3,280,000 = 6,120,000

この計算のイメージが付きにくい場合は、素材と部品のBOX図を書いてみるとわかりやすいです。素材と部品それぞれで計算した消費高の合計金額が6,120,000と一致します。

消費高　素材4,360,000 + 部品1,760,000 = 6,120,000

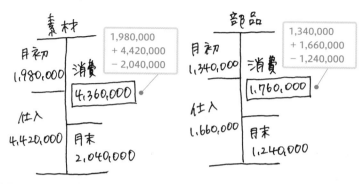

ステップ3 製造原価報告書Ⅱ直接労務費を記入します。直接労務費の計算では [資　料] 1. の「1時間あたり1,400円」と直接作業時間を使います。

直接労務費

$$1,400円 \times 2,600時間 = 3,640,000$$
<u>直接作業時間</u>

ステップ4 製造原価報告書Ⅲ製造間接費の間接材料費を記入します。製造原価報告書には、間接材料費の消費高を記入することになります。
[資　料] の中で間接材料費に該当するのは、補修材と接着剤です。補修材は [資　料] 3. 棚卸資産に月初有高と月末有高があるのでBOX図を書いて消費高を計算します。

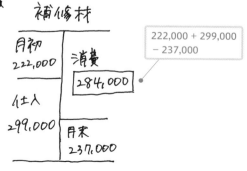

接着剤は［資　料］3．棚卸資産に資料がないので月初有高と月末有高は0で、接着剤仕入高16,000が消費高と同額であると考えます。したがって間接材料費の消費高は「補修材のBOX図で求めた補修材の消費高284,000」と「問題文［資　料］4．にある接着剤仕入高16,000」を合計して計算します。

補修材284,000 + 接着剤16,000 = 300,000

ステップ5 製造原価報告書Ⅲ製造間接費の間接労務費を記入します。製造原価報告書には、間接労務費の消費高を記入することになります。

［資　料］の中で間接労務費に該当するのは「直接工の間接作業時間・手待時間の賃金」と「間接工の賃金当月消費高」です。直接工の間接作業時間・手待時間の賃金は、次の計算式で求めます。

$$1,400円 \times \underset{間接作業時間 + 手待時間}{(186 + 12)時間} = 277,200$$

間接工の賃金当月消費高は、［資　料］4．の間接工賃金当月支払高・間接工賃金前月未払高・間接工賃金当月未払高をBOX図に書き写して計算するとわかりやすいです。

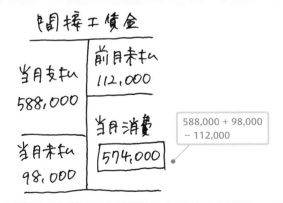

したがって間接労務費の消費高は次のように計算します。

直接工間接作業時間・手待時間277,200 + 間接工賃金574,000
= 851,200

ステップ6 製造間接費配賦差異を求めます。

製造間接費配賦差異

○ 実際発生額

$284,000 + 16,000 + 277,200 + 574,000 + 136,000$
　補修材　　　　接着剤　　直接工間接作業・手待　間接工賃金　　電力料金

$+ 287,000 + 1,290,000 + 86,000 = 2,950,200$
　　保険料　　　減価償却費　　　水道料金

○ 予定配賦額　$3,640,000 × 80\% = 2,912,000$
　　　　　　　直接労務費

○ 製造間接費配賦差異

　　㋡ $2,912,000 -$ ㋫ $2,950,200 = \triangle 38,200$

予定配賦額より実際発生額が大きいので不利差異です。

◆ ワンポイント

不利差異の場合、製造原価報告書では [−] として計算します。
一方、損益計算書「原価差異」では [+] として計算します。

ステップ7 製造間接費合計を求めます。
　　実際発生額2,950,200 − 配賦差異38,200 = 2,912,000
　　または、予定配賦額2,912,000を記入すると簡単です。

ステップ8 製造原価報告書の残り部分を記入します。
　当月製造費用　6,120,000 + 3,640,000 + 2,912,000 = 12,672,000
　合計　12,672,000 + 3,000,000 = 15,672,000
　当月製品製造原価　15,672,000 − 3,088,000 = 12,584,000

ステップ9 損益計算書の残り部分を記入します。
　当月製品製造原価は、製造原価報告書から書き写します。
　原価差異は、製造間接費配賦差異38,200を書き写します。
　売上原価　月初製品1,690,000 + 当月製造12,584,000 − 月末製
　　　　　　　品1,766,000 + 原価差異38,200 = 12,546,200
　売上総利益　売上高35,600,000 − 売上原価12,546,200
　　　　　　　　= 23,053,800

右側ナビゲーション（縦タブ）：
1 仕訳
2 費目別計算
3 製造間接費の部門別計算
4 個別原価計算
5 製造原価報告書・損益計算書
6 単純総合原価計算
7 工程別総合原価計算
8 組別総合原価計算
9 等級別総合原価計算
10 標準原価計算
11 直接原価計算
12 模擬問題

製 造 原 価 報 告 書 （単位：円）

Ⅰ 直 接 材 料 費
　　月 初 棚 卸 高　　　　（　　　3,320,000 ）
　　当 月 仕 入 高　　　　（　　　6,080,000 ）
　　　合　　計　　　　　（　　　9,400,000 ）
　　月 末 棚 卸 高　　　　（　　　3,280,000 ）　（　　6,120,000 ）
Ⅱ 直 接 労 務 費　　　　　　　　　　　　　　（　　3,640,000 ）
Ⅲ 製 造 間 接 費
　　間 接 材 料 費　　　　（　　　　300,000 ）
　　間 接 労 務 費　　　　（　　　　851,200 ）
　　電 力 料 金　　　　　（　　　　136,000 ）
　　保　険　料　　　　　（　　　　287,000 ）
　　減 価 償 却 費　　　　（　　　1,290,000 ）
　　水 道 料 金　　　　　（　　　　 86,000 ）
　　　合　　計　　　　　（　　　2,950,200 ）
　　　製造間接費配賦差異　（　　　　 38,200 ）　（　　2,912,000 ）
　　　　当 月 製 造 費 用　　　　　　　　　（　12,672,000 ）
　　　　月 初 仕 掛 品 原 価　　　　　　　　（　 3,000,000 ）
　　　　　合　　　　計　　　　　　　　　　（　15,672,000 ）
　　　　月 末 仕 掛 品 原 価　　　　　　　　（　 3,088,000 ）
　　　　当 月 製 品 製 造 原 価　　　　　　　（　12,584,000 ）

損 益 計 算 書 （単位：円）

Ⅰ 売　　上　　高　　　　　　　　　　　　　35,600,000
Ⅱ 売　上　原　価
　　月 初 製 品 有 高　　　（　　　1,690,000 ）
　　当 月 製 品 製 造 原 価　（　　12,584,000 ）
　　　合　　　　計　　　　（　　14,274,000 ）
　　月 末 製 品 有 高　　　（　　　1,766,000 ）
　　原　価　差　異　　　　（　　　　 38,200 ）　（　12,546,200 ）
　　売 上 総 利 益　　　　　　　　　　　　　（　23,053,800 ）

（以下略）

第4問対策
単純総合原価計算

単純総合原価計算はパターンが多く学習に時間はかかりますが、
合格に必要不可欠な内容です。
パターンに応じた下書きを自力で書けるようになるまで、
しっかり練習しましょう。

単純総合原価計算のまとめ

　総合原価計算とは、工場で同じ製品を大量に作る場合に使う原価計算のことをいいます。そして、単純総合原価計算とは、工程が1つ、作る製品も1種類の最もシンプルな総合原価計算のことです。

学習のコツ：第4問（28点）でよく出題されます。単純総合原価計算は、学習に時間はかかりますが、合格には必要不可欠な内容です。仕損や材料の追加投入などの問題も含めて、満点が取れるまで何度も解き直す必要があります。

出題パターン
1．仕掛品勘定を記入させる問題。
2．月末仕掛品、完成品総合原価、売上原価を計算させる問題。
3．総合原価計算表を記入させる問題。

`ポイント1`

主な論点
〈月末仕掛品の計算〉
　1．先入先出法
　2．平均法
〈材料の追加投入がある場合〉
　1．作業の途中で投入（加工進捗度が書いてある）
　2．工程を通じて平均的に投入
〈仕損・減損が発生する場合〉
　1．月末仕掛品の加工進捗度より後に発生した場合
　　・仕損が発生（仕損品の処分価額がある場合）
　　・仕損が発生（仕損品の処分価額がない場合）
　　・減損が発生する場合

> 仕損品の評価額と同じ意味である

> 正常仕損費・正常減損費を完成品のみに負担させる

　2．月末仕掛品の加工進捗度より前に発生した場合
　　・仕損が発生（仕損品の処分価額がある場合）
　　・仕損が発生（仕損品の処分価額がない場合）
　　・減損が発生する場合

> 正常仕損費・正常減損費を完成品と月末仕掛品に負担させる

3．発生点が不明の場合

完成品換算量を「？」として、BOX図を書く。
解き方は、2．月末仕掛品の加工進捗度より前に
発生した場合と同じ。

正常仕損費・正常減損費を
完成品と月末仕掛品に負担させる

総合原価計算では仕損と減損のどちらも出題されます。この2つは同じ方
法で解くことができます。この2つの違いは処分価額の有無です。

	意味	処分価額の有無
仕損	失敗すること	あり
減損	蒸発などにより数量が減ってしまうこと	なし

仕掛品BOX図の書き方

仕掛品BOX図の書き方には2種類あります。最初は「入門生向け」のよ
うに書いた方が間違いが少ないですが、本書では「上級生向け」で記載しま
す。省スペースで、計算を速くできるのが特徴です。

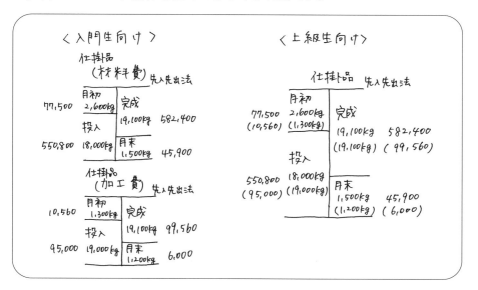

133

よく出る

答案用紙 P15

Ⓐ 解答 P142

⏱ 目標タイム 10分

終点での減損発生

愛媛株式会社は製品Ａを生産している。次の［当月生産データ］にもとづき、（1）先入先出法によって総合原価計算表を完成しなさい。（2）平均法によって月末仕掛品原価及び完成品総合原価を計算しなさい。

［当月生産データ］

月 初 仕 掛 品	200 kg	(50%)
当 月 投 入	3,000	
投 入 合 計	3,200 kg	
減　　　　損	100	
月 末 仕 掛 品	400	(50%)
完　　成　　品	2,700 kg	

原料は工程の始点で投入し、（　　）内は加工費の進捗度である。
減損は工程の終点で発生しており、通常発生する程度のもの（正常減損）であり、減損費はすべて完成品に負担させる。

解説 01

　減損（終点発生）の基本問題です。非常に簡単な問題ですので、満点を目指しましょう。

ステップ1 状況を整理します。

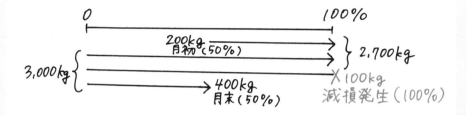

◀▶ ワンポイント

　状況整理の図を書くと、仕損や減損、材料の追加投入がある問題を解く際に間違えにくくなるので、書き方を説明します。本問ではステップ3で図の情報を使います。

　問題文［当月生産データ］月初仕掛品200kg（50％）は、前月投入した原料のうち200kgは前月末までに完成せず、作業の50％まで完了していたということです。50％を進捗度といいます。したがって月初仕掛品200kgについては、当月に50％から100％の作業を行えば完成することになるので、図の一番上のように50％から100％にかけて矢印を書きます。矢印の線は、当月行った作業を表しています。

　問題文［当月生産データ］当月投入3,000kgは、当月に原料を投入した量です。月初にあった200kgとは別に3,000kg投入しているので、図の0％の部分に3,000kgと書きます。

　問題文［当月生産データ］完成品2,700kgは、当月完成した量です。完成というのは作業が100％完了したということなので、図の100％の部分に2,700kgと書きます。2,700kgのうち200kgは月初仕掛品が完成したもの、残りは当月投入した原料が完成したものと考え、上から2番目の矢印を書きます。この図は数量と進捗度を表すためのものなので、金額を計算するときの考え方である「先入先出法」と「平均法」どちらの問題でも同じ図を使うことができます。

問題文［当月生産データ］減損100kgについては、「減損は工程の終点で発生」と指示があるので、100％まで作業を行ったにもかかわらず減損してしまったことがわかります。図の100％の部分に100kg、また×を書いておくと減損が発生した進捗度がわかりやすいです。

問題文［当月生産データ］月末仕掛品400kg（50％）は、当月投入した原料のうち400kgは当月末までに完成せず、作業の50％まで完了したということです。したがって月末仕掛品400kgについては、当月に0％から50％の作業を行ったので、図の一番下のように0％から50％にかけて矢印を書きます。

図を見ると当月200kg ＋ 3,000kg ＝ 3,200kgの作業を始め、100kg減損が発生し、400kg月末仕掛品となり、3,200kg － 100kg － 400kg ＝ 2,700kg完成したことがわかります。これは［当月生産データ］の投入合計3,200kgや完成品2,700kgと一致します。

ステップ2 （1）について先入先出法の仕掛品BOX図を書きます。

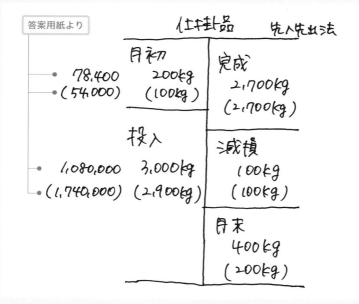

〈BOX図の書き方〉

月初仕掛品原価と当月製造費用は答案用紙の総合原価計算表から書き写します。数量は次のとおり。

月初　原料費　200kg［当月生産データ］より

　　　　加工費　200kg × 50％ = 100kg

完成　原料費　2,700kg［当月生産データ］より

　　　　加工費　2,700kg［当月生産データ］より

減損　原料費　100kg［当月生産データ］より

　　　　加工費　100kg × 100％ = 100kg

月末　原料費　400kg［当月生産データ］より

　　　　加工費　400kg × 50％ = 200kg

当月投入の数量は原料費（直接材料費）、加工費ともに差額で計算します。こうすることで、当月投入量を間違ってしまうケアレスミスを防ぐことができます。

当月投入　原料費　2,700kg + 100kg + 400kg − 200kg = 3,000kg

　　　　　加工費　2,700kg + 100kg + 200kg − 100kg = 2,900kg

　　　　　　　　　　完成　　　　減損　　　　月末　　　　　月初

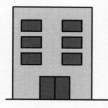

 1 仕訳

 2 費目別計算

 3 製造間接費の部門別計算

 4 個別原価計算

 5 製造原価報告書・損益計算書

 6 単純総合原価計算

 7 工程別総合原価計算

 8 組別総合原価計算

 9 等級別総合原価計算

 10 標準原価計算

11 直接原価計算

12 模擬問題

ステップ3 減損は「終点で発生しており、すべて完成品に負担させる」との指示がありますので、減損にかかった原価を完成品原価に含めて処理します。ステップ1で書いた図を見ると、減損は月末仕掛品の進捗度より後に発生しています。月末仕掛品は減損の発生点を通過していないので、月末仕掛品は減損発生とは無関係と考え、減損にかかった原価を含めません。つまり、減損が発生していない場合と同じように月末仕掛品を計算することになります。

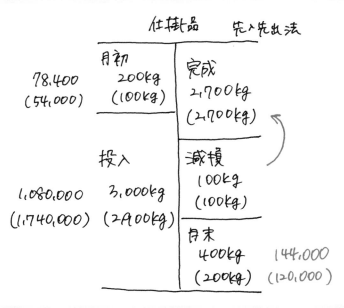

月末

		投入金額		投入kg		月末kg			
原料費	1,080,000円	÷	3,000kg	×	400kg	=	144,000円		月末仕掛品原価
加工費	1,740,000円	÷	2,900kg	×	200kg	=	120,000円		264,000円

138

ステップ 4 差額で完成品を計算します。

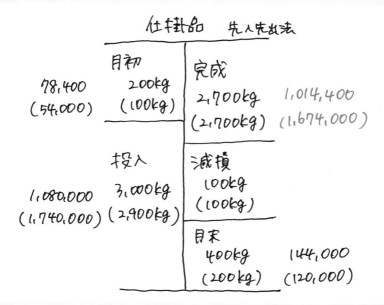

仕掛品　先入先出法

```
78,400      月初         完成
(54,000)    200kg        2,700kg    1,014,400
            (100kg)      (2,700kg)  (1,674,000)

            投入         減損
1,080,000   3,000kg      100kg
(1,740,000) (2,900kg)    (100kg)

                         月末
                         400kg      144,000
                         (200kg)    (120,000)
```

完成品

	月初	投入	月末	
原料費	78,400円 +	1,080,000円 −	144,000円 =	1,014,400円
加工費	54,000円 +	1,740,000円 −	120,000円 =	1,674,000円

完成品総合原価 2,688,400円

◀▶ ワンポイント

・原料費
完成品は2,700kgですが、月初200kg + 投入3,000kg − 月末400kg = 2,800kg分の金額1,014,400円を全額完成品の原料費とすることで、減損100kgにかかった原価を完成品原価に含めていることになります。

・加工費
完成品は2,700kgですが、月初100kg + 投入2,900kg − 月末200kg = 2,800kg分の金額1,674,000円を全額完成品の加工費とすることで、減損100kgにかかった原価を完成品原価に含めていることになります。

(2) について平均法の仕掛品BOX図を書きます。

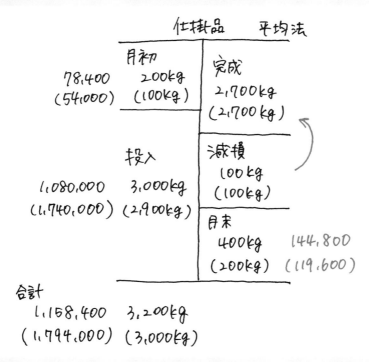

平均法の仕掛品BOX図は、ステップ2と同じ方法で書いた後、合計を書き足します。

合計金額　原料費　$\underline{78,400\text{円}} + \underline{1,080,000\text{円}} = 1,158,400\text{円}$
　　　　　　加工費　$\underline{54,000\text{円}} + \underline{1,740,000\text{円}} = 1,794,000\text{円}$
　　　　　　　　　　　　月初　　　　　　投入

合計kg　原料費　$\underline{200\text{kg}} + \underline{3,000\text{kg}} = 3,200\text{kg}$
　　　　　　加工費　$\underline{100\text{kg}} + \underline{2,900\text{kg}} = 3,000\text{kg}$
　　　　　　　　　　月初　　　投入

減損は終点で発生しているので、減損が発生していない場合と同じように月末仕掛品を計算します。

月末　原料費　$\underline{1,158,400\text{円}} \div \underline{3,200\text{kg}} \times \underline{400\text{kg}} = 144,800\text{円}$
　　　　　加工費　$\underline{1,794,000\text{円}} \div \underline{3,000\text{kg}} \times \underline{200\text{kg}} = 119,600\text{円}$
　　　　　　　　　　合計金額　　　　合計kg　　　月末kg

月末仕掛品原価
264,400円

ステップ6 差額で完成品を計算します。

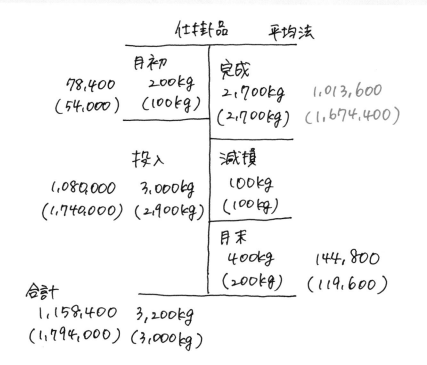

仕掛品　平均法

| 月初 200kg (100kg) 78,400 (54,000) | 完成 2,700kg (2,700kg) 1,013,600 (1,674,400) |

投入 3,000kg (2,900kg) 1,080,000 (1,740,000)

減損 100kg (100kg)

月末 400kg (200kg) 144,800 (119,600)

合計
1,158,400　3,200kg
(1,794,000) (3,000kg)

完成品　原料費　1,158,400円 − 144,800円 = 1,013,600円　　完成品総合原価
　　　　　加工費　1,794,000円 − 119,600円 = 1,674,400円　　2,688,000円
　　　　　　　　　　合計　　　　　　　月末

◆▶ ワンポイント

・原料費
完成品は2,700kgですが、合計3,200kg − 月末400kg = 2,800kg分の金額1,013,600円を全額完成品の原料費とすることで、減損100kgにかかった原価を完成品原価に含めていることになります。

・加工費
完成品は2,700kgですが、合計3,000kg − 月末200kg = 2,800kg分の金額1,674,400円を全額完成品の加工費とすることで、減損100kgにかかった原価を完成品原価に含めていることになります。

1 仕訳

2 費目別計算

3 製造間接費の部門別計算

4 個別原価計算

5 製造原価報告書・損益計算書

6 単純総合原価計算

7 工程別総合原価計算

8 組別総合原価計算

9 等級別総合原価計算

10 標準原価計算

11 直接原価計算

12 模擬問題

(1)

総 合 原 価 計 算 表　　　　　　（単位：円）

	原 料 費	加 工 費	合　　計
月 初 仕 掛 品 原 価	78,400	54,000	132,400
当 月 製 造 費 用	1,080,000	1,740,000	2,820,000
合　　　　　計	1,158,400	1,794,000	2,952,400
差引：月末仕掛品原価	**144,000**	**120,000**	**264,000**
完 成 品 総 合 原 価	**1,014,400**	**1,674,000**	**2,688,400**

(2) 平均法

月末仕掛品原価＝ **264,400** 円

完成品総合原価＝ **2,688,000** 円

ときどき出る
答案用紙 P15
解答 P150
目標タイム 10分

発生点不明の仕損発生

（1）製品Xを製造する熊谷工場では、単純総合原価計算を採用して原価計算を行っている。次の［生産データ］にもとづいて答案用紙の総合原価計算表を完成しなさい。なお、原価投入額合計を完成品総合原価と月末仕掛品原価に配分するためには先入先出法を用いており、正常仕損の処理は度外視法によること。

［生産データ］

月 初 仕 掛 品	2,000 個	（50%）
当 月 投 入	7,500	
合 計	9,500 個	
正 常 仕 損	900 個	
月 末 仕 掛 品	1,600	（50%）
完 成 品	7,000	
合 計	9,500 個	

原料は工程の始点で投入しており、（　　）内は加工費の進捗度である。
仕損は工程の途中で発生しており、仕損品に評価額はない。

（2）上記［生産データ］について、仕損品の売却による処分価額が99,000円で、その価値は主として材料の価値であるときの完成品総合原価を計算しなさい。

　仕損（発生点不明）の基本問題です。仕損の発生点が具体的に書かれていない場合には、完成品と月末仕掛品の両者に負担させます。仕損（発生点不明）の問題は難しいですが、試験にときどき出題されていますので、解き方を学びましょう。

　（1）では仕損品の評価額がない場合、（2）では仕損品の評価額（売却による処分価額）がある場合を問われています。どちらも解き方は同じです。苦手な人は本問をしっかり練習しましょう。

　度外視法とは、仕損品にかかった原価を別個に計算しない方法です。度外視法に対して非度外視法という計算方法もありますが、簿記2級では度外視法しか出題されません。本書の解説もすべて度外視法を前提としています。

ステップ1 状況を整理します。仕損は工程の途中で発生していますが、何％で発生したのか問題文に書いてありません。

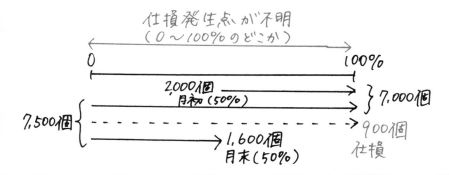

ステップ2 (1)について先入先出法の仕掛品BOX図を書きます。「仕損は工程の途中で発生」と指示がありますが、何%で発生したのか不明なので仕損の完成品換算量を「？」としておきます。また「仕損品に評価額はない」ので、0円として下書きに書きます。

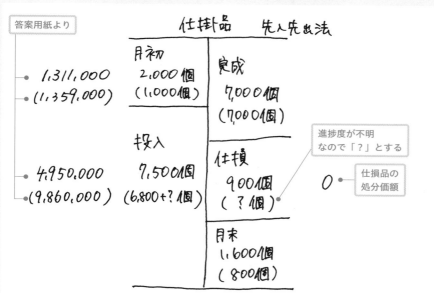

答案用紙より

仕掛品　先入先出法

月初　2,000個
1,311,000　　（1,000個）
(1,359,000)

完成
7,000個
（7,000個）

投入　7,500個
4,950,000　（6,800+?個）
(9,860,000)

仕損
900個
（？個）

進捗度が不明なので「？」とする

仕損品の処分価額
0

月末
1,600個
（800個）

〈BOX図の書き方〉
月初仕掛品原価と当月製造費用は答案用紙の総合原価計算表から書き写します。数量は次のとおり。

月初　原料費　2,000個［生産データ］より
　　　　加工費　2,000個×50％＝1,000個

完成　原料費　7,000個［生産データ］より
　　　　加工費　7,000個［生産データ］より

仕損　原料費　900個［生産データ］より
　　　　加工費　？個としておく

月末　原料費　1,600個　［生産データ］より
　　　　加工費　1,600個×50％＝800個

当月投入の数量は原料費（直接材料費）、加工費ともに差額で計算します。

当月投入　原料費　7,000個 ＋ 900個 ＋ 1,600個 － 2,000個 ＝ 7,500個
　　　　　　加工費　7,000個 ＋ ? 個 ＋ 800個 － 1,000個 ＝ 6,800 ＋ ? 個
　　　　　　　　　　　　　完成　　　仕損　　　月末　　　月初

ステップ3 仕損が何％で発生したのか不明な場合は、完成品と月末仕掛品の両者に負担させます。先入先出法の場合、投入した個数から仕損の個数をマイナスします。

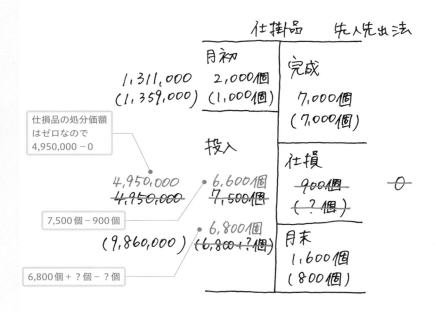

投入金額の修正　4,950,000円 － 0円 ＝ 4,950,000円
　　　　　　　　　　　投入金額　　　仕損品の
　　　　　　　　　　　　　　　　　　処分価額

◀ ワンポイント

投入7,500個から仕損品の900個を差し引き、6,600個に減らすことで、仕損費を完成品と月末仕掛品の両者に負担させることになります。ここではP.147月末仕掛品の例を使って説明します。加工費も原料費と同じ考え方です。

・月末仕掛品　原料費
　仕損を負担させない場合
　　4,950,000円 ÷ 7,500個 × 1,600個 ＝ 1,056,000円

仕損を負担させる場合
4,950,000円÷6,600個×1,600個＝1,200,000円
1,200,000円－1,056,000円＝144,000円だけ月末仕掛品の原料費が増え
ており、仕損費を負担していることがわかります。

ステップ4 月末仕掛品、完成品を計算します。

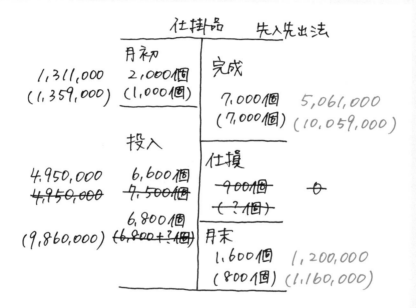

月末 原料費 $\underline{4,950,000円}÷\underline{6,600個}×\underline{1,600個}＝1,200,000円$
　　　加工費 $\underline{9,860,000円}÷\underline{6,800個}×\underline{800個}＝1,160,000円$

　　　　　　投入金額　　　投入個数　　月末個数

月末仕掛品原価
2,360,000円

完成品
　　　原料費 $\underline{1,311,000円}＋\underline{4,950,000円}－\underline{1,200,000円}＝5,061,000円$
　　　加工費 $\underline{1,359,000円}＋\underline{9,860,000円}－\underline{1,160,000円}＝10,059,000円$

　　　　　　月初　　　　投入　　　　月末

完成品総合原価
15,120,000円

完成品単位原価
　　　原料費 $5,061,000円÷7,000個＝723円／個$
　　　加工費 $10,059,000円÷7,000個＝1,437円／個$

完成品単位原価
2,160円／個

ステップ5 (2) では、「仕損品の売却による処分価額が99,000円」なので、新しく仕掛品BOX図を書きます。仕損品の価値は「材料の価値」なので、材料費からマイナスします。

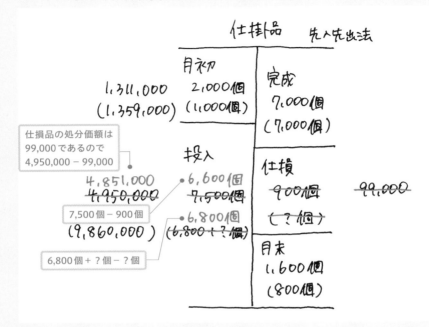

投入金額の修正　4,950,000円 − 99,000円 = 4,851,000円
　　　　　　　　　投入金額　　　　仕損品の処分価額

> **◀》ワンポイント**
>
> 仕損品の売却による処分価額とは、仕損品となってしまったものがいくらで売れるかを表しています。処分するためにかかる追加の費用ではなく、仕損品を売ることでもらえる金額です。そのため、追加の費用として投入金額4,950,000円に加算するのではなく、投入金額4,950,000円から仕損品の売却による処分価額99,000円を減算します。
>
> 例えば、フライパン工場の場合、原料となる鉄板を4,950,000円投入します。7,500個投入し、900個が仕損品となってしまいましたが、鉄くずとして買取業者へ売り、99,000円受け取りました。仕損となった900個分の無駄な鉄板の原料費は4,950,000円に含まれていますが、99,000円は回収できたので、原料費を4,950,000円 − 99,000円 = 4,851,000円に修正して計算するのです。

ステップ6 月末仕掛品、完成品を計算します。

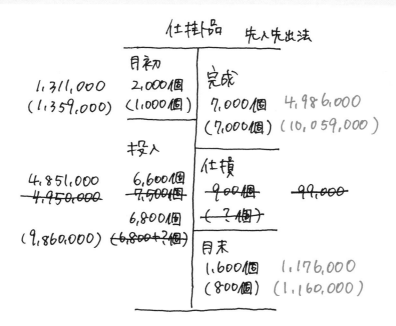

月末　原料費　4,851,000円 ÷ 6,600個 × 1,600個 = 1,176,000円 ⎤ 月末仕掛品原価
　　　　加工費　9,860,000円 ÷ 6,800個 × 800個 = 1,160,000円 ⎦ 2,336,000円
　　　　　　　　修正後の投入金額　　投入個数　　月末個数

完成品

　原料費　1,311,000円 + 4,851,000円 − 1,176,000円 = 4,986,000円 ⎤ 完成品総合原価
　加工費　1,359,000円 + 9,860,000円 − 1,160,000円 = 10,059,000円 ⎦ 15,045,000円
　　　　　　月初　　　修正後の投入　　　月末

◀▶ ワンポイント

投入7,500個から仕損品の900個を差し引き、6,600個に減らすことで、仕損費を完成品と月末仕掛品の両者に負担させることになります。ここでは月末仕掛品の例を使って説明します。加工費も原料費と同じ考え方です。

・月末仕掛品　原料費
　仕損を負担させない場合
　　4,950,000円 ÷ 7,500個 × 1,600個 = 1,056,000円
　仕損を負担させる場合
　　(4,950,000円 − 99,000円) ÷ 6,600個 × 1,600個 = 1,176,000円

1,176,000円 − 1,056,000円 = 120,000円だけ月末仕掛品の原料費が増え
ており、仕損費を負担していることがわかります。

解答 02

(1)

総 合 原 価 計 算 表　　　　　　（単位：円）

	原　料　費	加　工　費	合　　　計
月 初 仕 掛 品 原 価	1,311,000	1,359,000	2,670,000
当 月 製 造 費 用	4,950,000	9,860,000	14,810,000
合　　　　　計	6,261,000	11,219,000	17,480,000
差引：月末仕掛品原価	1,200,000	1,160,000	2,360,000
完 成 品 総 合 原 価	5,061,000	10,059,000	15,120,000
完 成 品 単 位 原 価	723	1,437	2,160

(2)

完成品総合原価＝　　15,045,000　円

150

Chapter 6
問題 **03**

あまり出ない

答案用紙 P15

Ⓐ 解答 P156

⏱目標タイム 10分

材料の追加投入（平均的に投入）①

関西製作所では製品Mを量産しており、原価計算の方法は実際単純総合原価計算を採用している。次の［資　料］にもとづいて、（1）答案用紙の総合原価計算表を完成し、（2）製品Mの売上原価を計算しなさい。なお、原価投入額を完成品総合原価と月末仕掛品原価とに配分する方法として先入先出法を採用しており、製品の倉出単価を計算するためには平均法を採用している。

［資　料］

1．当月の生産・販売データ

月初仕掛品量	200個（0.4）	月初製品在庫量	100個
当月完成品量	1,400個	当月販売量	1,420個
月末仕掛品量	300個（0.5）	月末製品在庫量	80個

（注）（　　）内は加工進捗度を示している。

2．製品Mの製造に必要な材料Aは工程の始点で投入し、材料Bは工程を通じて平均的に投入している。

3．当月の原価データ

月初製品原価　　418,000円
月初仕掛品原価　590,000円
当月製造費用　6,174,000円

（注）原価データは答案用紙にも示してある。

　材料の平均投入の問題です。材料の平均投入とは「材料をいつ投入するか」という話であって、月末仕掛品原価や完成品総合原価を計算するための考え方である「平均法」とは関係ありません。本問では、材料Bについても問題文5行目の指示により、先入先出法で計算します。

　答案用紙に計算で必要となる金額が書いてあるので、問題文だけを読んでも解けない点にも注意しましょう。

ステップ1 (1)　答案用紙で、材料A、材料B、加工費の月初仕掛品原価、当月投入金額を計算し記入します。次の順番で解きます。

総合原価計算表　　　　　（単位：円）

	材　料　A	材　料　B	加　工　費	①合　　計
月 初 仕 掛 品	440,000	（ ④　11,000 ）	（ ③　139,000 ）	590,000
当　月　投　入	3,307,500	220,500	（ ②　2,646,000 ）	6,174,000
合　　　計	3,747,500	（ ⑤　231,500 ）	2,785,000	

①［資　料］3．当月の原価データの月初仕掛品原価590,000、当月製造費用6,174,000を答案用紙の総合原価計算表の横に写します。この金額は材料A、材料B、加工費の合計額です。

②加工費の当月投入を差額（ヨコ）で計算します。

$$\underset{\text{投入合計}}{6,174,000円} - \underset{\text{投入材料A}}{3,307,500円} - \underset{\text{投入材料B}}{220,500円} = 2,646,000円$$

③加工費の月初仕掛品を差額（タテ）で計算します。

$$\underset{\text{加工費合計}}{2,785,000円} - \underset{\text{加工費投入}}{2,646,000円} = 139,000円$$

④材料Bの月初仕掛品を差額（ヨコ）で計算します。

$$\underset{\text{月初合計}}{590,000円} - \underset{\text{月初材料A}}{440,000円} - \underset{\text{月初加工費}}{139,000円} = 11,000円$$

⑤材料Bの合計（タテ）を計算します。

$$\underset{\text{月初仕掛品}}{11,000円} + \underset{\text{当月投入}}{220,500円} = 231,500円$$

ステップ2 状況を整理します。材料Bを平均的に投入している点がポイントです。

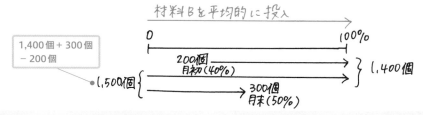

《▶ ワンポイント》

材料の平均投入についてイメージが付きにくいので詳しく説明します。例えば、チョコレートドーナツ工場で考えると、工程の始点で小麦粉を投入するので、小麦粉は本問でいう材料Aにあたります。小麦粉を水と混ぜてこねている間に、チョコレートを少しずつ投入して小麦粉とチョコレートを混ぜていきます。さらにドーナツを油で揚げた後、チョコレートでコーティングし、チョコレートのデコレーションをして完成としましょう。そうすると、チョコレートは工程の始点から終点（完成）にかけて何度も投入されているので、本問でいう材料Bにあたります。

ステップ3 材料A、加工費、材料BのBOX図を書きます。

材料Bは「工程を通じて平均的に投入」していますので、加工費と同じ数量を使ってBOX図を書きます。「材料をいつ投入するか」と「完成品・月末仕掛品を、先入先出法・平均法どちらで仮定して解くか」はまったく違う内容です。問題文の「原価投入額を完成品総合原価と月末仕掛品原価とに配分する方法として先入先出法を採用」という指示に従い、材料Bについても先入先出法で計算します。「平均」という言葉に反応して平均法で解かないように注意しましょう。

《▶ ワンポイント》

通常は材料Aのように、材料を工程の始点で全部投入することが多いですが、本問は材料Bについて工程を通じて平均的に投入しているという問題です。材料Bについて、加工費と同じ数量を使ってBOX図を書く理由は、そもそもなぜ加工費のBOX図を直接材料費と別に書くかを理解していればわかります。加工費というのは直接工賃金や水道光熱費などを指しているので、工程の始点から終点にかけて、製品を作っている間に少しずつ費用がかかっています。例えばパン工場を考えると、材料Aは小麦で、工程の始点で全部投入されますが、直接工は投入された小麦をこねたり丸めたり焼いたりと、工程の始点から終点まで手を加え続けます。そうすると、300個分の材料Aを投入し、月末に50％しか作業が進まなかった場合、材料Aは300個分の費用を計上すべ

153

きですが、加工費は300個×50％＝150個分の費用しか発生していません。加工費はこのように進捗度を加味した計算をしたいので、直接材料費と別にBOX図を書きます。材料Bのように工程を通じて平均的に投入すると、月末に50％しか作業が進まなかった場合、材料Bは300個×50％＝150個分しか投入されていないことになります。これは加工費と同じ考え方なので、加工費と同じ数量を使ってBOX図を書きます。

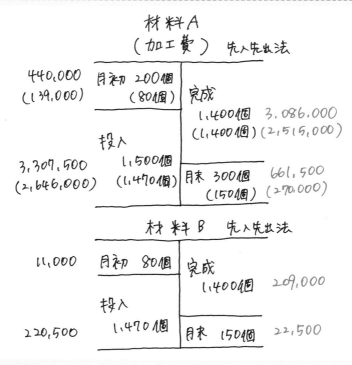

〈BOX図の書き方〉

月初仕掛品原価、当月投入金額は、ステップ1で計算した総合原価計算表から書き写します。数量は次のとおり。

月初　原料費　200個［資　料］1．より

　　　　加工費　200個×0.4＝80個

完成　原料費　1,400個［資　料］1．より

　　　　加工費　1,400個［資　料］1．より

月末　原料費　300個［資　料］1．より

　　　　加工費　300個×0.5＝150個

当月投入の数量は材料Ａ（直接材料費）、加工費ともに差額で計算します。

当月投入　材料Ａ　$\underset{\text{完成}}{1,400\text{個}} + \underset{\text{月末}}{300\text{個}} - \underset{\text{月初}}{200\text{個}} = 1,500\text{個}$

　　　　　　加工費　$\underset{\text{完成}}{1,400\text{個}} + \underset{\text{月末}}{150\text{個}} - \underset{\text{月初}}{80\text{個}} = 1,470\text{個}$

〈月末仕掛品原価と完成品総合原価の計算〉

月末仕掛品原価、完成品総合原価を計算し、答案用紙に記入します。

月末　材料Ａ　$3,307,500\text{円} \div 1,500\text{個} \times 300\text{個} = 661,500\text{円}$

　　　　加工費　$2,646,000\text{円} \div 1,470\text{個} \times 150\text{個} = 270,000\text{円}$ ┐ 月末仕掛品原価 954,000円

　　　　材料Ｂ　$\underset{\text{投入金額}}{220,500\text{円}} \div \underset{\text{投入個数}}{1,470\text{個}} \times \underset{\text{月末個数}}{150\text{個}} = 22,500\text{円}$

完成品

材料Ａ　$440,000\text{円} + 3,307,500\text{円} - 661,500\text{円} = 3,086,000\text{円}$

加工費　$139,000\text{円} + 2,646,000\text{円} - 270,000\text{円} = 2,515,000\text{円}$ ┐ 完成品総合原価 5,810,000円

材料Ｂ　$\underset{\text{月初}}{11,000\text{円}} + \underset{\text{投入}}{220,500\text{円}} - \underset{\text{月末}}{22,500\text{円}} = 209,000\text{円}$

ステップ4　（2）　製品のBOX図を書きます。月初製品在庫量100個、当月販売量1,420個、月末製品在庫量80個は［資　料］1. を書き写します。当月完成品量1,400個は［資　料］1. を書き写すか、ステップ3のBOX図「完成」1,400個を使います。

月初製品原価418,000円は［資　料］3. の金額を使います。当月完成品原価5,810,000円はステップ3で計算した完成品総合原価を書き写します。製品は平均法で計算するので間違えないように注意しましょう。

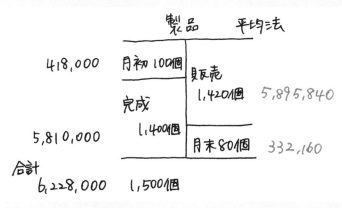

合計金額　$\underset{\text{月初}}{\underline{418,000\text{円}}} + \underset{\text{完成}}{\underline{5,810,000\text{円}}} = 6,228,000\text{円}$

合計個数　原料費　$\underset{\text{月初}}{\underline{100\text{個}}} + \underset{\text{完成}}{\underline{1,400\text{個}}} = 1,500\text{個}$

〈月末製品原価と売上原価の計算〉

月末製品原価、売上原価を計算し、答案用紙に売上原価を記入します。

月末　$\underset{\text{合計金額}}{\underline{6,228,000\text{円}}} \div \underset{\text{合計個数}}{\underline{1,500\text{個}}} \times \underset{\text{月末個数}}{\underline{80\text{個}}} = 332,160\text{円}$

売上原価　$\underset{\text{合計}}{\underline{6,228,000\text{円}}} - \underset{\text{月末}}{\underline{332,160\text{円}}} = 5,895,840\text{円}$

解答 03

（1）

総 合 原 価 計 算 表　　　　　（単位：円）

	材 料 A	材 料 B	加 工 費
月 初 仕 掛 品	440,000	（　11,000　）	（　139,000　）
当 月 投 入	3,307,500	220,500	（　2,646,000　）
合　　　計	3,747,500	（　231,500　）	2,785,000
月 末 仕 掛 品	（　661,500　）	（　22,500　）	（　270,000　）
完　成　品	（　3,086,000　）	（　209,000　）	（　2,515,000　）

（2）

売上原価＝　**5,895,840**　円

Chapter 6
問題 **04**

あまり出ない

答案用紙 P16

(A) 解答 P161

目標タイム 10分

材料の追加投入（平均的に投入）②

当社は製品Ａを製造・販売し、製品原価の計算は単純総合原価計算により行っている。次の［資　料］にもとづいて、各問に答えなさい。なお、当社は月末仕掛品原価及び完成品総合原価の計算を平均法により行っている。

［資　料］

［生産データ］

月初仕掛品	300 kg (50%)
当月投入量	2,800
合　計	3,100 kg
正常仕損品	100
月末仕掛品	500　(50%)
完成品	2,500 kg

［原価データ］

月初仕掛品原価

X原料費	360,000 円
Y原料費	40,500
加工費	114,600
小計	515,100 円

当月製造費用

X原料費	3,360,000 円
Y原料費	843,000
加工費	2,165,400
小計	6,368,400 円
合計	6,883,500 円

（注）X原料は工程の始点、Y原料は工程を通じて平均的に投入しており、（　　）内は加工費の進捗度である。なお、正常仕損は工程の終点で発生し、その処分価額は6,000円である。正常仕損費はすべて完成品に負担させる。

問1　月末仕掛品のX原料費、Y原料費、加工費、及び完成品総合原価、完成品単位原価を計算しなさい。

問2　答案用紙の仕掛品勘定を記入しなさい。

　材料の平均投入かつ仕損が終点で発生する場合の問題です。テキストで学習した内容の組み合わせですので、間違えた方は一度テキストに戻って復習しましょう。

ステップ1 状況を整理します。

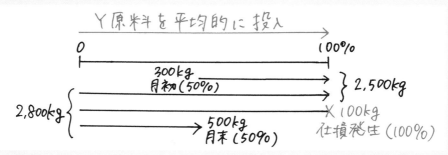

ステップ2 X原料、加工費、Y原料のBOX図を書きます。仕損の発生点（100%）が月末仕掛品（50%）より後で、「正常仕損費はすべて完成品に負担させる」という指示がありますので、仕損にかかった原価を完成品総合原価に含めて処理します。月末仕掛品は正常仕損費を負担しないので、仕損が発生していない場合と同じように月末仕掛品を計算します。次に差額で完成品を計算します。

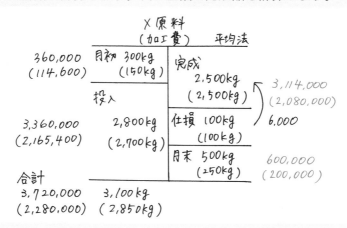

Y原料　　平均法

40,500	月初　150kg	完成 　　2,500kg　`806,000`
843,000	投入 　　2,700kg	仕損　100kg
合計 883,500　2,850kg		月末　250kg　`77,500`

工程を通じて平均的に投入しているので加工費と同じ数量を使う

〈BOX図の書き方〉

月初仕掛品原価、当月製造費用は、［原価データ］から書き写します。数量は次のとおり。

月初　原料費　300kg［生産データ］より
　　　　加工費　300kg × 50% = 150kg
完成　原料費　2,500kg［生産データ］より
　　　　加工費　2,500kg［生産データ］より
仕損　原料費　100kg［生産データ］より
　　　　加工費　100kg × 100% = 100kg
月末　原料費　500kg［生産データ］より
　　　　加工費　500kg × 50% = 250kg

当月投入の数量はX原料（直接材料費）、加工費ともに差額で計算します。

当月投入　原料費　2,500kg + 100kg + 500kg − 300kg = 2,800kg
　　　　　加工費　2,500kg + 100kg + 250kg − 150kg = 2,700kg
　　　　　　　　　　完成　　　　　仕損　　　　月末　　　　月初

Y原料は工程を通じて平均的に投入しているので、加工費と同じ考え方であり、加工費と同じ数量（kg）を使います。

合計金額　X原料　360,000円 + 3,360,000円 = 3,720,000円
　　　　　加工費　114,600円 + 2,165,400円 = 2,280,000円
　　　　　Y原料　　40,500円 + 　843,000円 = 　883,500円
　　　　　　　　　月初　　　　　　投入

合計kg　X原料　300kg + 2,800kg = 3,100kg
　　　　　加工費　150kg + 2,700kg = 2,850kg
　　　　　Y原料　150kg + 2,700kg = 2,850kg
　　　　　　　　月初　　　　投入

〈月末仕掛品原価と完成品総合原価の計算〉

月末 X原料　3,720,000円 ÷ 3,100kg × 500kg = 600,000円 ┐
加工費　2,280,000円 ÷ 2,850kg × 250kg = 200,000円 ├ 月末仕掛品原価
Y原料　　883,500円 ÷ 2,850kg × 250kg = 　77,500円 ┘ 877,500円
　　　　　　　　合計金額　　　　合計kg　　　　月末

仕損品　6,000円（処分価額）

完成品　X原料　3,720,000円 − 600,000円 − 6,000円 = 3,114,000円 ┐
　　　　　　　　合計金額　　　　月末　　正常仕損の処分価額　　　　　　　├ 完成品総合原価
加工費　2,280,000円 − 200,000円 = 2,080,000円　　　　　　　├ 6,000,000円
Y原料　　883,500円 − 　77,500円 = 　806,000円　　　　　　 ┘
　　　　　　　　合計金額　　　　月末

完成品単位原価　6,000,000円 ÷ 2,500kg = 2,400円／kg

◖▶ ワンポイント

仕損品の処分価額は、X原料、Y原料、加工費のどれからマイナスしたとして
も、最終的な完成品総合原価6,000,000円は同じになります。

ただし、上記のステップ2で計算しているように「始点で投入した材料から
仕損品の処分価額をマイナスする」のが基本です。例えば、X原料が鉄、Y原
料が鉄に色を付ける塗料だとすると、仕損品の処分価額は「鉄くず100kgの
売却価額」でX原料から生じるものです。Y原料や加工費は、鉄くずの売却
価額と関係ありません。X原料から生じる売却価額なので、X原料から仕損
品の処分価額をマイナスしているのです。

ステップ3 問2の仕掛品勘定を記入します。

月初有高	515,100円	（問題文の［原価データ］より）
当月製造費用		
X原料費	3,360,000円	（問題文の［原価データ］より）
Y原料費	843,000円	（問題文の［原価データ］より）
加工費	2,165,400円	（問題文の［原価データ］より）
当月完成高	6,000,000円	（ステップ2より）
仕損品	6,000円	（問題文の［原価データ］より）
月末有高	877,500円	（ステップ2より）

解答 04

問1

月末仕掛品のX原料費 ＝ **600,000** 円

月末仕掛品のY原料費 ＝ **77,500** 円

月末仕掛品の加工費 ＝ **200,000** 円

完成品総合原価 ＝ **6,000,000** 円

完成品単位原価 ＝ **2,400** 円／kg

問2

仕 掛 品			（単位：円）
月 初 有 高	（ **515,100** ）	当 月 完 成 高	（ **6,000,000** ）
当 月 製 造 費 用：		仕 損 品	（ **6,000** ）
X 原 料 費	（ **3,360,000** ）	月 末 有 高	（ **877,500** ）
Y 原 料 費	（ **843,000** ）		
加 工 費	（ **2,165,400** ）		
	（ **6,883,500** ）		（ **6,883,500** ）

Chapter 6
問題 **05**

ときどき出る

答案用紙 P16

解答 P166

目標タイム 10分

材料の追加投入（終点で投入）

　　　製品Xを量産する福井工場では、実際単純総合原価計算を採用している。次の［資　料］にもとづいて、（1）答案用紙の総合原価計算表の空欄に適切な金額を記入し、（2）売上原価を計算しなさい。なお、原価投入額を完成品総合原価と月末仕掛品原価に配分するためには先入先出法を用い、製品の倉出（売上原価）を計算するためには平均法を用いている。

［資　料］

1．当月の生産・販売データ

月初仕掛品	100 個 (1/2)		月初製品	50 個	
当月投入	950		当月完成	800	
投入合計	1,050 個		合計	850 個	
正常減損	90 (1/3)		当月販売	750 個	
月末仕掛品	160 (3/4)		月末製品	100	
当月完成	800 個		合計	850 個	

（注1）（　　）内は加工進捗度を示している。

（注2）製品Xを製造するのに必要なA材料は工程の始点で投入し、B材料は工程の終点で投入する。

2．当月の原価データ

月初仕掛品原価		当月製造費用	
A材料費	198,000円	A材料費	1,634,000円
加工費	164,000円	B材料費	888,000円
月初製品原価	313,000円	加工費	3,132,000円

3．正常減損は進捗度3分の1の時点で発生しているので、正常減損費は完成品と月末仕掛品に負担させる。なお、正常減損の処理は度外視法であり、月初仕掛品から減損は発生しない。

 **解説 05**

　材料の追加投入と減損の問題です。本問ではB材料を終点で追加投入していますので、完成品だけにB材料費を負担させればよいことがわかります。仕掛品は先入先出法、製品は平均法なのでミスしないように注意しましょう。

ステップ1 状況を整理します。B材料は終点で投入されるので、月末仕掛品の原価とはならず、すべて完成品の原価になります。

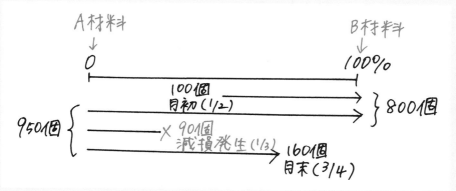

ステップ2 A材料、加工費、B材料のBOX図を書きます。

〈BOX図の書き方〉

月初仕掛品原価と当月製造費用は［資　料］2. から書き写します。数量は次のとおり。

月初　原料費　100個［資　料］1. より

　　　　加工費　100個×1/2＝50個

完成　原料費　800個［資　料］1. より

　　　　加工費　800個［資　料］1. より

減損　原料費　90個［資　料］1. より

　　　　加工費　90個×1/3＝30個

月末　原料費　160個［資　料］1. より

　　　　加工費　160個×3/4＝120個

163

当月投入の数量はA材料（直接材料費）、加工費ともに差額で計算します。

当月投入　A材料　800個＋ 90個＋ 160個－ 100個＝ 950個

　　　　　加工費　800個＋ 30個＋ 120個－ 50個＝ 900個

　　　　　　　　　 完成　　 減損　　　 月末　　　 月初

　　　　次に「正常減損費は完成品と月末仕掛品に負担させる」という指示
　　　　に従うと、先入先出法の場合、減損を投入から差し引いて月末仕掛
　　　　品原価と完成品総合原価を計算します（P.149ワンポイント参照）。
　　　　また、B材料費は工程の終点で投入するため、すべて完成品原価と
　　　　なります。答案用紙の（1）月末仕掛品、完成品総合原価、完成品
　　　　単位原価を記入します。

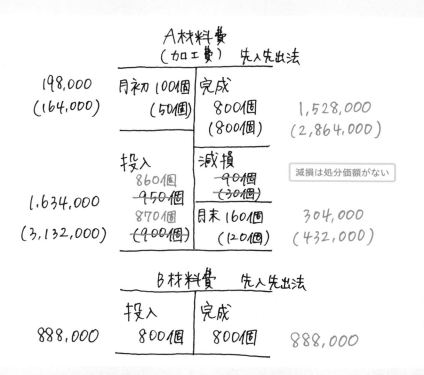

A材料費
（加工費）　先入先出法

198,000
(164,000)　月初 100個　完成
　　　　　　　（50個）　800個　　1,528,000
　　　　　　　　　　　　（800個）　(2,864,000)

投入　　　減損
　　　860個　90個
1,634,000　950個　30個
(3,132,000)　870個　月末160個　304,000
　　　　　　900個　（120個）　(432,000)

減損は処分価額がない

B材料費　　先入先出法

投入　　完成
888,000　800個　800個　　888,000

B材料費の月初仕掛品は、前月末に終点まで到達していないため、
0となります。同様に月末仕掛品や減損も終点まで到達していない
ため、0となります。

月末　A材料　1,634,000円÷(950 − 90)個×160個＝304,000円 ⎤ 月末仕掛品原価
　　　　加工費　3,132,000円÷(900 − 30)個×120個＝432,000円 ⎦ 736,000円
　　　　　　　　　　投入金額　　　投入　　減損　　　月末

完成品総合原価
　A材料　198,000円 ＋ 1,634,000円 － 304,000円 ＝ 1,528,000円 ⎤
　加工費　164,000円 ＋ 3,132,000円 － 432,000円 ＝ 2,864,000円 ⎥ 完成品総合原価
　B材料　　　　0円 ＋ 888,000円 － 　　0円 ＝ 888,000円 ⎦ 5,280,000円
　　　　　　　月初　　　　　投入　　　　　月末

完成品単位原価
　A材料　1,528,000円÷800個＝@1,910円 ⎤
　加工費　2,864,000円÷800個＝@3,580円 ⎥ 完成品単位原価
　B材料　　888,000円÷800個＝@1,110円 ⎦ @6,600円

165

ステップ3 製品のBOX図を書きます。(2)売上原価を記入します。

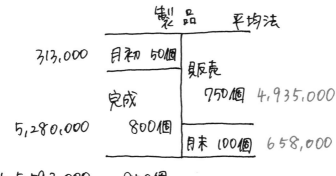

製品　平均法

313,000　月初　50個

　　　　　　　　販売
　　　　　　　　750個　4,935,000
　　　　完成
5,280,000　800個

　　　　　　　　月末　100個　658,000

合計　5,593,000　850個

合計金額　313,000円 + 5,280,000円 = 5,593,000円
　　　　　　　　月初　　　　　　完成

合計個数　50個 + 800個 = 850個
　　　　　　　月初　　完成

月末　5,593,000円 ÷ 850個 × 100個 = 658,000円
　　　　合計金額　　　合計個数　月末個数

売上原価　5,593,000円 − 658,000円 = 4,935,000円
　　　　　　　合計　　　　月末

解答 05

(1)

	月末仕掛品	完成品総合原価	完成品単位原価
A材料費	304,000円	1,528,000円	@ 1,910円
B材料費	0円	888,000円	@ 1,110円
加工費	432,000円	2,864,000円	@ 3,580円
合計	736,000円	5,280,000円	@ 6,600円

(2)

売上原価＝　4,935,000　円

第4問対策
工程別総合原価計算

工程別総合原価計算は単純総合原価計算とほとんど同じ内容です。
計算方法がわからない場合は単純総合原価計算を復習しましょう。
半製品がある場合に注意してください。

工程別総合原価計算のまとめ

　工程別総合原価計算とは、工程が2つ以上ある総合原価計算のことです。第1工程の完成品が第2工程の前工程費として扱われる点がポイントです。

学習のコツ：第4問（28点）でよく出題されます。工程別総合原価計算はパターンも少なく、単純総合原価計算の内容とほぼ同じですから、学習に時間がかからないのが特徴です。

出題パターン

1．仕掛品勘定を記入させる問題。
2．月末仕掛品、完成品総合原価、売上原価を計算させる問題。
3．総合原価計算表を記入させる問題。

ポイント

1．工程が2つに分かれていることから、第1工程の完成品が第2工程の前工程費として扱われます。また、第1工程の完成品がすべて第2工程に投入される場合だけでなく、第1工程の完成品の一部が半製品として外部へ販売され、残りが第2工程へ投入される場合もあります。
2．下書きは、第1工程の仕掛品BOX図と第2工程の仕掛品BOX図を、横に2つ並べて書くと視覚的にわかりやすくなります。
3．仕損、減損がある場合、単純総合原価計算と同じ計算方法で解けますので焦る必要はありません。

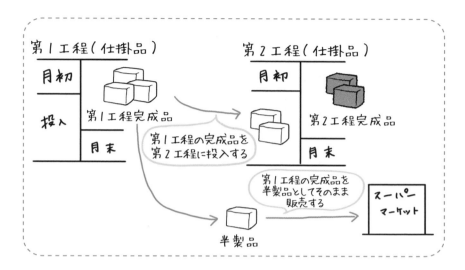

 パブロフくんは、時間を計って問題集を解いている？

 えっ、計ってない…

 試験は時間内に終わらせる必要があるから、今のうちから時間を計って解いておいた方がいいね

 うん。でも、時間内に終わらないこともあるよ

 時間内に終わらない場合は、時間内に終わるまで何回も解き直そう。時間が足りない場合、自分がその問題を理解していないのか、解法を覚えていないのかなど、原因を探るのも忘れずにね

Chapter 7

問題 **01**

ときどき出る

答案用紙 P17

解答 P173

目標タイム 12分

工程別

当社は2つの工程を経て製品Aを製造しており、累加法による工程別総合原価計算を行っている。下記の［資　料］にもとづいて、答案用紙の工程別総合原価計算表を記入しなさい。なお、原価投入額合計を完成品総合原価と月末仕掛品原価とに配分する方法として、第1工程では平均法、第2工程では先入先出法を用いている。

［資　料］

1．当月生産データ

	第1工程	第2工程
月 初 仕 掛 品	1,000 kg（30％）	2,600 kg（50％）
当 月 投 入	19,000	18,000
合 計	20,000 kg	20,600 kg
月 末 仕 掛 品	2,000 （20％）	1,500 （80％）
完 成 品	18,000 kg	19,100 kg

（注）原料はすべて第1工程の始点で投入しており、（　　）内は加工費の進捗度を示している。

解説 01

　工程別総合原価計算の基本問題です。第1工程は平均法、第2工程は先入先出法なので注意しましょう。累加法とは、第1工程の完成品原価を第2工程に振り替え、前工程費として計算する方法です。非累加法という計算方法もありますが、簿記2級では累加法のみ出題されます。

ステップ1 状況を整理します。本問は半製品が出てこないため、第1工程の完成品はすべて第2工程の前工程費となります。

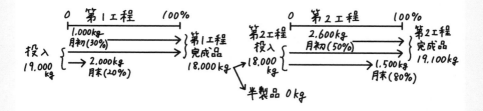

ステップ2 ［資　料］と答案用紙の情報より第1工程、第2工程のBOX図を書きます。第1工程の完成品原価を、第2工程の前工程費として使用します。第1工程は平均法、第2工程は先入先出法で計算します。

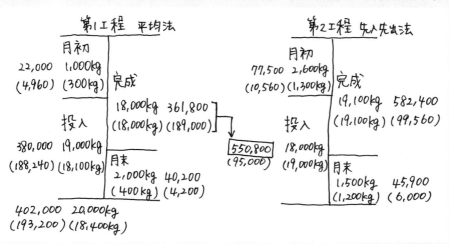

第1工程（平均法）

〈BOX図の書き方〉

月初仕掛品原価と当月製造費用は答案用紙の工程別総合原価計算表から書き写します。数量は次のとおり。

月初 　原料費　1,000kg［資　料］1. より
　　　　　加工費　1,000kg × 30% = 300kg

完成 　原料費　18,000kg［資　料］1. より
　　　　　加工費　18,000kg［資　料］1. より

月末 　原料費　2,000kg［資　料］1. より
　　　　　加工費　2,000kg × 20% = 400kg

投入 　原料費　18,000kg + 2,000kg − 1,000kg = 19,000kg
　　　　　加工費　18,000kg + 400kg − 300kg = 18,100kg

合計金額 　原料費　22,000円 + 380,000円 = 402,000円
　　　　　　　加工費　$\underset{\text{月初}}{4,960円} + \underset{\text{投入}}{188,240円} = 193,200円$

合計kg 　原料費　$\underset{\text{月初}}{1,000kg} + \underset{\text{投入}}{19,000kg} = 20,000kg$
　　　　　　加工費　$\underset{\text{月初}}{300kg} + \underset{\text{投入}}{18,100kg} = 18,400kg$

〈月末仕掛品原価と完成品原価の計算〉

月末 　原料費　402,000円 ÷ 20,000kg × 2,000kg = 40,200円 ⎤ 月末仕掛品原価
　　　　　加工費　$\underset{\text{合計金額}}{193,200円} ÷ \underset{\text{合計kg}}{18,400kg} × \underset{\text{月末kg}}{400kg} = 4,200円$ ⎦ 44,400円

完成品 　原料費　402,000円 − 40,200円 = 361,800円 ⎤ 第1工程完成品原価
　　　　　　加工費　$\underset{\text{合計}}{193,200円} − \underset{\text{月末}}{4,200円} = 189,000円$ ⎦ 550,800円

第2工程（先入先出法）

〈BOX図の書き方〉

月初仕掛品原価と当月製造費用（加工費）は答案用紙の工程別総合原価計算表から書き写します。当月製造費用（前工程費）は第1工程のBOX図の金額から計算します。

当月製造費用（前工程費） 　361,800円 + 189,000円 = 550,800円

数量は次のとおり。

月初 前工程費 2,600kg［資 料］1. より

加工費 2,600kg × 50% = 1,300kg

完成 前工程費 19,100kg［資 料］1. より

加工費 19,100kg［資 料］1. より

月末 前工程費 1,500kg［資 料］1. より

加工費 1,500kg × 80% = 1,200kg

投入 前工程費 19,100kg + 1,500kg − 2,600kg = 18,000kg

加工費 19,100kg + 1,200kg − 1,300kg = 19,000kg

〈月末仕掛品原価と完成品総合原価の計算〉

月末 前工程費 550,800円 ÷ 18,000kg × 1,500kg = 45,900円 ⎫ 月末仕掛品原価

加工費 95,000円 ÷ 19,000kg × 1,200kg = 6,000円 ⎭ 51,900円

投入金額　投入kg　月末kg

完成品 前工程費 77,500円 + 550,800円 − 45,900円 = 582,400円 ⎫ 完成品総合原価

加工費 10,560円 + 95,000円 − 6,000円 = 99,560円 ⎭ 681,960円

月初　　投入　　月末

解答 01

	第 1 工 程			第 2 工 程		
	原 料 費	加 工 費	合　　計	前工程費	加 工 費	合　　計
月 初 仕 掛 品 原 価	22,000	4,960	26,960	77,500	10,560	88,060
当 月 製 造 費 用	380,000	188,240	568,240	550,800	95,000	645,800
合　　　　計	402,000	193,200	595,200	628,300	105,560	733,860
差引：月末仕掛品原価	40,200	4,200	44,400	45,900	6,000	51,900
完 成 品 総 合 原 価	361,800	189,000	550,800	582,400	99,560	681,960

工程別総合原価計算表 （単位：円）

工程別（仕損発生）

当社は製品Xを製造し、製品原価の計算は累加法による工程別総合原価計算を採用している。次の［資　料］にもとづいて、第1工程月末仕掛品の原料費と加工費、第2工程月末仕掛品の前工程費と加工費、第2工程完成品総合原価を計算しなさい。なお、原価投入額を完成品総合原価と月末仕掛品原価に配分する方法は、第1工程は先入先出法、第2工程は平均法を用いている。

［資　料］

1. 当月生産データ

	第1工程	第2工程
月 初 仕 掛 品	300 個（50％）	600 個（80％）
当 月 投 入	5,000	4,800
合 計	5,300 個	5,400 個
正 常 仕 損 品	100	200
月 末 仕 掛 品	400 （50％）	600 （60％）
完 成 品	4,800 個	4,600 個

原料はすべて第1工程の始点で投入し、（　）内は加工費の進捗度である。第1工程の途中で発生する正常仕損品に処分価額はなく、度外視法で処理する。第2工程の終点で発生する正常仕損品は89,600円の処分価額があり、第2工程の正常仕損費は完成品に負担させる。

2. 当月原価データ　（？円は各自計算すること）

	第1工程		第2工程	
	原料費	加工費	前工程費	加工費
月初仕掛品原価	84,600円	31,500円	250,800円	105,360円
当 月 製 造 費 用	1,225,000円	708,100円	？　円	926,640円

解説 02

　工程別総合原価計算の応用問題です。本問は第1工程と第2工程でそれぞれ仕損が発生します。試験の工程別の問題は、仕損や減損を含んだ横断的な問題が出題されますので、本問で満点が取れるように練習しておきましょう。

ステップ1 状況を整理します。本問は半製品が出てこないため、第1工程の完成品はすべて第2工程の前工程費となります。

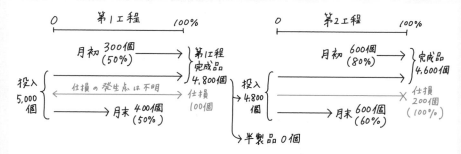

ステップ2 ［資　料］の情報より第1工程、第2工程のBOX図を書きます。第1工程の完成品総合原価を、第2工程の前工程費として使用します。第1工程は先入先出法、第2工程は平均法で計算します。

　第1工程の仕損は「途中で発生する」が何％で発生したのか書いていないため、発生点不明の仕損のBOX図を書きます（Chapter6-02と同様）。仕損の発生点が不明の場合、仕損にかかった費用は完成品と月末仕掛品の両者に負担させます。

　第2工程の仕損は「終点で発生する」ので、終点での仕損発生のBOX図を書きます（Chapter6-01と同様）。仕損が終点で発生している場合、仕損にかかった費用は完成品に負担させます。月末仕掛品は仕損の発生点を通過していないからです。第2工程の仕損品には処分価額がありますので、BOX図に処分価額を書くことを忘れないように。

　減損と仕損が苦手な方は、テキストに書いてある3つのパターンと解き方を復習しておきましょう。

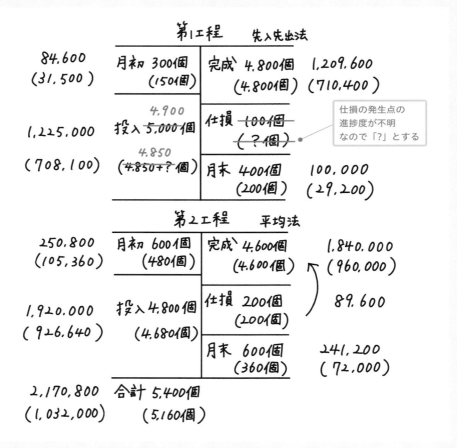

第1工程（先入先出法）

〈BOX図の書き方〉

月初仕掛品原価と当月製造費用は［資　料］2. から書き写します。数量は次のとおり。

月初　原料費　300個［資　料］1. より

　　　　加工費　300個×50％＝150個

完成　原料費　4,800個［資　料］1. より

　　　　加工費　4,800個［資　料］1. より

仕損　原料費　100個［資　料］1. より

　　　　加工費　？個としておく

月末 原料費　400個［資　料］1. より

加工費　400個 × 50％ ＝ 200個

〈月末仕掛品原価と完成品原価の計算〉

月末 原料費　1,225,000円 ÷ 4,900個 × 400個 ＝ 100,000円 ⎫ 月末仕掛品原価

加工費　708,100円 ÷ 4,850個 × 200個 ＝ 29,200円 ⎭ 129,200円

　　　　　　　　投入金額　　　　　　投入個数　　　　月末個数

完成品 原料費　84,600円 ＋ 1,225,000円 － 100,000円 ＝ 1,209,600円 ⎫ 第1工程完成品原価

加工費　31,500円 ＋ 708,100円 － 29,200円 ＝ 710,400円 ⎭ 1,920,000円

　　　　　　　　月初　　　　　　　投入　　　　　　月末

第2工程（平均法）

〈BOX図の書き方〉

月初仕掛品原価と当月製造費用（加工費）は［資　料］2. から書き写します。
当月製造費用（前工程費）は第1工程のBOX図の金額から計算します。

当月製造費用（前工程費）　1,209,600円 ＋ 710,400円 ＝ 1,920,000円

数量は次のとおり。

月初 前工程費　600個［資　料］1. より

加工費　600個 × 80％ ＝ 480個

完成 前工程費　4,600個［資　料］1. より

加工費　4,600個［資　料］1. より

仕損 前工程費　200個［資　料］1. より

加工費　200個 × 100％ ＝ 200個

月末 前工程費　600個［資　料］1. より

加工費　600個 × 60％ ＝ 360個

合計金額 前工程費　250,800円 ＋ 1,920,000円 ＝ 2,170,800円

加工費　105,360円 ＋ 926,640円 ＝ 1,032,000円

　　　　　　　　月初　　　　　　　投入

合計個数 前工程費　600個 ＋ 4,800個 ＝ 5,400個

加工費　480個 ＋ 4,680個 ＝ 5,160個

〈月末仕掛品原価と完成品総合原価の計算〉

月末 前工程費　2,170,800円 ÷ 5,400個 × 600個 ＝ 241,200円 ⎫ 月末仕掛品原価

加工費　1,032,000円 ÷ 5,160個 × 360個 ＝ 72,000円 ⎭ 313,200円

　　　　　　　　合計金額　　　　　　合計個数　　　　月末個数

177

完成品　前工程費　$\underset{\text{合計}}{2,170,800\text{円}} - \underset{\text{月末}}{241,200\text{円}} - \underset{\text{仕損品の処分価額}}{89,600\text{円}} = 1,840,000\text{円}$

加工費　$\underset{\text{合計}}{1,032,000\text{円}} - \underset{\text{月末}}{72,000\text{円}} = 960,000\text{円}$

完成品総合原価
2,800,000円

解答 02

第1工程月末仕掛品の原料費 ＝	**100,000** 円
第1工程月末仕掛品の加工費 ＝	**29,200** 円
第2工程月末仕掛品の前工程費 ＝	**241,200** 円
第2工程月末仕掛品の加工費 ＝	**72,000** 円
第2工程完成品総合原価 ＝	**2,800,000** 円

◀▶ ワンポイント

本書では、計算途中の完成品原価の金額を「完成品原価」、最終的な完成品原価の金額を「完成品総合原価」と使い分けています。たとえば、工程別総合原価計算で2つの工程がある場合、第1工程の完成品原価は計算の途中なので「完成品原価」、第2工程の完成品原価は最終的な完成品原価の金額となるので「完成品総合原価」となります。

ただし、試験や実務においてこの用語の使い分けをすることはないので、覚えなくて大丈夫です。

Chapter 7
問題

03

あまり出ない

答案用紙 P17

Ⓐ 解答 P183

目標タイム 14分

工程別（半製品がある場合）

　長崎工場は2つの工程を経て製品Cを連続生産しており、累加法による工程別総合原価計算を採用している。次の［資　料］にもとづいて答案用紙の総合原価計算表と仕掛品勘定の空欄に適切な金額を記入しなさい。なお、原価投入額合計を完成品総合原価と月末仕掛品原価に配分する方法として、2つの工程とも平均法を採用している。

［資　料］

1. 生産データ

	第1工程	第2工程
月 初 仕 掛 品	120 kg（1/4）	100 kg（1/2）
当 月 投 入	880	800
投入合計	1,000 kg	900 kg
当 月 完 成 品	920	850
月 末 仕 掛 品	80　（3/4）	50　（3/5）
産出合計	1,000 kg	900 kg

（注）原料はすべて第1工程の始点で投入しており、（　）内は加工費の進捗度を示している。

2. 第1工程完成品のうち一部は製品F（半製品）として、外部販売のため倉庫に保管される。

工程別総合原価計算で半製品がある場合の問題です。試験ではあまり出題されませんが解き方を理解しておきましょう。第2工程の前工程費を間違えないように注意しましょう。

ステップ1 状況を整理します。第1工程の完成品920kgは第2工程800kg、製品F（半製品）120kgへ振り替えられる点に注意しましょう。

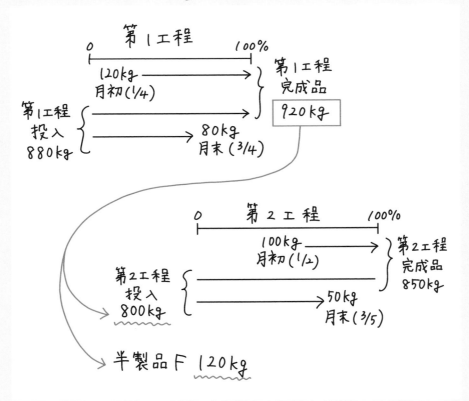

ステップ2 ［資　料］と答案用紙の情報より第1工程、第2工程のBOX図を書きます。第1工程、第2工程ともに平均法で計算します。

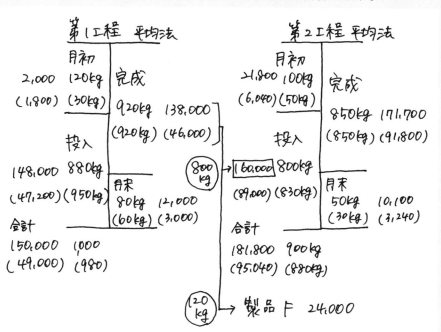

第1工程（平均法）
〈BOX図の書き方〉
月初仕掛品原価と当月投入費用は答案用紙の総合原価計算表から書き写します。数量は次のとおり。

月初　原料費　120kg ［資　料］1. より
　　　　加工費　120kg × 1/4 = 30kg

完成　原料費　920kg ［資　料］1. より
　　　　加工費　920kg ［資　料］1. より

月末　原料費　80kg ［資　料］1. より
　　　　加工費　80kg × 3/4 = 60kg

投入　原料費　920kg + 80kg − 120kg = 880kg
　　　　加工費　920kg + 60kg − 30kg = 950kg

合計金額　原料費　<u>2,000円</u> + <u>148,000円</u> = 150,000円
　　　　　　加工費　<u>1,800円</u> + <u>47,200円</u> = 49,000円
　　　　　　　　　　　月初　　　　　投入

合計kg　原料費　120kg + 880kg = 1,000kg

　　　　　加工費　30kg + 950kg = 980kg

〈月末仕掛品原価と完成品原価の計算〉

月末　原料費　$\underline{150,000円} \div \underline{1,000kg} \times \underline{80kg} = 12,000円$ ⎫ 月末仕掛品原価

　　　加工費　$\underline{49,000円} \div \underline{980kg} \times \underline{60kg} = 3,000円$ ⎭ 15,000円

　　　　　　　　合計金額　　　合計kg　　月末kg

完成品　原料費　$\underline{150,000円} - \underline{12,000円} = 138,000円$ ⎫ 第1工程完成品原価

　　　　加工費　$\underline{49,000円} - \underline{3,000円} = 46,000円$ ⎭ 184,000円

　　　　　　　　　合計　　　　　月末

第2工程へ投入（前工程費）　184,000円 ÷ 920kg × 800kg = 160,000円

製品F（半製品）　184,000円 ÷ 920kg × 120kg = $\underline{24,000円}$

　　　　　　　　　　　　　　　　仕掛品勘定「製品F」

第2工程（平均法）

〈BOX図の書き方〉

月初仕掛品原価と当月投入費用（加工費）は答案用紙の総合原価計算表から書き写します。当月投入費用（前工程費）は第1工程で計算した160,000円を使います。

数量は次のとおり。

月初　前工程費　100kg［資　料］1. より

　　　加工費　100kg × 1/2 = 50kg

完成　前工程費　850kg［資　料］1. より

　　　加工費　850kg［資　料］1. より

月末　前工程費　50kg［資　料］1. より

　　　加工費　50kg × 3/5 = 30kg

投入　前工程費　850kg + 50kg − 100kg = 800kg

　　　加工費　850kg + 30kg − 50kg = 830kg

合計金額　前工程費　21,800円 + $\underline{160,000円}$ = 181,800円

　　　　　加工費　$\underline{6,040円} + \underline{89,000円} = 95,040円$

　　　　　　　　　月初　　　　投入

合計kg　前工程費　100kg + 800kg = 900kg

　　　　　加工費　50kg + 830kg = 880kg

〈月末仕掛品原価と完成品総合原価の計算〉

月末　前工程費　$181,800$円 ÷ 900kg × 50kg = $10,100$円 } 月末仕掛品原価
　　　　加工費　　$95,040$円 ÷ 880kg × 30kg = $3,240$円 } 　　　$13,340$円

<small>合計金額　　合計kg　　月末kg</small>

完成品　前工程費　$181,800$円 − $10,100$円 = $171,700$円 } 完成品総合原価
　　　　加工費　　$95,040$円 − $3,240$円 = $91,800$円 } 　　　$263,500$円

<small>合計　　　　月末</small>
仕掛品勘定「製品C」

仕掛品勘定

加工費　　$47,200$円 + $89,000$円 = $136,200$円
月末有高　$15,000$円 + $13,340$円 = $28,340$円

<small>第1工程　　第2工程</small>

解答 03

総 合 原 価 計 算 表

	第 1 工 程		第 2 工 程	
	原 料 費	加 工 費	前 工 程 費	加 工 費
月 初 仕 掛 品	2,000　円	1,800　円	21,800　円	6,040　円
当 月 投 入	148,000	47,200	(**160,000**)	89,000
合　　計	(**150,000**)円	(**49,000**)円	(**181,800**)円	(**95,040**)円
月 末 仕 掛 品	(**12,000**)	(**3,000**)	(**10,100**)	(**3,240**)
完　成　品	(**138,000**)円	(**46,000**)円	(**171,700**)円	(**91,800**)円

仕 掛 品　（単位：円）

月 初 有 高	31,640	製 品 C	(**263,500**)
原 料 費	148,000	製 品 F	(**24,000**)
加 工 費	(**136,200**)	月 末 有 高	(**28,340**)
	(**315,840**)		**315,840**

ミスノートについて P.016 で紹介しましたが、どのようにミスノートを書けばよいか、例を使って具体的に説明します。

例：Chapter7-03 の問題で、製品 F（半製品）の指示を見落として第 1 工程完成品原価を全額第 2 工程の前工程費としてしまった場合。

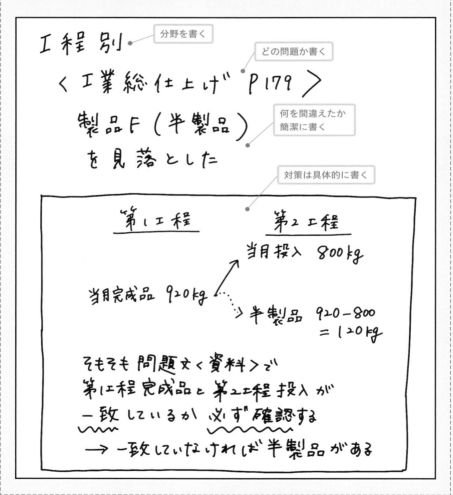

第4問対策
組別総合原価計算

組別総合原価計算は、加工費を分ける点がポイントです。
それ以外は単純総合原価計算と同じ内容なので、
得点しやすい分野です。

組別総合原価計算のまとめ

　組別総合原価計算とは、同じ工程で違う種類の製品を作る総合原価計算のことです。加工費が共通しているので、分けて計算する点がポイントです。このように共通している原価のことを組間接費といいます。

学習のコツ：第4問（28点）でたまに出題されます。組別総合原価計算はパターンも少なく、単純総合原価計算の内容とほぼ同じですから、学習に時間はかかりません。

出題パターン

　組別総合原価計算はパターンが問題ごとに若干違います。パターンを覚える必要はなく、問題文の指示に従いましょう。
　１．製造間接費が共通している場合。
　２．加工費（直接労務費と製造間接費）が共通している場合。

ポイント

１．同じ工程で違う種類の製品を作っているので、製造間接費または加工費（直接労務費と製造間接費）が共通しています。この共通した原価を製品の種類ごとに分ける必要があります。
２．下書きは、製品の種類ごとに仕掛品BOX図を縦に2つ並べて書くと視覚的にわかりやすくなります。
３．仕損、減損がある場合、単純総合原価計算と同じように計算すれば解けますので焦る必要はありません。

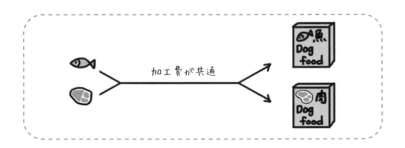

うーん、この問題、何で間違っちゃったんだろう

 パブロフくんは、下書き用紙に計算式やBOX図を書いていないの!?

 えっ、だって計算式やBOX図を書いていたら時間が足りなくなるかと思って…

 計算式やBOX図を書かないと、情報が整理されないから間違ってしまう可能性が高くなるよ。それに、後から見直したときに、どうして間違ったかわからないから復習できないよね

 う、うん…

 問題は、計算式やBOX図を書いても時間内に終わるようにできているから大丈夫!

Chapter 8
問題 01

あまり出ない

答案
用紙
P18

A 解答
P192

目標
タイム
12分

組別

群馬工業は、XとYという2種類の異種製品を同一工程で連続生産している。製品原価の計算は、組別総合原価計算を採用している。直接材料費と直接労務費は組製品X、Yに直課しており、製造間接費は機械作業時間を配賦基準として予定配賦（正常配賦）している。

下記の［資　料］にもとづいて、答案用紙の組別総合原価計算表を記入しなさい。なお、原価投入額合計を完成品総合原価と月末仕掛品原価とに配分する方法として、先入先出法を用いている。

［資　料］
1. 生産データ

	組製品X	組製品Y
月初仕掛品量	300個（1/3）	400個（1/4）
当月投入量	5,100	8,400
合　計	5,400個	8,800個
月末仕掛品量	400　（1/8）	800　（1/2）
当月完成品量	5,000個	8,000個

（注）原料は始点で投入しており、（　　）内は加工費の進捗度を示している。

2. 原価データ

		組製品X	組製品Y
月初仕掛品原価	直接材料費	296,000円	544,800円
	直接労務費	27,800円	18,600円
	製造間接費	55,200円	67,200円
当月製造費用	直接材料費	5,202,000円	11,776,800円
	直接労務費	1,206,000円	1,353,400円
当月実際機械作業時間		1,800時間	3,700時間

3. 年間予定機械作業時間は65,000時間であり、年間製造間接費予算は78,000,000円と見積もられた。

 解説 **01**

組別総合原価計算の基本問題です。組製品XとYで製造間接費が共通しているため、XとYに分ける必要があります。

ステップ1 状況を整理します。問題文に「直接材料費と直接労務費は組製品XとYに直課」との指示があり、[資 料] 2. 原価データを見るとXとYに分かれています。一方、製造間接費はXとYの金額が資料にないため計算することになります。「製造間接費は予定配賦」との指示より、共通して発生している製造間接費をXとYの実際機械作業時間から計算することがわかります。

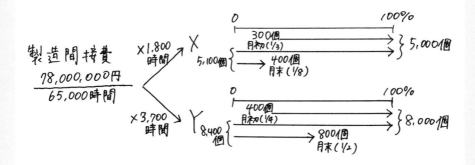

ステップ2 製造間接費を組製品XとYで分けます。

予定配賦率　78,000,000円 ÷ 65,000時間 = 1,200円／時間
　　　　　　　年間製造間接費予算　　年間予定機械作業時間

組製品X　1,200円／時間 × 1,800時間 = 2,160,000円

組製品Y　1,200円／時間 × 3,700時間 = 4,440,000円

組製品XとYの仕掛品BOX図を書きます。加工費とは、直接労務費と製造間接費を合計したもののことをいいます。

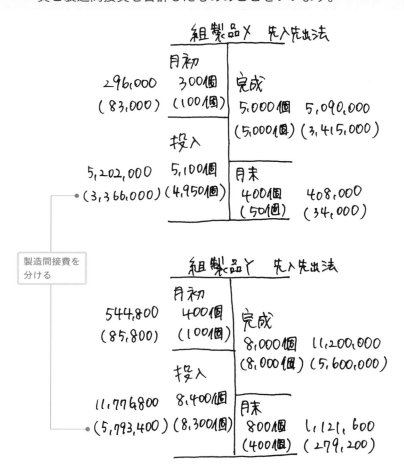

製造間接費を分ける

組製品X（先入先出法）

〈BOX図の書き方〉

月初仕掛品原価と当月製造費用（当月投入費用）は次のように計算します。

月初	原料費	296,000円
	加工費	27,800円 + 55,200円 = 83,000円
投入	加工費	1,206,000円 + 2,160,000円 = 3,366,000円

月初仕掛品原価 379,000円

直接労務費　製造間接費

数量は次のとおり。

月初　原料費　300個［資　料］1.　より

　　　　加工費　300個 × 1/3 = 100個

完成　原料費　5,000個［資　料］1.　より

　　　　加工費　5,000個［資　料］1.　より

月末　原料費　400個［資　料］1.　より

　　　　加工費　400個 × 1/8 = 50個

投入　原料費　5,000個 + 400個 − 300個 = 5,100個

　　　　加工費　5,000個 + 50個 − 100個 = 4,950個

〈月末仕掛品原価と完成品総合原価の計算〉

月末　原料費　5,202,000円 ÷ 5,100個 × 400個 = 408,000円　　月末仕掛品原価

　　　　加工費　3,366,000円 ÷ 4,950個 × 50個 = 34,000円　　　　　442,000円

　　　　　　　　　投入金額　　　　投入個数　　　月末個数

完成品

原料費　296,000円 + 5,202,000円 − 408,000円 = 5,090,000円　　完成品総合原価

加工費　83,000円 + 3,366,000円 − 34,000円 = 3,415,000円　　　8,505,000円

　　　　　月初　　　　　　投入　　　　　　月末

完成品単位原価　8,505,000円 ÷ 5,000個 = 1,701円／個

組製品Y（先入先出法）

〈BOX図の書き方〉

月初仕掛品原価と当月製造費用（当月投入費用）は次のように計算します。

月初　原料費　544,800円　　　　　　　　　　　　　月初仕掛品原価

　　　　加工費　18,600円 + 67,200円 = 85,800円　　　　630,600円

投入　加工費　1,353,400円 + 4,440,000円 = 5,793,400円

　　　　　　　　直接労務費　　　　製造間接費

数量は次のとおり。

月初　原料費　400個［資　料］1.　より

　　　　加工費　400個 × 1/4 = 100個

完成　原料費　8,000個［資　料］1.　より

　　　　加工費　8,000個［資　料］1.　より

月末　原料費　800個［資　料］1.　より

　　　　　加工費　800個 × 1/2 ＝ 400個

投入　原料費　8,000個 ＋ 800個 － 400個 ＝ 8,400個

　　　　　加工費　8,000個 ＋ 400個 － 100個 ＝ 8,300個

〈月末仕掛品原価と完成品総合原価の計算〉

月末　原料費　<u>11,776,800円</u> ÷ <u>8,400個</u> × <u>800個</u> ＝ 1,121,600円 ⎫ 月末仕掛品原価

　　　　　加工費　<u>5,793,400円</u> ÷ <u>8,300個</u> × <u>400個</u> ＝ 279,200円 ⎭ 1,400,800円

　　　　　　　　　投入金額　　　　投入個数　　月末個数

完成品

　原料費　<u>544,800円</u> ＋ <u>11,776,800円</u> － <u>1,121,600円</u> ＝ 11,200,000円 ⎫ 完成品総合原価

　加工費　<u>85,800円</u> ＋ <u>5,793,400円</u> － <u>279,200円</u> ＝ 5,600,000円 ⎭ 16,800,000円

　　　　　　月初　　　　　　投入　　　　　　月末

完成品単位原価　16,800,000円 ÷ 8,000個 ＝ 2,100円／個

解答 01

組別総合原価計算表		（単位：円）
	組製品X	組製品Y
月 初 仕 掛 品 原 価	379,000	630,600
当 月 直 接 材 料 費	5,202,000	11,776,800
当 月 直 接 労 務 費	1,206,000	1,353,400
当 月 製 造 間 接 費	2,160,000	4,440,000
合　　　　計	8,947,000	18,200,800
差引：月末仕掛品原価	442,000	1,400,800
完 成 品 総 合 原 価	8,505,000	16,800,000
完 成 品 単 位 原 価	1,701	2,100

Chapter 8
問題 **02**

ときどき出る

答案用紙 P18　解答 P197　目標タイム 12分

組別（仕損発生）

当社はA、Bという2種類の組製品を製造しており、原価計算方法として組別総合原価計算を採用している。原料費は各組製品に直課し、加工費は直接作業時間により各組製品に予定配賦している。原価投入額合計を完成品総合原価と月末仕掛品に配分するためには先入先出法を用いている。次の［資　料］にもとづいて、下記の問に答えなさい。なお、仕損は工程の途中で発生した正常なものであり、処分価額はなく、正常仕損の処理は度外視法によること。

［資　料］
1．生産データ

	A製品	B製品
月 初 仕 掛 品	200 kg（50%）	600 kg（50%）
当 月 投 入	4,000	6,300
合　　計	4,200 kg	6,900 kg
仕　　　損	－	400
月 末 仕 掛 品	500　（60%）	1,000　（40%）
完 　成 　品	3,700 kg	5,500 kg

（注）原料は工程の始点で投入し、（　　）内は加工費の進捗度である。

2．原価データ
加工費予算額（年間）　57,600,000円
予定直接作業時間（年間）　24,000時間

3．当月の直接作業時間
A製品　780時間　　B製品　1,190時間

問1　加工費の予定配賦率を計算しなさい。
問2　答案用紙の組別総合原価計算表を完成しなさい。
問3　B製品の完成品単位原価を計算しなさい。

193

　組別総合原価計算の仕損が発生する問題です。加工費が共通しているため、
A製品とB製品に分ける必要があります。本問は仕損の処分価額がありませ
んので、減損と同じように解くことができます。仕損の発生点不明の解き方
が苦手な人はP.143に戻って復習しておきましょう。

ステップ1 状況を整理します。組別総合原価計算で、加工費が共通しているの
で、A製品とB製品に分けます。

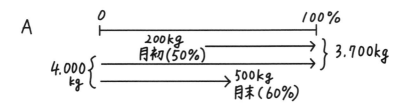

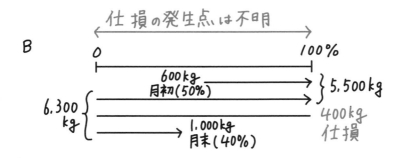

ステップ2 加工費の予定配賦率を計算し、A製品とB製品の加工費を計算しま
す。
　　　加工費予算額57,600,000円÷予定直接作業時間24,000時間
　　　＝2,400円／時間
A製品　2,400円／時間×780時間＝1,872,000円
B製品　2,400円／時間×1,190時間＝2,856,000円

ステップ3 A製品とB製品の仕掛品BOX図を書きます。A製品とB製品それ
ぞれの月初の加工費は答案用紙に金額が書いてありますので、問

題を解く際に答案用紙を見る習慣をつけておきましょう。

また、「仕損は工程の途中で発生」と指示がありますが、何％で発生したのか不明なので仕損の完成品換算量を「？」としておきます。何％で発生したのか不明な場合は、完成品と月末仕掛品の両者に負担させます。先入先出法の場合、投入数量から仕損の数量をマイナスして、月末仕掛品、完成品を計算します。

A製品　先入先出法

	月初	200kg	完成	3,700kg	3,600,100
198,100 (36,900)		(100kg)		(3,700kg)	(1,764,900)
3,888,000 (1,872,000)	投入	4,000kg (3,900kg)	月末	500kg (300kg)	486,000 (144,000)

B製品　先入先出法

	月初	600kg	完成	5,500kg	6,941,000
767,000 (169,500)		(300kg)		(5,500kg)	(2,821,500)
7,434,000 (2,856,000)	投入	6,300kg 5,900 (5,600＋？kg) 5,600	仕損	400kg (？kg)	0
			月末	1,000kg (400kg)	1,260,000 (204,000)

A製品（先入先出法）

〈BOX図の書き方〉

月初仕掛品原価と当月製造費用（当月投入費用）は次のように記入します。

月初　原料費　198,100円（答案用紙より）
　　　　加工費　36,900円（答案用紙より）
投入　原料費　3,888,000円（答案用紙より）
　　　　加工費　1,872,000円（ステップ2より）

数量は次のとおり。

月初 原料費 200kg［資　料］1. より
　　　 加工費 200kg × 50% = 100kg
完成 原料費 3,700kg［資　料］1. より
　　　 加工費 3,700kg［資　料］1. より
月末 原料費 500kg［資　料］1. より
　　　 加工費 500kg × 60% = 300kg
投入 原料費 3,700kg + 500kg − 200kg = 4,000kg
　　　 加工費 3,700kg + 300kg − 100kg = 3,900kg

〈月末仕掛品原価と完成品総合原価の計算〉

月末 原料費 <u>3,888,000円</u> ÷ <u>4,000kg</u> × <u>500kg</u> = 486,000円
　　　 加工費 <u>1,872,000円</u> ÷ <u>3,900kg</u> × <u>300kg</u> = 144,000円
　　　　　　　投入金額　　　　投入kg　　　月末kg

完成品 原料費 <u>198,100円</u> + <u>3,888,000円</u> − <u>486,000円</u> = 3,600,100円
　　　　 加工費 <u>36,900円</u> + <u>1,872,000円</u> − <u>144,000円</u> = 1,764,900円
　　　　　　　 月初　　　　　投入　　　　　　月末

B製品（先入先出法）

〈BOX図の書き方〉

月初仕掛品原価と当月製造費用（当月投入費用）は次のように記入します。

月初 原料費 767,000円（答案用紙より）
　　　 加工費 169,500円（答案用紙より）
投入 原料費 7,434,000円（答案用紙より）
　　　 加工費 2,856,000円（ステップ2より）

数量は次のとおり。

月初 原料費 600kg［資　料］1. より
　　　 加工費 600kg × 50% = 300kg
完成 原料費 5,500kg［資　料］1. より
　　　 加工費 5,500kg［資　料］1. より
月末 原料費 1,000kg［資　料］1. より
　　　 加工費 1,000kg × 40% = 400kg

投入　原料費　5,500kg + 400kg + 1,000kg − 600kg = 6,300kg

　　　　加工費　5,500kg + ? kg + 400kg − 300kg = 5,600 + ? kg

〈月末仕掛品原価と完成品総合原価の計算〉

月末　原料費　$\underset{\text{投入金額}}{(7,434,000円} − \underset{\substack{\text{仕損処分}\\\text{価額}}}{0円)} ÷ (\underset{\text{投入kg}}{6,300kg} − \underset{\text{仕損kg}}{400kg)} × \underset{\text{月末kg}}{1,000kg} = 1,260,000円$

　　　　加工費　$\underset{\text{投入金額}}{2,856,000円} ÷ (\underset{\text{投入kg}}{5,600 + ? kg} − \underset{\text{仕損kg}}{? kg)} × \underset{\text{月末kg}}{400kg} = 204,000円$

完成品　原料費　$\underset{\text{月初}}{767,000円} + \underset{\text{投入}}{7,434,000円} − \underset{\text{月末}}{1,260,000円} = 6,941,000円$

　　　　　加工費　$\underset{\text{月初}}{169,500円} + \underset{\text{投入}}{2,856,000円} − \underset{\text{月末}}{204,000円} = 2,821,500円$

完成品単位原価　(6,941,000円 + 2,821,500円) ÷ 5,500kg = 1,775円／kg

解答 02

問1　| **2,400** | 円／時間

問2

組 別 総 合 原 価 計 算 表　　　　（単位：円）

	A 製 品		B 製 品	
	原 料 費	加 工 費	原 料 費	加 工 費
月初仕掛品原価	198,100	36,900	767,000	169,500
当月製造費用	3,888,000	(**1,872,000**)	7,434,000	(**2,856,000**)
合　　計	4,086,100	(**1,908,900**)	(**8,201,000**)	(**3,025,500**)
月末仕掛品原価	(**486,000**)	(**144,000**)	(**1,260,000**)	(**204,000**)
完成品総合原価	(**3,600,100**)	(**1,764,900**)	(**6,941,000**)	(**2,821,500**)

問3　| **1,775** | 円／kg

Chapter 8
問題

03

あまり出ない

答案用紙
P19

解答
P207

目標タイム
15分

組別（損益計算書）

　　　　大宮工場では、AとBという異種製品を同一工程で連続生産し販売している。製造原価の計算方法としては、A製品とB製品を組別に計算する組別総合原価計算を採用している。原料費は各組に直課し、加工費は直接作業時間を配賦基準として各組に実際配賦している。原価投入額合計を完成品総合原価と月末仕掛品原価に配分する方法として先入先出法を採用し、製品の倉出単価（売上原価）を計算する方法として平均法を採用している。

　次の［資　料］にもとづいて、（1）当月加工費、完成品総合原価及び完成品単位原価を製品別に計算し、（2）答案用紙の損益計算書の空欄に適切な金額を記入しなさい。

［資　料］
　1．生産データ

	A製品		B製品	
月 初 仕 掛 品	80 個	(0.5)	100 個	(0.5)
当 月 完 成 品	1,200 個		1,000 個	
月 末 仕 掛 品	60 個	(0.5)	120 個	(0.5)

　（注）原料は工程の始点で投入しており、（　　）内は加工費の進捗度である。

　2．販売データ

	A製品	B製品
月 初 製 品	100 個	250 個
当 月 販 売	1,100 個	1,200 個
月 末 製 品	200 個	50 個
実 際 販 売 単 価	15,000 円／個	8,000 円／個

3．原価データ

月初仕掛品原価　原　料　費　256,900円（内訳：

A製品158,400円、

B製品98,500円）

　　　　　　　　加　工　費　255,400円（内訳：

A製品134,400円、

B製品121,000円）

当月製造費用　　原　料　費　3,386,700円（内訳：

A製品2,371,800円、

B製品1,014,900円）

　　　　　　　　加　工　費　6,351,000円

月初製品原価　　1,378,400円（内訳：A製品528,400円、

B製品850,000円）

4．直接作業時間データ

当月実際直接作業時間　4,234時間（内訳：A製品2,618時間、

B製品1,616時間）

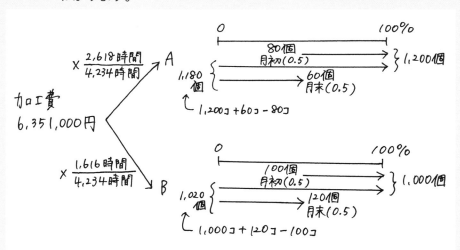

解説 03

　組別総合原価計算の損益計算書を記入する問題です。加工費が共通しているため、Ａ製品とＢ製品に分ける必要があります。計算量は多いですが、正確に解答して満点を目指しましょう。

ステップ1 状況を整理します。「原料費は各組に直課」との指示があり、［資料］3. 原価データを見ると原料費はＡ製品とＢ製品に分かれています。一方、当月製造費用の加工費はＡ製品とＢ製品の金額が共通しており、分ける必要があります。「加工費は直接作業時間を配賦基準として各組に実際配賦」との指示より、共通して発生している加工費を、Ａ製品とＢ製品の直接作業時間を用いて計算することがわかります。

ステップ2 加工費をＡ製品とＢ製品で分けます。直接作業時間を配賦基準とするので、次のような計算式になります。

Ａ製品　$6{,}351{,}000 円 \times \dfrac{2{,}618 時間}{4{,}234 時間} = 3{,}927{,}000 円$

Ｂ製品　$\underbrace{6{,}351{,}000 円}_{加工費} \times \underbrace{\dfrac{1{,}616 時間}{4{,}234 時間}}_{直接作業時間の割合} = 2{,}424{,}000 円$

ステップ3 A製品とB製品の仕掛品BOX図を書きます。

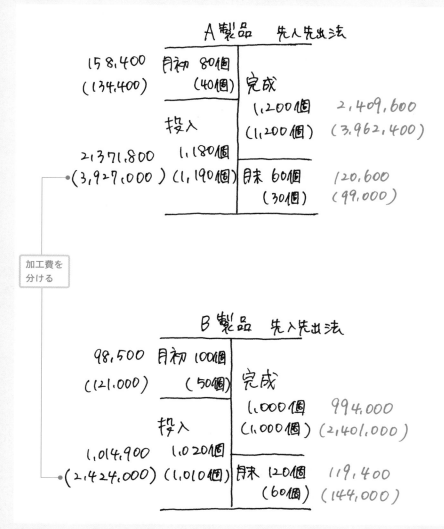

加工費を
分ける

A製品（先入先出法）

〈BOX図の書き方〉

月初仕掛品原価と当月製造費用（原料費）は［資　料］3. から書き写します。

当月製造費用（加工費）はステップ2で計算した3,927,000円を使います。

数量は次のとおり。

月初 原料費　80個［資　料］1. より

　　　　加工費　80個×0.5 = 40個

完成 原料費　1,200個［資　料］1. より

　　　　加工費　1,200個［資　料］1. より

月末 原料費　60個［資　料］1. より

　　　　加工費　60個×0.5 = 30個

投入 原料費　1,200個 + 60個 − 80個 = 1,180個

　　　　加工費　1,200個 + 30個 − 40個 = 1,190個

〈月末仕掛品原価と完成品総合原価の計算〉

月末 原料費　2,371,800円 ÷ 1,180個 × 60個 = 120,600円

　　　　加工費　3,927,000円 ÷ 1,190個 × 30個 = 99,000円

　　　　　　　　　　　投入金額　　　　投入個数　　月末個数

完成品総合原価

　原料費　158,400円 + 2,371,800円 − 120,600円 = 2,409,600円 ｜ 完成品総合原価

　加工費　134,400円 + 3,927,000円 − 99,000円 = 3,962,400円 ｜ 6,372,000円

　　　　　月初　　　　　　投入　　　　　　月末

完成品単位原価　6,372,000円 ÷ 1,200個 = 5,310円／個

B製品（先入先出法）

〈BOX図の書き方〉

月初仕掛品原価と当月製造費用（原料費）は［資　料］3. から書き写します。

当月製造費用（加工費）はステップ2で計算した2,424,000円を使います。

数量は次のとおり。

月初 原料費　100個［資　料］1. より

　　　　加工費　100個×0.5 = 50個

完成 原料費　1,000個［資　料］1. より

　　　　加工費　1,000個［資　料］1. より

月末 原料費　120個［資　料］1. より

　　　　加工費　120個×0.5 = 60個

投入 原料費　1,000個 + 120個 − 100個 = 1,020個

　　　　加工費　1,000個 + 60個 − 50個 = 1,010個

〈月末仕掛品原価と完成品総合原価の計算〉

月末　原料費　$\underline{1,014,900\text{円}} \div \underline{1,020\text{個}} \times \underline{120\text{個}} = 119,400\text{円}$

　　　　加工費　$\underline{2,424,000\text{円}} \div \underline{1,010\text{個}} \times \underline{60\text{個}} = 144,000\text{円}$

　　　　　　　　投入金額　　　　　投入個数　　月末個数

完成品総合原価

　　原料費　$\underline{98,500\text{円}} + \underline{1,014,900\text{円}} - \underline{119,400\text{円}} = 994,000\text{円}$ ⎤ **完成品総合原価**

　　加工費　$\underline{121,000\text{円}} + \underline{2,424,000\text{円}} - \underline{144,000\text{円}} = 2,401,000\text{円}$ ⎦ 　3,395,000円

　　　　　　月初　　　　　投入　　　　　月末

完成品単位原価　$3,395,000\text{円} \div 1,000\text{個} = 3,395\text{円／個}$

［資　料］2.　販売データから、A製品とB製品の製品BOX図を書きます。ここは平均法ですので注意しましょう。

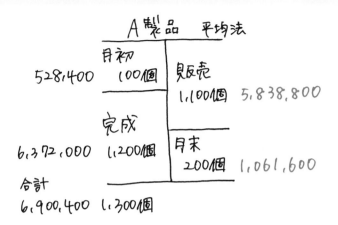

A製品（平均法）
〈BOX図の書き方〉
金額は次のとおり。
月初製品原価　528,400円　［資　料］3.　より
完成品総合原価　6,372,000円　ステップ3より
数量は次のとおり。
月初　100個　［資　料］2.　より

完成 1,200個［資　料］1. またはステップ3より

販売 1,100個［資　料］2. より

月末 200個［資　料］2. より

合計金額 $\underset{月初}{528,400円} + \underset{当月完成}{6,372,000円} = 6,900,400円$

合計個数 100個 + 1,200個 = 1,300個

〈月末製品原価と売上原価の計算〉

月末 $\underset{合計金額}{6,900,400円} \div \underset{合計個数}{1,300個} \times \underset{月末個数}{200個} = 1,061,600円$

売上原価 $\underset{合計}{6,900,400円} - \underset{月末}{1,061,600円} = 5,838,800円$

B製品（平均法）

〈BOX図の書き方〉

金額は次のとおり。

月初製品原価 850,000円［資　料］3. より

完成品総合原価 3,395,000円　ステップ3より

数量は次のとおり。

月初 250個［資　料］2. より

完成 1,000個［資　料］1. またはステップ3より

販売 1,200個［資　料］2. より

月末 50個［資　料］2. より

合計金額 $\underset{月初}{850,000円} + \underset{当月完成}{3,395,000円} = 4,245,000円$

合計個数 250個 + 1,000個 = 1,250個

〈月末製品原価と売上原価の計算〉

月末 $\underset{合計金額}{4,245,000円} \div \underset{合計個数}{1,250個} \times \underset{月末個数}{50個} = 169,800円$

売上原価 $\underset{合計}{4,245,000円} - \underset{月末}{169,800円} = 4,075,200円$

ステップ5 下書きを見ながら、答案用紙の損益計算書に記入します。

売上高 15,000円／個 × 1,100個 + 8,000円／個 × 1,200個 = 26,100,000円

<u>A製品販売単価</u>　<u>販売個数</u>　<u>B製品販売単価</u>　<u>販売個数</u>

月初製品棚卸高 1,378,400円（問題文の［資　料］3．原価データより）

当月製品製造原価 6,372,000円 + 3,395,000円 = 9,767,000円

<u>A製品当月完成</u>　<u>B製品当月完成</u>

月末製品棚卸高 1,061,600円 + 169,800円 = 1,231,400円

<u>A製品月末</u>　<u>B製品月末</u>

売上原価 1,378,400円 + 9,767,000円 − 1,231,400円 = 9,914,000円

<u>月初</u>　<u>当月製品製造原価</u>　<u>月末</u>

売上総利益 26,100,000円 − 9,914,000円 = 16,186,000円

<u>売上高</u>　<u>売上原価</u>

営業利益 16,186,000円 − 12,686,000円 = 3,500,000円

<u>売上総利益</u>　<u>販売費及び一般管理費</u>
<u>（答案用紙より）</u>

解答 03

(1)

	A製品	B製品
当月加工費 :	3,927,000 円	2,424,000 円
完成品総合原価 :	6,372,000 円	3,395,000 円
完成品単位原価 :	5,310 円／個	3,395 円／個

(2)

損 益 計 算 書　　　　　　（単位：円）

Ⅰ　売　　上　　高 …………………………………………（　**26,100,000**　）

Ⅱ　売　上　原　価

　1　月初製品棚卸高 ………………（　**1,378,400**　）

　2　当月製品製造原価 ……………（　**9,767,000**　）

　　　合　　　計 …………………（　**11,145,400**　）

　3　月末製品棚卸高 ………………（　**1,231,400**　）　　（　**9,914,000**　）

　　　売上総利益 ………………………………………………（　**16,186,000**　）

Ⅲ　販売費及び一般管理費 …………………………………………　12,686,000

　　　営　業　利　益 …………………………………………（　**3,500,000**　）

工程別総合原価計算、組別総合原価計算、等級別総合原価計算は、単純総合原価計算との違いをおさえておけば速く正確に解けるようになります。

工程別総合原価計算

〈単純総合原価計算と違う点〉

第1工程でできた完成品が、第2工程の前工程費（直接材料費と同じ扱い）となる。

第1工程でできた完成品の一部が半製品になる場合もある。

〈単純総合原価計算と同じ点〉

前工程費を直接材料費と考えれば、第1工程、第2工程それぞれでの計算自体は単純総合原価計算と同じ。

組別総合原価計算

〈単純総合原価計算と違う点〉

各製品それぞれの加工費がわからず、加工費が共通している。

〈単純総合原価計算と同じ点〉

最初に「共通している加工費」を各製品に分けてしまえば、各製品それぞれでの計算自体は単純総合原価計算と同じ。

等級別総合原価計算

〈単純総合原価計算と違う点〉

積数を使って、共通の完成品総合原価を各製品に分ける。

〈単純総合原価計算と同じ点〉

最初に単純総合原価計算と同じように完成品総合原価を計算することで、「共通の完成品総合原価」がわかる。

第4問対策
等級別総合原価計算

等級別総合原価計算は、
完成した製品を等級別に分ける点がポイントです。
等価係数、積数についてしっかり理解し、
正しく使うことができるようになりましょう。

等級別総合原価計算のまとめ

　等級別総合原価計算とは、同じ種類の製品でサイズが違う製品を作る場合に使われる総合原価計算のことです。完成品総合原価を計算した後に、各等級製品へ原価を分ける点がポイントです。

学習のコツ：第4問（28点）でたまに出題されます。等級別総合原価計算は等価係数の扱い方が特徴的です。まずは等価係数の考え方を把握し、次にどのように問題を解けばよいか理解しましょう。

出題パターン

　等級別総合原価計算はパターンが問題ごとに若干違います。パターンを覚える必要はなく、問題文の指示に従いましょう。
　1．等価係数が与えられている場合。
　2．等価係数を自分で計算する場合。

ポイント

1．単純総合原価計算と同じ下書きで完成品総合原価を求めることができます。
2．等価係数を使って積数を計算します。次に、完成品総合原価を積数の比で分けます。
3．仕損、減損がある場合、単純総合原価計算と同じように計算すれば解けますので焦る必要はありません。

〈等価係数と積数〉

	Mサイズ	Lサイズ
完成品の数量と重さ	10 個	10 個
	50 g	100 g

Mサイズとしサイズの比率を等価係数という。
Mサイズを基準とすると、等価係数は次のようになる。
50 g : 100 g = **1 : 2**

1個あたりの重さの比率 （等価係数）	1	2

Mサイズで表すと何個？ （積数）	10 個×1 = 10 個 → Mサイズ 10 個相当	10 個×2 = 20 個 → Mサイズ 20 個相当

基準としたMサイズの何個分に相当するのかを積数といいます。

積数＝完成品数量×等価係数

Chapter 9
問題 01

ときどき出る

答案用紙 P19
解答 P216
目標タイム 10分

等級別

P社は製品Xと製品Yの2つの等級製品を製造している。製品原価の計算方法は、1か月の完成品総合原価を製品1個あたりの重量によって定められた等価係数に完成品量を乗じた積数の比で各等級製品に按分する。次の［資　料］にもとづいて、下記の問に答えなさい。なお、原価投入額を完成品総合原価と月末仕掛品原価に配分する方法として平均法を用いること。

［資　料］

1．生産データ

月 初 仕 掛 品	240 個	（50%）
当 月 投 入	2,640	
合　　計	2,880 個	
月 末 仕 掛 品	480	（50%）
完　成　品	2,400 個	

（注）材料は工程の始点で投入しており、（　　）内は加工費の進捗度である。完成品の内訳は製品X1,600個、製品Y800個である。

2．原価データ

月初仕掛品原価	直 接 材 料 費	91,200円
	加　工　費	34,200円
	小　計	125,400円
当月製造費用	直 接 材 料 費	686,400円
	加　工　費	441,000円
	小　計	1,127,400円
	合　計	1,252,800円

問1　積数の比である等価比率の計算表を完成しなさい。

問2　当月の月末仕掛品原価、製品X及び製品Yの完成品総合原価、完成品単位原価を計算しなさい。

 解説 01

等級別総合原価計算の基本問題です。問1は見慣れない表ですので、初回は間違えても構いません。問2は満点を目指しましょう。

ステップ1 状況を整理します。完成品を製品Xと製品Yに分けるので、下書きに書いておきましょう。

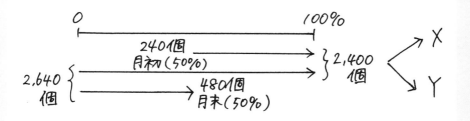

ステップ2 仕掛品BOX図（平均法）を書きます。完成品総合原価を計算した後に、製品Xと製品Yに分ける計算をします。

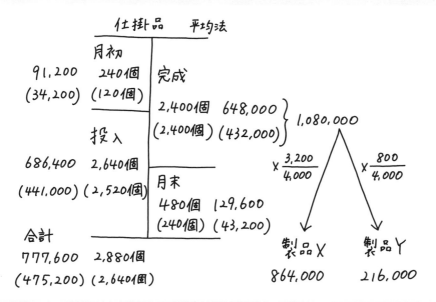

213

〈BOX図の書き方〉

月初仕掛品原価と当月製造費用は［資　料］2. の金額を書き写します。
数量は次のとおり。

月初　原料費　240個［資　料］1. より
　　　　加工費　240個×50％＝120個

完成　原料費　2,400個［資　料］1. より
　　　　加工費　2,400個［資　料］1. より

月末　原料費　480個［資　料］1. より
　　　　加工費　480個×50％＝240個

投入　原料費　2,400個＋480個－240個＝2,640個
　　　　加工費　2,400個＋240個－120個＝2,520個

合計金額　材料費　91,200円＋686,400円＝777,600円
　　　　　加工費　<u>34,200円</u>＋<u>441,000円</u>＝475,200円
　　　　　　　　　　月初　　　　投入

合計個数　原料費　240個＋2,640個＝2,880個
　　　　　加工費　120個＋2,520個＝2,640個

〈月末仕掛品原価と完成品総合原価の計算〉

月末　材料費　777,600円÷2,880個×480個＝129,600円 ⎤ 月末仕掛品原価
　　　加工費　<u>475,200円</u>÷<u>2,640個</u>×<u>240個</u>＝43,200円 ⎦　172,800円
　　　　　　　合計金額　　　合計個数　　月末個数

完成品　材料費　777,600円－129,600円＝648,000円 ⎤ 完成品総合原価
　　　　加工費　<u>475,200円</u>－<u>43,200円</u>＝432,000円 ⎦　1,080,000円
　　　　　　　　合計　　　　月末

ここで問1の積数と等価比率を計算します。出てくる用語の意味はワンポイントを参照してください。

等 価 比 率 計 算 表

等級製品	重量	等価係数	完成品量	積数	等価比率
X	200g	2	1,600個	3,200個	80%
Y	100g	1	800個	800個	20%
					100%

積数　問題文に「等価係数に完成品量を乗じた」と書かれているので、次のように計算します。

214

$$\begin{array}{l} 製品X \quad \underline{1,600個} \times \underline{2} = 3,200個 \\ 製品Y \quad \underline{\ \ 800個} \times \underline{1} = \ \ 800個 \end{array} \left.\begin{array}{l}\\\\\end{array}\right\} \begin{array}{l}合計\\4,000個\end{array}$$

完成品量　等価係数

等価比率　製品X　3,200個 ÷ 4,000個 × 100 = 80%

製品Y　　800個 ÷ 4,000個 × 100 = 20%

積数　　　積数の合計

> **《▶ ワンポイント》**
>
> 等価係数とは、製品Xが製品Y何個分に相当するのかを表した比率です。本問では、重量が製品X200g、製品Y100gなので、製品Xを1個作るのに製品Yの2倍の材料費や加工費を使っており、製品Xに製品Yの2倍の原価を配分すると考えます。積数とは、製品X1,600個が製品Y何個分に相当するのかを個数で表したものです。等価係数を見ると製品Xは製品Y2個分なので、製品X1,600個は製品Y3,200個分ということがわかります。
> 本問は等価比率という見慣れない用語が出てきています。等価比率とは、積数の比率を表したものです。「等価係数」「積数」は重要な考え方なので覚えておく必要があります。しかし「等価比率」は試験ではあまり出題されませんので、覚える必要はありません。

製品Xの完成品総合原価　$\underset{\text{完成品総合原価}}{1,080,000円} \times \dfrac{3,200個}{\underset{\text{積数の比}}{4,000個}} = 864,000円$

製品Xの完成品単位原価　864,000円 ÷ 1,600個 = 540円／個

> **《▶ ワンポイント》**
>
> 製品Xの完成品単位原価を計算するときは、積数3,200個ではなく、完成品1,600個を使います。間違って積数を使わないように注意しましょう。

製品Yの完成品総合原価　$\underset{\text{完成品総合原価}}{1,080,000円} \times \dfrac{800個}{\underset{\text{積数の比}}{4,000個}} = 216,000円$

製品Yの完成品単位原価　216,000円 ÷ 800個 = 270円／個

> **《▶ ワンポイント》**
>
> 問1の等価比率を使って完成品総合原価を計算することもできます。積数の比と等価比率は同じですので、どちらを使ったとしても結果は一致します。
> 　　製品Xの完成品総合原価　1,080,000円 × 80% = 864,000円
> 　　製品Yの完成品総合原価　1,080,000円 × 20% = 216,000円

問1

等 価 比 率 計 算 表

等級製品	重量	等価係数	完成品量	積数	等価比率
X	200g	2	1,600個	**3,200**個	**80**%
Y	100g	1	800個	**800**個	**20**%
					100%

問2

月 末 仕 掛 品 原 価 ＝ 　**172,800**　 円

製品Xの完成品総合原価 ＝ 　**864,000**　 円

製品Xの完成品単位原価 ＝ 　**540**　 円／個

製品Yの完成品総合原価 ＝ 　**216,000**　 円

製品Yの完成品単位原価 ＝ 　**270**　 円／個

Chapter 9

問題 02

よく出る

答案
用紙
P20

(A) 解答
P222

目標
タイム
10分

等級別（仕損発生）

当工場は、等級製品Ａ、Ｂ及びＣを連続生産している。なお、原価計算の方法は、1か月間の完成品の総合原価を製品1個あたりの重量によって定められた等価係数に完成品量を乗じた積数の比をもって、各等級製品に按分する方法を用いている。

次の［資　料］にもとづいて、当月の月末仕掛品原価、完成品総合原価、等級製品Ａ、Ｂ、Ｃの完成品単位原価を計算しなさい。ただし、原価投入額合計を完成品総合原価と月末仕掛品原価とに配分する方法は、先入先出法を用いること。

［資　料］

1. 生産データ

月初仕掛品	200個（50%）
当月投入	3,200
合　計	3,400個
正常仕損	100
月末仕掛品	300　（50%）
完成品	3,000個

（注）材料は工程の始点で投入しており、（　　）内は加工費の進捗度である。

完成品の内訳はＡが1,600個、Ｂが800個、Ｃが600個である。

正常仕損の処理は度外視法によって計算している。なお、仕損品に評価額はない。

2．原価データ

月初仕掛品原価	直 接 材 料 費	125,000円
	加 工 費	39,000円
	小 計	164,000円
当月製造費用	直 接 材 料 費	1,984,000円
	加 工 費	1,098,000円
	小 計	3,082,000円
	合 計	3,246,000円

3．製品1個あたりの重量（単位：g）
　　A　800　　B　600　　C　400

 **解説 02**

　等級別総合原価計算の仕損が発生する問題です。仕損が発生した場合でも最後に完成品を製品Ａ、製品Ｂ、製品Ｃに分けるだけですから、簡単に解けます。発生点不明の仕損が苦手な人はP.143を復習しましょう。

ステップ1 状況を整理します。完成品を製品Ａ、製品Ｂ、製品Ｃに分けるので、下書きに書いておきましょう。

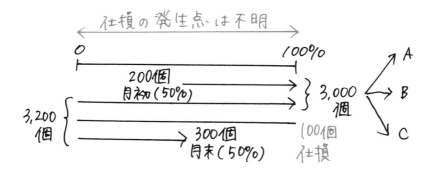

ステップ2 仕掛品BOX図（先入先出法）を書きます。仕損は何％で発生したのか不明なので仕損の加工換算量を「？」としておきます。

〈BOX図の書き方〉

月初仕掛品原価と当月製造費用は［資　料］2．の金額を書き写します。数量は次のとおり。

月初　直接材料費　200個［資　料］1．より
　　　　加工費　200個× 50％ = 100個

完成　直接材料費　3,000個［資　料］1．より
　　　　加工費　3,000個［資　料］1．より

仕損　直接材料費　100個［資　料］1．より
　　　　加工費　？個としておく

月末　直接材料費　300個［資　料］1．より
　　　　加工費　300個× 50％ = 150個

投入　直接材料費　3,000個＋100個＋300個－200個＝3,200個
　　　　加工費　3,000個＋？個＋150個－100個＝3,050＋？個

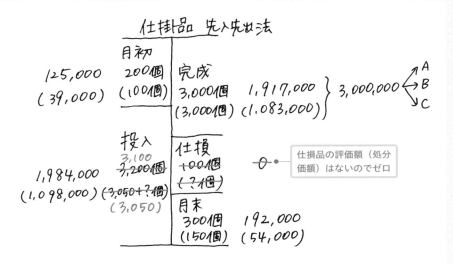

〈月末仕掛品原価と完成品総合原価の計算〉

何％で発生したのか不明な場合は、完成品と月末仕掛品の両者に負担させます。先入先出法の場合、投入個数から仕損の個数をマイナスして、月末仕掛品原価、完成品総合原価を計算します。

月末

仕損品の評価額（処分価額）

材料費　(1,984,000円 － 0円) ÷ (3,200個 － 100個) × 300個 ＝ 192,000円

加工費　1,098,000円　　　 ÷ (3,050 ＋ ？個 － ？個) × 150個 ＝ 54,000円

　　　　投入金額　　　　　　　　　　投入個数　　仕損個数　　月末個数

月末仕掛品原価 246,000円

完成品総合原価

材料費　125,000円 ＋ (1,984,000円 － 0円) － 192,000円 ＝ 1,917,000円

加工費　39,000円 ＋ 1,098,000円　　　　　　 － 54,000円 ＝ 1,083,000円

　　　　月初　　　　　投入　　　　　　　　　　月末

完成品総合原価 3,000,000円

完成品総合原価を計算した後に、製品A、製品B、製品Cに分ける計算をします。

等価係数　製品Ａ：製品Ｂ：製品Ｃ ＝ 800g：600g：400g
　　　　　　　　　　　　　　　　 ＝ 2：1.5：1

製品Ｃを基準とすると
等価係数は
製品Ａ 800 ÷ 400 = 2
製品Ｂ 600 ÷ 400 = 1.5
製品Ｃ 400 ÷ 400 = 1

積数　製品Ａ　1,600個 × 2 ＝ 3,200個
　　　　　製品Ｂ　　800個 × 1.5 ＝ 1,200個　┐合計
　　　　　製品Ｃ　　600個 × 1 ＝ 600個　┘5,000個
　　　　　　　　　 完成品量　等価係数

完成品総合原価3,000,000円は積数で表すと製品Ｃ5,000個分なので、各製品の完成品総合原価は次のように計算します。

各製品について、完成品総合原価を完成品の個数で割ることで完成品単位原価を計算します。各製品の完成品の個数は、［資　料］1．の（注）に書いてあります。

製品Ａの完成品総合原価　$3{,}000{,}000円 \times \dfrac{3{,}200個}{5{,}000個} = 1{,}920{,}000円$
　　　　　　　　　　　　　完成品総合原価　　積数の比

製品Ａの完成品単位原価　1,920,000円 ÷ 1,600個 ＝ 1,200円／個

製品Ｂの完成品総合原価　$3{,}000{,}000円 \times \dfrac{1{,}200個}{5{,}000個} = 720{,}000円$
　　　　　　　　　　　　　完成品総合原価　　積数の比

製品Ｂの完成品単位原価　720,000円 ÷ 800個 ＝ 900円／個

製品Ｃの完成品総合原価　$3{,}000{,}000円 \times \dfrac{600個}{5{,}000個} = 360{,}000円$
　　　　　　　　　　　　　完成品総合原価　　積数の比

製品Ｃの完成品単位原価　360,000円 ÷ 600個 ＝ 600円／個

ワンポイント

等価係数は本問のように「製品1個あたりの重量」が最も小さい製品を基準として計算することが多いです。なぜなら、考え方がわかりやすいためです。本問では製品Ｃを基準に計算しています。
製品Ａ：製品Ｂ：製品Ｃ ＝ 800g：600g：400g ＝ 2：1.5：1

ただし、製品Ａと製品Ｂと製品Ｃの重量の比率を計算しているだけなので、製品Ａや製品Ｂを基準にして等価係数を計算しても同じ結果が得られます。例えば製品Ａを基準に計算すると次のようになります。
　製品Ａ　800g ÷ 800g ＝ 1

製品B　600g ÷ 800g = 0.75
製品C　400g ÷ 800g = 0.5

等価係数　製品A：製品B：製品C = 800g：600g：400g
　　　　　　　　　　　　　　　　= 1：0.75：0.5

積数　製品A　1,600個 × 1 = 1,600個 ⎫
　　　　製品B　800個 × 0.75 = 600個　⎬ 合計2,500個
　　　　製品C　600個 × 0.5 = 300個　⎭

製品Aの完成品総合原価　$3{,}000{,}000円 \times \dfrac{1{,}600個}{2{,}500個} = 1{,}920{,}000円$

製品Bの完成品総合原価　$3{,}000{,}000円 \times \dfrac{600個}{2{,}500個} = 720{,}000円$

製品Cの完成品総合原価　$3{,}000{,}000円 \times \dfrac{300個}{2{,}500個} = 360{,}000円$

このように、本問の解説にある、製品Cを基準とした場合の計算結果と一致します。どの製品を基準として等価係数を計算するかは、自分の理解しやすい方法で解いて構いません。

解答 02

月　末　仕　掛　品　原　価＝	**246,000**	円
完　成　品　総　合　原　価＝	**3,000,000**	円
等級製品Aの完成品単位原価＝	**1,200**	円／個
等級製品Bの完成品単位原価＝	**900**	円／個
等級製品Cの完成品単位原価＝	**600**	円／個

第4問・第5問対策
標準原価計算

Chapter9までは実際原価計算を学びました。
Chapter10では標準原価計算を学びます。
ここでは材料費、労務費、製造間接費の原価差異分析を
マスターする必要があります。

標準原価計算のまとめ

　標準原価計算とは、標準原価を使って計算する原価計算のことです。標準原価計算では月初仕掛品、月末仕掛品、完成品を標準原価カードにもとづいて計算します。実際原価と標準原価の差額を原価差異として計算し、原価差異を分析することで原価管理に役立てることを目的としています。

学習のコツ：第4問（28点）または第5問（12点）でよく出題されます。標準原価計算はパターンが少なく、学習に時間はかかりません。ただ、グラフが苦手な方は差異分析の習得に時間がかかる傾向があり、マスターするまで何度も問題を解く必要があります。

出題パターン

1．仕訳を書く問題。
2．原価差異分析を行う問題。
3．仕掛品勘定、製品勘定、製造原価報告書、損益計算書を記入させる問題。

パーシャル・プランの特徴

　パーシャル・プランとは原価差異を仕掛品勘定で計算する記帳方法です。パーシャル・プランの3つの特徴は次のとおりです。

①仕掛品勘定の月初、製品（完成品）、月末を標準原価で記入します。
②仕掛品勘定の当月投入の直接材料費、直接労務費、製造間接費は実際原価で記入します。
③仕掛品勘定の借方合計と貸方合計の差額を原価差異として記入します。
　原価差異とは、標準原価と実際原価の差のことをいいます。

パーシャル・プランの場合

材料

…省略	110	仕掛品	110

賃金

…省略	90	仕掛品	90

製造間接費

…省略	120	仕掛品	120

仕掛品

月初	50	製品	320
材料	110		
賃金	90	原価差異	20
製造間接費	120	月末	30

シングル・プランの特徴

シングル・プランとは原価差異を材料勘定、賃金勘定、製造間接費勘定で計算する記帳方法です。シングル・プランの3つの特徴は次のとおりです。

①仕掛品勘定をすべて標準原価で記入します。

②材料勘定、賃金勘定、製造間接費勘定の当月消費額を標準原価で記入します。

③材料勘定、賃金勘定、製造間接費勘定のそれぞれの借方合計と貸方合計の差額を原価差異として記入します。

シングル・プランの場合

材料

…省略	110	仕掛品	100
		原価差異	10

賃金

…省略	90	仕掛品	100
原価差異	10		

製造間接費

…省略	120	仕掛品	100
		原価差異	20

仕掛品

月初	50	製品	320
材料	100		
賃金	100		
製造間接費	100	月末	30

仕訳問題① シングル・プラン

当社の北海道工場では、直接材料を工程の始点で投入し、単一の製品Zをロット生産している。標準原価計算制度を採用し、勘定記入の方法はシングル・プランによる。次の[資 料]にもとづいて、当月の一連の取引問1〜問3について仕訳しなさい。ただし、勘定科目は、次の勘定科目から最も適当と思われるものを選び、答案用紙の（　）内に記号で解答すること。なお、月初に直接材料、仕掛品、製品の在庫は存在しなかった。

ア．材料　イ．価格差異　ウ．数量差異　エ．製造間接費　オ．仕掛品
カ．買掛金

[資 料]

1．製品Zの原価標準

直接材料費	600円／kg(標準単価)　2kg(標準消費量)	1,200円
加 工 費	1,600円／時(標準配賦率)1時間(標準直接作業時間)	1,600円
		2,800円

2．当月の生産実績

完 成 品　　1,100個
月末仕掛品　　 100個　（加工進捗度50%）

問1　直接材料2,500kgを1kgあたり630円で掛けにて購入した。当工場では実際の購入単価をもって材料勘定への受入記録を行っている。

問2　製品Z1,200個に対する標準直接材料費を仕掛品勘定に振り替えた。

問3　製品Z1,200個に対する実際直接材料消費量は2,450kgであったので、問2の標準直接材料費との差額を価格差異勘定と数量差異勘定に振り替えた。

解説 01

　標準原価計算（シングル・プラン）の仕訳の問題です。シングル・プランは、原価差異を材料勘定、賃金勘定、製造間接費勘定で把握します。なお、本問は賃金と製造間接費を合計した加工費勘定を使っていますが、解き方は同じです。

ステップ1 どこの仕訳が問われているのか把握するため、勘定の図を下書きに書き、状況を整理します。シングル・プランでは、　　　　部分に標準原価を記入し、　　　　部分に実際原価を記入します。

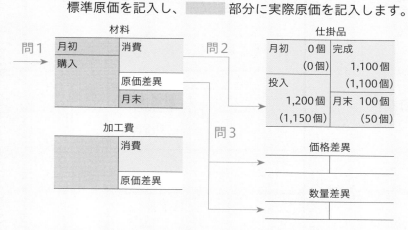

ステップ2 問1　直接材料を掛けで購入したので、「材料」と「買掛金」を増やします。材料は資産（ホームポジション左）なので、増えるときは左に書きます。買掛金は負債（ホームポジション右）なので、増えるときは右に書きます。

金額は「実際の購入単価」と指示がありますので、2,500kgに630円をかけて計算します。

　2,500kg × @630 = 1,575,000円
材料　1,575,000 ／ 買掛金　1,575,000

問2　「材料」から「仕掛品」に振り替えます。材料を減らし、仕掛品を増やします。材料は資産（ホームポジション左）なので、減

るときは右に書きます。仕掛品は資産（ホームポジション左）なので、増えるときは左に書きます。

金額は「製品Z1,200個に対する標準直接材料費」と指示がありますので、1,200個に［資　料］1．の直接材料費の1個あたりの標準原価@1,200をかけて計算します。シングル・プランでは材料消費高に標準原価を使う点がポイントです。

　　1,200個×@1,200 ＝ 1,440,000円

仕掛品　1,440,000 ／ 材料　1,440,000

問3　「材料」から「価格差異」、「数量差異」に振り替えます。

まず材料費の差異分析の図を書いてから、仕訳を書きます。

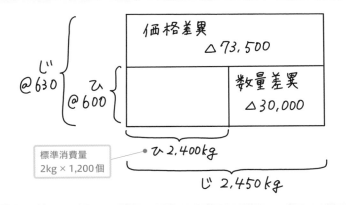

標準消費量　2kg × 1,200個 ＝ 2,400kg

1個あたりの標準消費量　仕掛品勘定の投入個数

価格差異　（@600 − @630）× 2,450kg ＝ △73,500円（借方差異）

標準単価　実際単価　実際消費量

数量差異　@600 ×（2,400kg − 2,450kg）＝ △30,000円（借方差異）

標準単価　標準消費量　実際消費量

価格差異と数量差異が借方差異なので、借方（左側）に書きます。

相手勘定科目は材料です。

価格差異　73,500 ／ 材料　103,500

数量差異　30,000 ／

解答 01

	仕		訳	
	借 方		貸 方	
	記 号	金 額	記 号	金 額
問1	ア	1,575,000	カ	1,575,000
問2	オ	1,440,000	ア	1,440,000
問3	イ ウ	73,500 30,000	ア	103,500

1 仕訳

2 費目別計算

3 製造間接費の部門別計算

4 個別原価計算

5 製造原価報告書・損益計算書

6 単純総合原価計算

7 工程別総合原価計算

8 組別総合原価計算

9 等級別総合原価計算

10 標準原価計算

11 直接原価計算

12 模擬問題

Chapter 10
問題 02

あまり出ない

答案用紙 P20

(A) 解答 P233

目標タイム 6分

仕訳問題② パーシャル・プラン

福岡株式会社の八女工場では、製品Aを量産している。原価計算の方法は、パーシャル・プランの標準原価計算制度を採用している。次の［資料］にもとづいて、当月の一連の取引問1～問3について仕訳しなさい。ただし、勘定科目は、次の勘定科目から最も適当と思われるものを選び、答案用紙の（　）内に記号で解答すること。

ア．賃金・給料　イ．原価差異　ウ．材料　エ．製造間接費　オ．仕掛品
カ．製品

［資　料］

1．製品Aの1個あたりの標準原価（標準原価カード）

直接材料費	標準単価	500円/kg	標準消費量	8kg	4,000円
直接労務費	標準賃率	1,200円/時間	標準直接作業時間	2時間	2,400円
製造間接費	標準配賦率	1,500円/時間	標準直接作業時間	2時間	3,000円
					9,400円

2．製造間接費は直接作業時間にもとづき製品に標準配賦している。月間製造間接費予算額は変動費850,000円、固定費1,700,000円の合計2,550,000円で、月間正常直接作業時間は1,700時間である。

3．当月の実際製造費用
直接材料費　　　　　3,190,000円
直接労務費　　　　　1,984,800円
製造間接費　　　　　2,481,000円

4．当月の製品Aの生産量は800個、実際直接作業時間は1,620時間であった。

問1　製品A800個に対する直接労務費を仕掛品勘定に振り替えた。
問2　仕掛品勘定から製品勘定へ振り替えた。
問3　仕掛品勘定から原価差異勘定へ振り替えた。

解説 02

　標準原価計算（パーシャル・プラン）の仕訳の問題です。パーシャル・プランは、仕掛品勘定で原価差異を把握する点を理解しておきましょう。

ステップ1 仕掛品BOX図（個数）を書きます。当月の生産量とは完成品の個数のことです。問題文に月初仕掛品と月末仕掛品の情報が書いていないので、0個として解くことになります。

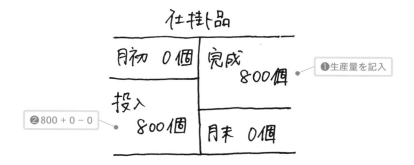

ステップ2 賃金・給料勘定、仕掛品勘定、製品勘定、原価差異勘定を書きます。本来であれば材料勘定、製造間接費勘定も書きますが、本問では解答にかかわらないので省略します。
　パーシャル・プランの特徴は、仕掛品勘定の左側（投入）に実際発生額を書く点です。

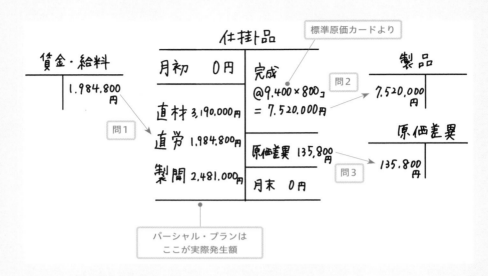

完成品　$9,400\text{円} \times 800\text{個} = 7,520,000\text{円}$

標準原価　　完成品個数

実際発生額　$3,190,000\text{円} + 1,984,800\text{円} + 2,481,000\text{円} = 7,655,800\text{円}$

直接材料費　　　直接労務費　　　製造間接費

原価差異　仕掛品勘定の貸借差額から計算します。

$7,655,800\text{円} - 7,520,000\text{円} = 135,800\text{円}$

借方合計　　　　貸方合計

または

$7,520,000\text{円} - 7,655,800\text{円} = \triangle 135,800\text{円}$（借方差異）

標準原価　　　　実際消費額

ステップ3　下書きのBOX図を見ながら仕訳を書きます。

問1は「賃金・給料」から「仕掛品」へ振り替えます。賃金・給料を減らし、仕掛品を増やします。

賃金・給料は費用（ホームポジション左）なので、減るときは右に書きます。仕掛品は資産（ホームポジション左）なので、増えるときは左に書きます。

仕掛品1,984,800／賃金・給料1,984,800

問2は「仕掛品」から「製品」へ振り替えます。仕掛品を減らし、製品を増やします。

仕掛品は資産（ホームポジション左）なので、減るときは右に書きます。製品は資産（ホームポジション左）なので、増えるときは左に書きます。

製品7,520,000 ／ 仕掛品7,520,000

問3は仕掛品勘定の右側に原価差異が発生しているので、仕訳においても「仕掛品」を右に書きます。相手勘定科目は原価差異と書きます。標準原価より実際消費額が大きく、不利差異（借方差異）となっているので借方に原価差異を書くと考えることもできます。

原価差異135,800 ／ 仕掛品135,800

解答 02

| | 仕 訳 | | | |
| | 借 方 | | 貸 方 | |
	記 号	金 額	記 号	金 額
問1	オ	1,984,800	ア	1,984,800
問2	カ	7,520,000	オ	7,520,000
問3	イ	135,800	オ	135,800

あまり出ない

答案
用紙
P21

解答
P242

目標
タイム
15分

仕訳問題③　記帳方法・原価差異分析

（1）次の取引について仕訳しなさい。ただし、勘定科目は、設問ごとに最も適当と思われるものを選び、答案用紙の（　　）内に記号で解答すること。

1．九州家具工場は、標準原価計算制度を採用し、勘定記入はシングル・プランで行っている。当月、製品Bの製造に着手し800個が完成した。当月の製造間接費に関する実際発生額は1,164,000円、予算許容額は1,180,000円、標準配賦額は1,120,000円であった。なお、月初と月末の仕掛品は存在しなかった。製造間接費を仕掛品勘定に振り替えなさい。

ア．材料　イ．仕掛品　ウ．製造間接費　エ．製品
オ．売上原価　カ．賃金・給料

2．北海道チーズ工場は、標準原価計算制度を採用し、勘定記入はパーシャル・プランで行っている。当月、製品であるチーズCの製造に着手し14,000箱が完成した。チーズCの1個あたりの直接材料費の標準原価は300円／箱、当月の直接材料費に関する実際消費額は4,351,000円であった。なお、月初と月末の仕掛品は存在しなかった。直接材料費を仕掛品勘定に振り替えなさい。

ア．売上原価　イ．仕掛品　ウ．賃金・給料　エ．製品
オ．製造間接費　カ．材料

3．川崎鉄板工場は、標準原価計算制度を採用し、勘定記入はシングル・プランで行っている。当月、製品である鉄板Fの製造に着手し1,000枚が完成した。鉄板Fの1枚あたりの標準作業時間は12時間、直接労務費の標準賃率は1,500円／時間、当月の直接労務費に関する実際消費額は18,980,000円であった。なお、月初と月末の仕掛品は存在しなかった。直接労務費を仕掛品勘定に振り替えなさい。

　　　ア．材料　イ．製品　ウ．製造間接費　エ．賃金・給料
　　　オ．売上原価　カ．仕掛品

(2) 当社は標準原価計算を採用しており、勘定記入の方法はシングル・プランによる。次の取引について仕訳しなさい。ただし、勘定科目は、各取引の下の勘定科目から最も適当と思われるものを選び、答案用紙の（　　）内に記号で解答すること。

1. 当月生産した製品A800個に対する直接材料費の実際消費額は5,263,500円、実際消費量は1,650kgであったので、直接材料費の標準消費額との差額を価格差異勘定と数量差異勘定に振り替える。

　　製品Aの標準原価カード（一部）

　　　直接材料費　3,200円／kg × 2.0kg ＝ 6,400円

　　　ア．材料　イ．賃金・給料　ウ．製造間接費　エ．価格差異
　　　オ．数量差異　カ．仕掛品　キ．製品

2. 当月生産した製品A800個に対する直接労務費の実際消費額は2,238,600円、実際直接作業時間は1,230時間であったので、直接労務費の標準消費額との差額を賃率差異勘定と時間差異勘定に振り替える。

　　製品Aの標準原価カード（一部）

　　　直接労務費　1,800円／時間× 1.5時間＝ 2,700円

　　　ア．材料　イ．賃金・給料　ウ．製造間接費　エ．価格差異
　　　オ．賃率差異　カ．仕掛品　キ．時間差異

3. 当月の製造間接費の原価差異分析を行った結果、予算差異14,000円（有利差異）、操業度差異30,000円（不利差異）、能率差異50,000円（不利差異）となったので、予算差異勘定、操業度差異勘定、能率差異勘定に振り替える。

　　　ア．材料　イ．賃金・給料　ウ．製造間接費　エ．予算差異
　　　オ．能率差異　カ．操業度差異　キ．仕掛品

(3) 当社は標準原価計算を採用しており、勘定記入の方法はパーシャル・プランによる。次の取引について仕訳しなさい。ただし、勘定科目は、設問ごとに最も適当と思われるものを選び、答案用紙の（　　）内に記号で解答すること。

1．当月の直接材料費の原価差異分析を行った結果、価格差異は58,000円の不利差異、数量差異90,000円の有利差異となったので、価格差異勘定、数量差異勘定に振り替える。
　　ア．材料　イ．数量差異　ウ．仕掛品　エ．価格差異
　　オ．賃金・給料　カ．製造間接費　キ．製品

2．当月の直接労務費の原価差異分析を行った結果、賃率差異は30,000円の貸方差異、時間差異120,000円の借方差異となったので、賃率差異勘定、時間差異勘定に振り替える。
　　ア．時間差異　イ．賃金・給料　ウ．製造間接費　エ．価格差異
　　オ．賃率差異　カ．仕掛品　キ．材料

3．当月の製造間接費の原価差異分析を行った結果、予算差異413,000円（貸方差異）、操業度差異80,000円（借方差異）、能率差異260,000円（借方差異）となったので、予算差異勘定、操業度差異勘定、能率差異勘定に振り替える。
　　ア．材料　イ．賃金・給料　ウ．製造間接費　エ．予算差異
　　オ．能率差異　カ．操業度差異　キ．仕掛品

解説 03

(1)

ステップ1 1. について「製造間接費」を「仕掛品」に振り替えます。製造間接費を減らし、仕掛品を増やします。製造間接費は費用(ホームポジション左)なので、減るときは右に書きます。仕掛品は資産(ホームポジション左)なので、増えるときは左に書きます。

シングル・プランの場合、仕掛品勘定に振り替える際には標準原価を使うので、仕訳の金額は標準配賦額1,120,000円を使います。

仕掛品1,120,000 / 製造間接費1,120,000

ステップ2 2. について、直接材料費は「材料」を使うので「材料」を「仕掛品」に振り替えます。材料を減らし、仕掛品を増やします。材料は資産(ホームポジション左)なので、減るときは右に書きます。仕掛品は資産(ホームポジション左)なので、増えるときは左に書きます。

パーシャル・プランの場合、仕掛品勘定に振り替える際には実際消費額を使うので、仕訳の金額は実際消費額4,351,000円を使います。

仕掛品4,351,000 / 材料4,351,000

ステップ3 3. について、直接労務費は「賃金・給料」を使うので「賃金・給料」を「仕掛品」に振り替えます。賃金・給料を減らし、仕掛品を増やします。賃金・給料は費用(ホームポジション左)なので、減るときは右に書きます。仕掛品は資産(ホームポジション左)なので、増えるときは左に書きます。

シングル・プランの場合、仕掛品勘定に振り替える際には標準原価を使うので、直接労務費の標準消費額を計算して、仕訳に書きます。

　1,500円／時間×12時間×1,000枚＝18,000,000

仕掛品18,000,000 / 賃金・給料18,000,000

(2)

ステップ1 1. について仕掛品BOX図を書き、当月投入を計算します。本問では、月初と月末の情報がないので、当月生産した製品A 800個(完成品)と当月投入が一致します。

237

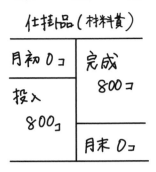

次に材料費の原価差異分析の図を書きます。

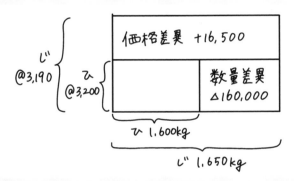

実際消費量　1,650kg（問題文より）

実際単価　5,263,500円 ÷ 1,650kg = @3,190円

実際消費額　5,263,500円（問題文より）

標準消費量　2.0kg × 800個 = 1,600kg

標準単価　@3,200円（製品Aの標準原価カードより）

標準消費額　@3,200円 × 1,600kg = 5,120,000円
　　　　　　　　　　標準単価　　　　標準消費量

価格差異　（@3,200円 − @3,190円）× 1,650kg = ＋16,500円
　　　　　　　　　標準単価　　　実際単価　　　　実際消費量　　　プラスなので、
　　　　　　　　　　　　　　　　　　　　　　　　　　　　　　　有利差異・貸方差異

数量差異　@3,200円 ×（1,600kg − 1,650kg）= △160,000円
　　　　　　　　標準単価　　　標準消費量　　実際消費量　　マイナスなので、
　　　　　　　　　　　　　　　　　　　　　　　　　　　　　不利差異・借方差異

金額が計算できたので、仕訳を書きます。価格差異を計算するとプラスであり、標準より実際の方が費用が少なかった状況で、会社にとって有利な差異、つまり有利差異（貸方差異）とわかります。貸方差異なので仕訳の貸方（右側）に「価格差異」を書きます。数量差異を計算するとマイナスであり、標準より実際の方が多く費用がかかった状況で、会社にとって不利な差異、つまり不利差異（借方差異）とわかります。借方差異なので仕訳の借方（左側）に「数量差異」を書きます。

ここで、問題文に「勘定記入の方法はシングル・プランによる」と指示があったので、価格差異と数量差異が発生するのは、材料勘定とわかります。よって「材料」を使います。金額は差額で計算します。

$160,000 - 16,500 = 143,500$

数量差異160,000 ／ 材料　　143,500
　　　　　　　　／ 価格差異　16,500

ステップ2 2. について仕掛品BOX図を書き、当月投入を計算します。本問では、月初と月末の情報がないので、当月生産した製品A 800個（完成品）と当月投入が一致します。

仕掛品（加工費）

月初 0コ	完成 800コ
投入 800コ	
	月末 0コ

次に労務費の原価差異分析の図を書きます。

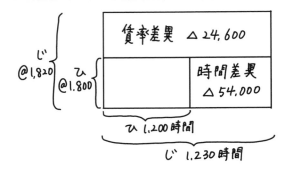

実際直接作業時間　1,230時間（問題文より）

実際賃率　2,238,600円÷1,230時間＝@1,820円

実際消費額　2,238,600円（問題文より）

標準直接作業時間　1.5時間×800個＝1,200時間

標準賃率　@1,800円（製品Aの標準原価カードより）

標準消費額　@1,800円×1,200時間＝2,160,000円
　　　　　　　　標準賃率　　標準直接作業時間

賃率差異　（@1,800円－@1,820円）×1,230時間＝△24,600円
　　　　　　　標準賃率　　実際賃率　　　実際直接作業時間　マイナスなので、
　　　　　　　　　　　　　　　　　　　　　　　　　　　　不利差異・借方差異

時間差異　@1,800円×（1,200時間－1,230時間）＝△54,000円
　　　　　　　標準賃率　　標準直接作業時間　実際直接作業時間　マイナスなので、
　　　　　　　　　　　　　　　　　　　　　　　　　　　　　　　不利差異・借方差異

金額が計算できたので、仕訳を書きます。賃率差異と時間差異を計算するとマイナスであり、標準より実際の方が多く費用がかかった状況で、会社にとって不利な差異、つまり不利差異（借方差異）とわかります。借方差異なので仕訳の借方（左側）に「賃率差異」「時間差異」を書きます。

ここで、問題文に「勘定記入の方法はシングル・プランによる」と指示があったので、賃率差異と時間差異が発生するのは、賃金・給料勘定とわかります。よって「賃金・給料」を使います。金額は差額で計算します。

　　24,600＋54,000＝78,600

賃率差異　24,600　／賃金・給料　78,600

時間差異　54,000　／

ステップ3 3．について予算差異（有利差異）は貸方差異なので、貸方（右側）に「予算差異」を書きます。

操業度差異（不利差異）と能率差異（不利差異）は借方差異なので、借方（左側）に「操業度差異」「能率差異」を書きます。

ここで、問題文に「勘定記入の方法はシングル・プランによる」と指示があったので、各差異が発生するのは、製造間接費勘定とわかります。よって「製造間接費」を使います。金額は差額で計算します。

30,000 ＋ 50,000 － 14,000 ＝ 66,000

| 操業度差異 | 30,000 | 製造間接費 | 66,000 |
| 能率差異 | 50,000 | 予算差異 | 14,000 |

(3)

ステップ1 1．について価格差異（不利差異）は借方差異なので、借方（左側）に「価格差異」を書きます。数量差異（有利差異）は貸方差異なので、貸方（右側）に「数量差異」を書きます。

ここで、問題文に「勘定記入の方法はパーシャル・プランによる」と指示があったので、各差異が発生するのは、仕掛品勘定とわかります。よって「仕掛品」を使います。金額は差額で計算します。

90,000 － 58,000 ＝ 32,000

| 仕掛品 | 32,000 | 数量差異 | 90,000 |
| 価格差異 | 58,000 | | |

ステップ2 2．について賃率差異は貸方差異なので、貸方（右側）に「賃率差異」を書きます。時間差異は借方差異なので、借方（左側）に「時間差異」を書きます。

ここで、問題文に「勘定記入の方法はパーシャル・プランによる」と指示があったので、各差異が発生するのは、仕掛品勘定とわかります。よって「仕掛品」を使います。金額は差額で計算します。

120,000 － 30,000 ＝ 90,000

| 時間差異 | 120,000 | 仕掛品 | 90,000 |
| | | 賃率差異 | 30,000 |

3．について予算差異は貸方差異なので、貸方（右側）に「予算差異」を書きます。操業度差異と能率差異は借方差異なので、借方（左側）に「操業度差異」「能率差異」を書きます。

ここで、問題文に「勘定記入の方法はパーシャル・プランによる」と指示があったので、各差異が発生するのは、仕掛品勘定とわかります。よって「仕掛品」を使います。金額は差額で計算します。

413,000 − 80,000 − 260,000 = 73,000

仕掛品　　　　73,000 ／ 予算差異　413,000
操業度差異　80,000
能率差異　　260,000 ／

解答 03

		仕 訳			
		借　方		貸　方	
		記　号	金　額	記　号	金　額
(1)	1	イ	1,120,000	ウ	1,120,000
	2	イ	4,351,000	カ	4,351,000
	3	カ	18,000,000	エ	18,000,000
(2)	1	オ	160,000	ア	143,500
				エ	16,500
	2	オ	24,600	イ	78,600
		キ	54,000		
	3	カ	30,000	ウ	66,000
		オ	50,000	エ	14,000
(3)	1	ウ	32,000	イ	90,000
		エ	58,000		
	2	ア	120,000	カ	90,000
				オ	30,000
	3	キ	73,000	エ	413,000
		カ	80,000		
		オ	260,000		

Chapter 10
問題 04

ときどき出る

答案用紙 P22

Ⓐ 解答 P246

⏱ 目標タイム 10分

勘定記入と損益計算書

当社は製品Qを製造・販売しており、標準原価計算を採用しパーシャル・プランを用いて記帳している。次の［資　料］にもとづいて、答案用紙の当月の仕掛品勘定と月次損益計算書を完成しなさい。

［資　料］

1．製品Q1個あたりの標準原価

直接材料費	@　　900円×2.0 kg	1,800円
直接労務費	@　1,200円×1.0 時間	1,200円
製造間接費	@　1,500円×1.0 時間	1,500円
		4,500円

2．当月の生産・販売データ

月 初 仕 掛 品	150 個（30%）	月 初 製 品	200 個
当 月 投 入	1,200	完 成 品	1,250
合 計	1,350 個	合 計	1,450 個
月 末 仕 掛 品	100 （40%）	月 末 製 品	150
完 成 品	1,250 個	販 売 品	1,300 個

（注）材料はすべて工程の始点で投入しており、（　　）内は加工費の進捗度を示している。

3．当月の原価データ

直接材料費	2,245,000円
直接労務費	1,492,000円
製造間接費	1,878,500円

4．製品Qは1個あたり7,500円で販売している。

5．標準原価差異は月ごとに損益計算に反映させており、その全額を売上原価に賦課する。

　標準原価計算の基本問題です。仕掛品勘定と損益計算書を記入する問題ですので、標準原価差異の扱いに注意しましょう。

ステップ1 仕掛品BOX図と製品BOX図を書きます。標準原価計算の場合、BOX図は個数だけ書けば問題が解けます。また、仕掛品勘定は、月初、月末、完成高を標準原価で計算し、投入額は実際原価で記入します。

1個あたりの標準原価

　材料費　1,800円／個

　加工費　1,200円／個＋1,500円／個＝2,700円／個

〈仕掛品勘定〉

月初　材料費　1,800円／個×150個＝270,000円 ⎤ 月初仕掛品原価
　　　　加工費　2,700円／個×45個＝121,500円 ⎦ 　391,500円

　　　　　　　　標準単価　　　月初個数

投入　直接材料費　2,245,000（[資　料] 3. 当月の原価データより）

　　　　直接労務費　1,492,000（[資　料] 3. 当月の原価データより）

　　　　製造間接費　1,878,500（[資　料] 3. 当月の原価データより）

月末　材料費　1,800円／個 × 100個 = 180,000円 ⎤ **月末仕掛品原価**
　　　　加工費　2,700円／個 × 40個 = 108,000円 ⎦ 　288,000円
　　　　　　　　　標準単価　　　月末個数

完成高　4,500円／個 × 1,250個 = 5,625,000円
　　　　　　製品単価　　　完成品個数

材料費1,800 ＋ 加工費2,700

〈標準原価差異〉

仕掛品勘定の貸借差額から計算します。

①**借方合計**　391,500円 + 2,245,000円 + 1,492,000円 + 1,878,500円
　　　　　　　= 6,007,000円

②**貸方合計**　5,625,000円 + 288,000円 = 5,913,000円

③**標準原価差異**　①6,007,000円 − ②5,913,000円 = 94,000円

仕訳を書くと借方に原価差異がありますので、借方差異（不利差異）ということがわかります。

標準原価差異　94,000 ／ 仕掛品　94,000

◆▶ ワンポイント

本問はパーシャル・プランの標準原価計算制度を採用していますので、投入額は実際発生額、それ以外は標準原価を使って計算します。その点を利用すると、標準原価差異は次のように計算することもできます。

標準投入額　直接材料費　1,800円／個 × 1,200個 = 2,160,000円
　　　　　　直接労務費　1,200円／個 × 1,245個 = 1,494,000円
　　　　　　製造間接費　1,500円／個 × 1,245個 = 1,867,500円

標準原価差異　直接材料費　2,160,000円 − 2,245,000円 = △85,000円
　　　　　　　直接労務費　1,494,000円 − 1,492,000円 = ＋2,000円
　　　　　　　製造間接費　1,867,500円 − 1,878,500円 = △11,000円
　　　　　　　　　　　　　標準原価（投入）　実際原価（投入）　合計△94,000円

ステップ2　月次損益計算書を記入します。標準原価差異の扱いに注意しましょう。

〈損益計算書〉

売上高　7,500円／個 × 1,300個 = 9,750,000円
　　　　　　販売単価　　　販売個数

月初製品棚卸高　4,500円／個 × 200個 = 900,000円
　　　　　　　　　　製品単価　　　月初個数

当月製品製造原価　5,625,000円（仕掛品勘定より）
　　　　　　　　　　　完成高

月末製品棚卸高　4,500円／個 × 150個 = 675,000円
製品単価　　　月末個数

標準原価差異　94,000円（仕掛品勘定より）

売上原価　900,000円 + 5,625,000円 − 675,000円 + 94,000円 = 5,944,000円
月初　　　当月製品製造原価　　　月末　　　標準原価差異

売上総利益　9,750,000円 − 5,944,000円 = 3,806,000円

> **◀》ワンポイント**
>
> 標準原価差異は借方差異（不利差異）なので、売上原価に加算します。仕訳
> にすると次のようになります。
> 売上原価 94,000 ／ 標準原価差異 94,000

解答 04

仕　掛　品		（単位：円）	
月 初 有 高	（　391,500）	完　成　高	（　5,625,000）
直 接 材 料 費	（2,245,000）	月 末 有 高	（　288,000）
直 接 労 務 費	（1,492,000）	標 準 原 価 差 異	（　94,000）
製 造 間 接 費	（1,878,500）		
	（6,007,000）		（6,007,000）

月次損益計算書（一部）　　　　　　　　　（単位：円）

Ⅰ　売　　上　　高		（9,750,000）
Ⅱ　売　上　原　価		
月初製品棚卸高	（900,000）	
当月製品製造原価	（5,625,000）	
合　　　計	（6,525,000）	
月末製品棚卸高	（675,000）	
差　　　引	（5,850,000）	
標 準 原 価 差 異	（94,000）	（5,944,000）
売 上 総 利 益		（3,806,000）

ときどき出る

答案
用紙
P22

Ⓐ 解答
P250

目標
タイム
10分

原価差異分析① 材料費

株式会社PBLでは、製品X、製品Y、製品Zを製造しており、標準原価計算を採用している。加工費の配賦基準は直接作業時間である。次の[資　料]にもとづいて、下記の問に答えなさい。

[資　料]

1．直接材料の標準消費量と標準単価

製品	X	Y	Z
材料の種類	N1	N2	N1
材料の標準単価	8円／g	12円／g	8円／g
材料の標準消費量	800g	1,400g	600g

2．標準直接作業時間

製品	X	Y	Z
標準直接作業時間	2.4時間	4.0時間	2.0時間

3．製品の実際生産量

製品	X	Y	Z
実際生産量	2,400個	1,600個	1,800個

※ 当月の月初と月末に仕掛品は存在しない

4．直接材料の実際消費量と実際単価

材料	N1	N2
実際消費量	3,049,600g	2,232,800g
実際単価	9円／g	11円／g

問1　製品Xの1個あたりの標準材料消費額を答えなさい。

問2　当月の標準直接作業時間を計算しなさい。

問3　材料N1の材料価格差異と材料数量差異を計算しなさい。なお、原価差異が有利差異か不利差異かを選択し、〇で囲むこと。

解説 05

　本問は資料が多く、初めて見るとどのように解くのか悩む問題ですが、問1から順番に一つ一つの解答を計算すると簡単に解くことができます。

ステップ1 問1について、[資　料] 1. より、製品Xの1個あたりの標準材料消費額は次のように計算します。

　　8円／g × 800g ＝ 6,400円／個

ステップ2 問2について、製品X、製品Y、製品Zの標準直接作業時間を計算し、合計します。

当月の標準直接作業時間

　　製品X　2.4時間 × 2,400個 ＝ 5,760時間
　　製品Y　4.0時間 × 1,600個 ＝ 6,400時間
　　製品Z　2.0時間 × 1,800個 ＝ 3,600時間
　　合　計　5,760 ＋ 6,400 ＋ 3,600 ＝ 15,760時間

ステップ3 問3について、[資　料] 1. によると、材料N1は製品Xと製品Zで使われます。製品X、製品Zの材料N1について、標準材料消費量を計算し、合計します。

当月の材料N1の標準材料消費量

　　製品X　800g × 2,400個 ＝ 1,920,000g
　　製品Z　600g × 1,800個 ＝ 1,080,000g
　　合　計　1,920,000 ＋ 1,080,000 ＝ 3,000,000g

次に材料費の差異分析の図を書き、価格差異と数量差異の金額を計算します。

当月の材料N1の標準単価　[資　料] 1. より8円／g
当月の材料N1の実際材料消費量　[資　料] 4. より3,049,600g
当月の材料N1の実際単価　[資　料] 4. より9円／g

価格差異と数量差異の計算

　　価格差異　（標準8円／g － 実際9円／g）× 実際3,049,600g
　　　　　　　＝ △3,049,600円（不利差異）

　　数量差異　標準8円／g ×（標準3,000,000g － 実際3,049,600g）
　　　　　　　＝ △396,800円（不利差異）

1 仕訳
2 費目別計算
3 製造間接費の部門別計算
4 個別原価計算
5 製造原価報告書・損益計算書
6 単純総合原価計算
7 工程別総合原価計算
8 組別総合原価計算
9 等級別総合原価計算
10 標準原価計算
11 直接原価計算
12 模擬問題

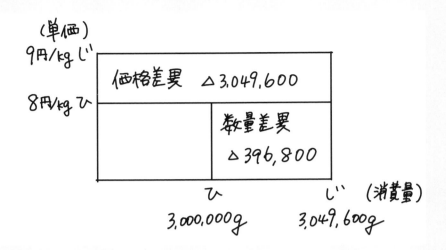

（単価）
9円/kg じ
価格差異　△3,049,600
8円/kg ひ
数量差異
△396,800

ひ　　　　　じ　（消費量）
3,000,000g　　3,049,600g

解答 05

| 問1 | 6,400 | 円／個 |

| 問2 | 15,760 | 時間 |

問3

価格差異	3,049,600円	（不利差異・ 有利差異 ）
数量差異	396,800円	（不利差異・ 有利差異 ）

（注）（　）内の「不利差異」または「有利差異」を○で囲むこと。

よく出る

答案用紙 P23

Ⓐ 解答 P254

⏱ 目標タイム 10分

原価差異分析② 労務費

当工場では製品Ｃを製造している。次の［資　料］にもとづいて、下記問1から問3に答えなさい。なお、解答の金額にプラスまたはマイナスの符号を付す必要はない。金額の後の（　　）内に、借方差異であれば借、貸方差異であれば貸と記入すること。

［資　料］

1．製品Ｃの標準原価カード

直接材料費	340円／個	15個	5,100円
直接労務費	1,300円／時間	1時間	1,300円
製造間接費	1,600円／時間	1時間	1,600円
製品Ｃ1個あたり標準製造原価			8,000円

2．製品Ｃの実際原価発生額

直接材料費　10,395,000円（実際消費量29,700個）

直接労務費　　2,740,000円（実際直接作業時間2,030時間）

製造間接費　　3,271,000円

合　計　16,406,000円

3．製品Ｃの実際生産量　2,000個

問1　直接労務費の標準直接作業時間を計算しなさい。

問2　製品Ｃの標準直接労務費を計算しなさい。

問3　直接労務費の総差異と時間差異および賃率差異を計算しなさい。

標準原価計算の労務費の原価差異分析の問題です。基本的な問題ですが、実際賃率が割り切れないため、賃率差異の計算方法にコツがいります。最近の試験では実際賃率が割り切れない問題がよく出題されていますので、解き方に慣れておきましょう。

ステップ1 仕掛品BOX図を書きます。

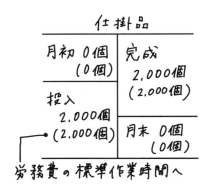

> 本問では実際生産量2,000個しか情報はなく、月初と月末の情報がないので、0個として問題を解くことになる

ステップ2 問1の標準直接作業時間、問2の標準直接労務費を計算します。

標準直接作業時間 1時間 × 2,000個 = 2,000時間
　　　　　　　　　　　標準原価カード　BOX図の実際投入

標準直接労務費 1,300円／時間 × 2,000時間 = 2,600,000円
　　　　　　　　　　標準原価カード　　標準直接作業時間

ステップ3 問3の直接労務費の原価差異を計算するため、直接労務費の差異分析の図を書きます。本問では、実際賃率が割り切れません。このため、直接労務費の総差異から時間差異を差し引きして賃率差異を計算します。解き方のポイントは「総差異＝賃率差異＋時間差異」という関係を覚えておくことです。

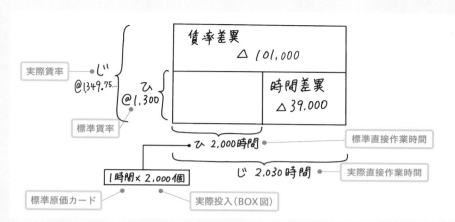

標準直接作業時間 2,000時間（問1より）

実際直接作業時間 2,030時間（[資 料] 2. より）

標準賃率 @1,300円（[資 料] 1. より）

実際賃率 2,740,000円 ÷ 2,030時間 ＝@1,349.7536…（割り切れない）
[資料] 2実際発生額　[資料] 2実際直接作業時間

実際賃率が割り切れないため、賃率差異は下記のように計算します。

　　　賃率差異＝総差異－時間差異

標準原価 @1,300円 × 2,000時間 ＝ 2,600,000円
　　　標準賃率　　標準直接作業時間

総差異 2,600,000円 － 2,740,000円 ＝△140,000円（借方差異）
　　　標準原価　　　　実際発生額

時間差異 @1,300円 ×（2,000時間 － 2,030時間）＝△39,000円（借方差異）
　　　標準賃率　　　標準直接作業時間　実際直接作業時間

賃率差異 140,000円 － 39,000円 ＝ 101,000円
　　　総差異　　　時間差異

ここで、直接労務費の総差異の内訳が時間差異と賃率差異という関係を利用すると、賃率差異が「借方差異」ということがわかります。

総差異140,000円（借方差異）

　　内訳　時間差異39,000円（借方差異）

　　　　　賃率差異101,000円（借方差異）

解答 06

問1 標準直接作業時間 = **2,000** 時間

問2 標準直接労務費 = **2,600,000** 円

問3 総　　差　　異 = **140,000** 円 （ **借** ）

時　間　差　異 = **39,000** 円 （ **借** ）

賃　率　差　異 = **101,000** 円 （ **借** ）

（注） （　）内には、借または貸と記入すること。

Chapter 10
問題 07

原価差異分析③　製造間接費

製品Aを製造・販売する当社では、パーシャル・プランの標準原価計算制度を採用している。次の［資　料］にもとづいて、下記の問に答えなさい。なお、差異分析では変動予算を用い、能率差異は変動費と固定費からなるものとする。

［資　料］

1. 当月生産データ

月初仕掛品	500個（50%）
当月完成品	4,000個
月末仕掛品	300個（50%）

（注）材料はすべて工程の始点で投入しており、（　　）内は加工費の進捗度を示している。

2. 当月実績データ

実際機械運転時間	11,900時間
実際製造間接費（変動費）	1,511,000円
実際製造間接費（固定費）	3,240,000円
実際製造間接費（合計）	4,751,000円

（注）固定費の発生額は予算と同額であった。

3. 標準データ

製品A1個の標準機械運転時間	3時間
当月正常機械運転時間	12,000時間
製造間接費標準配賦率	400円／時間

問1　当月の標準機械運転時間を計算しなさい。
問2　固定製造間接費の標準配賦率を計算しなさい。
問3　当月の標準配賦額を計算しなさい。
問4　製造間接費の差異分析を行いなさい。

解説 07

　製造間接費の差異分析の問題です。短時間で満点が取れる簡単な問題ですので、苦手な方は本問を何度も解き直しましょう。

ステップ1 仕掛品BOX図を書きます。

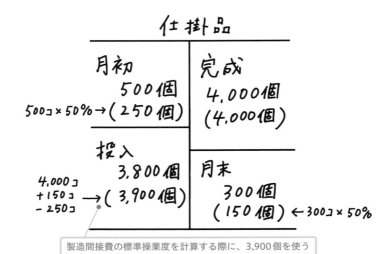

仕掛品

月初	完成
500個	4,000個
500コ×50%→（250個）	（4,000個）

投入	月末
3,800個	300個
4,000コ +150コ -250コ →（3,900個）	（150個）←300コ×50%

製造間接費の標準操業度を計算する際に、3,900個を使う

ステップ2 製造間接費の差異分析の図（シュラッター図）を書きます。［資　料］3．当月正常機械運転時間とは基準操業度のことです。また、［資料］2．当月実績データ（注）に、固定費予算額が実際発生額と同額であることが書いてあります。見落とさないように注意しましょう。

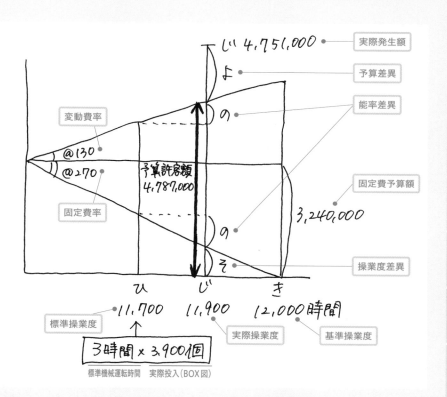

標準機械運転時間　実際投入（BOX図）

標準操業度　3時間 × 3,900個 = 11,700時間←問1標準機械運転時間

固定費率　<u>3,240,000円</u> ÷ <u>12,000時間</u> = @270円←問2固定製造間接費の標準配賦率
　　　　　　固定費予算額　　　基準操業度
　　　　　　　　　　　　　（正常機械運転時間）

変動費率　<u>@400円</u> − <u>@270円</u> = @130円
　　　　　　標準配賦率　　固定費率

標準配賦額　<u>@400円</u> × <u>11,700時間</u> = 4,680,000円←問3当月の標準配賦額
　　　　　　　標準配賦率　　標準操業度

総差異　<u>4,680,000円</u> − <u>4,751,000円</u> = △71,000円（不利差異）
　　　　　標準配賦額　　　実際発生額

予算許容額　<u>@130円</u> × <u>11,900時間</u> + <u>3,240,000円</u> = 4,787,000円
　　　　　　　変動費率　　実際操業度　　固定費予算額

予算差異　<u>4,787,000円</u> − <u>4,751,000円</u> = + 36,000円（有利差異）
　　　　　　予算許容額　　　実際発生額

能率差異　@400円×(11,700時間 − 11,900時間) = △80,000円（不利差異）

標準配賦率　　標準操業度　　　実際操業度

操業度差異　@270×(11,900時間 − 12,000時間) = △27,000円（不利差異）

固定費率　　実際操業度　　　基準操業度
（正常機械運転時間）

解答 07

問1　標準機械運転時間＝ **11,700** 時間

問2　固定製造間接費の標準配賦率＝ **270** 円／時間

問3　当月の標準配賦額＝ **4,680,000** 円

問4　製造間接費総差異＝ **71,000** 円（ 有利 ・(不利) 差異）

予算差異＝ **36,000** 円（(有利)・ 不利 　差異）

能率差異＝ **80,000** 円（ 有利 ・(不利) 差異）

操業度差異＝ **27,000** 円（ 有利 ・(不利) 差異）

（注）（　）内の「有利」または「不利」を○で囲むこと。

第5問対策
直接原価計算

Chapter10までは全部原価計算（個別、総合、標準）を学びました。
Chapter11では直接原価計算を学びます。
ここからは頭を切り替えて、
原価を変動費と固定費に分けて考えましょう。

直接原価計算のまとめ

　直接原価計算とは、翌期の予算を決めるために使う原価計算のことです。原価を直接費と間接費ではなく、変動費と固定費に分けて計算するのが特徴です。

　CVP分析では、「何個売れば利益が出るのか」という視点で、売上と販売数と利益の関係を分析します。

　また、直接原価計算の損益計算書はこれまで学習した損益計算書と形式が違うので、記入に慣れておく必要があります。

学習のコツ：第5問（12点）でよく出題されます。直接原価計算はパターンが少なく、学習に時間はかかりません。ただ、数学が苦手な方はCVP分析の習得に時間がかかる傾向があり、マスターするまで何度も問題を解く必要があります。

出題パターン

1．CVP分析を行う問題（損益分岐点、安全余裕率など）。
2．全部原価計算の損益計算書と直接原価計算の損益計算書。
3．直接原価計算の損益計算書に固定費調整を記入させる問題。
4．固変分解（変動費と固定費を分ける）を計算させる問題。

ポイント

1．CVP分析の問題では、「売上高－変動費－固定費＝利益」という公式に当てはめて解きます。このとき、販売数を■個として、公式に当てはめることがポイントです。70％の問題はこれで解答できます。販売単価が不明な問題の場合、販売数ではなく売上を■円として解く場合もあります。

2．直接原価計算の営業利益を全部原価計算の営業利益に修正するには「全部原価計算の営業利益＝直接原価計算の営業利益＋期末仕掛品・製品に含まれている固定費－期首仕掛品・製品に含まれている固定費」という計算で求められます。これを固定費調整といいます。

3．全部原価計算の損益計算書と直接原価計算の損益計算書は、次のような
　違いがあります。

内　訳		全部原価計算の 損益計算書	直接原価計算の 損益計算書
売上高		売上高	売上高
変動製造原価	※1	売上原価	変動売上原価
固定製造原価	※2		固定費
変動販売費	※3	販売費及び一般管理費	変動販売費
固定販売費	※4		固定費
一般管理費	※5		

※1　変動製造原価とは、製品を作るためにかかった、生産量に応じて発生
　　する原価のこと。生産量に応じて発生する材料費や加工費などがありま
　　す。

※2　固定製造原価とは、製品を作るためにかかった、生産量に関係なく発
　　生する原価のこと。工場建物の減価償却費などがあります。固定製造原
　　価のことを製造固定費ということもあります。

※3　変動販売費とは、製品を販売するためにかかる費用で、販売量に応じ
　　て発生する費用のこと。具体例としては、製品の発送費、梱包のために
　　使用する消耗品費、成功報酬型の広告宣伝費などがあります。

※4　固定販売費とは、製品を販売するためにかかる費用で、販売量にかか
　　わらず固定的に発生する費用のこと。具体例としては、営業担当（セー
　　ルスマン）の給料や販売店舗の減価償却費、ビルや駅の看板広告の広告
　　宣伝費などがあります。

※5　一般管理費とは、製品の製造や販売とは関係がない管理部門で発生し
　　た費用のこと。具体例としては、本社の従業員の給料や本社建物の減価
　　償却費などがあります。

Chapter 11
問題 01

ときどき出る

答案用紙 P23
解答 P265
目標タイム 10分

CVP分析

製品Aを量産する当社の当期の業績は次のとおりであった。これにもとづいて次期の利益計画を検討中である。次の各問に答えなさい。

売上高	@2,700円×6,000個		16,200,000円
原価			
変動費			
変動売上原価	@1,000円×6,000個	6,000,000円	
変動販売費	@100円×6,000個	600,000円	
固定費			
固定製造原価		2,960,000円	
固定販売費・一般管理費		2,800,000円	12,360,000円
営業利益			3,840,000円

販売価格、製品単位あたり変動費、固定費額は次期も当期と同一である。

問1　当期の損益分岐点の売上高を計算しなさい。

問2　当期の損益分岐点比率と安全余裕率を計算しなさい。

問3　次期に目標営業利益4,640,000円を達成する販売数量を計算しなさい。

問4　新規顧客を開拓するため、次期に値下げを実施して販売数量を増やしたいとの提案が営業部から上がった。一方で、当期と同額の営業利益を確保しなければならないとの社長命令が届いている。次期の販売価格を600円値下げした場合、当期と同額の営業利益を達成する販売数量を計算しなさい。

問5　外部機関の市場調査の結果、競合他社の影響が強く、問4で計算した販売数量は達成不可能であり、販売数量は9,000個が上限であることがわかった。次期の販売価格を600円値下げし、販売数量は9,000個で当期と同額の営業利益を達成するために、固定費を削減するべきとの結論に達した。削減すべき固定費の金額を計算しなさい。

 **解説 01**

　直接原価計算のCVP分析の問題です。販売価格を値下げした場合や固定費の削減金額を計算する応用的な問題もありますが、解き方は今まで習った内容と同じですから落ち着いて解くことが大切です。

ステップ1 問1は損益分岐点の売上高を計算します。まずは製品単位あたり変動費と固定費を計算してから、損益分岐点を計算しましょう。
製品単位あたり変動費　@1,000円＋@100円＝@1,100円
固定費　2,960,000円＋2,800,000円＝5,760,000円

　損益分岐点では利益が0円となるので、何個売れたら利益が0円になるかを考えます。何個売るのかまだ決まっていないので■個として計算します。

> ## 売上高－変動費－固定費＝利益

$$@2,700円×■個 － @1,100円×■個 － 5,760,000円 ＝ 0円$$
売上高　　　　　　　　　　変動費　　　　　　　固定費　　　利益

$$@1,600円×■個 ＝ 5,760,000円$$

$$■個 ＝ 3,600個$$

　損益分岐点の販売数量は3,600個とわかったので、これを使って損益分岐点の売上高を計算します。
　　@2,700円×3,600個＝9,720,000円

(◀▶ ワンポイント)
数学が得意な人は、販売数を■個ではなくA個として1次方程式で解いても構いません。
　2,700A － 1,100A － 5,760,000円 ＝ 0円

ステップ2 問2は損益分岐点比率と安全余裕率を計算します。

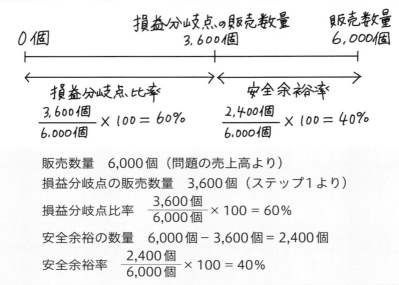

販売数量　6,000個（問題の売上高より）

損益分岐点の販売数量　3,600個（ステップ1より）

損益分岐点比率　$\dfrac{3,600個}{6,000個} \times 100 = 60\%$

安全余裕の数量　6,000個 − 3,600個 = 2,400個

安全余裕率　$\dfrac{2,400個}{6,000個} \times 100 = 40\%$

◖▶ ワンポイント

損益分岐点比率と安全余裕率の計算式は次のとおりです。2つを合計すると100%になることも覚えておきましょう。

損益分岐点比率　$\dfrac{損益分岐点の販売数量}{（予定）販売数量} \times 100$　または　$\dfrac{損益分岐点売上高}{（予定）売上高} \times 100$

安全余裕率　$\dfrac{安全余裕の数量}{（予定）販売数量} \times 100$　または　$\dfrac{安全余裕の売上高}{（予定）売上高} \times 100$

ステップ3 問3は目標営業利益4,640,000円となる販売数量を計算します。利益を4,640,000円として計算するだけです。何個売るのかまだ決まっていないので■個として計算します。

$$\underset{売上高}{@2,700円 \times ■個} - \underset{変動費}{@1,100円 \times ■個} - \underset{固定費}{5,760,000円} = \underset{営業利益}{4,640,000円}$$

⬇

@1,600円 × ■個 = 10,400,000円

⬇

■個 = 6,500個

ステップ4 問4は販売価格を600円値下げし、当期と同額の営業利益3,840,000円となる販売数量を計算します。まずは値下げ後の販売

価格を計算して、販売数量を■個として計算しましょう。

値下げ後の販売価格　@2,700 − @600円 = @2,100円

$$\underline{@2,100円 × ■個}_{\text{売上高}} − \underline{@1,100円 × ■個}_{\text{変動費}} − \underline{5,760,000円}_{\text{固定費}} = \underline{3,840,000円}_{\text{営業利益}}$$

@1,000円 × ■個 = 9,600,000円

■個 = 9,600個

ステップ5 問5では、固定費の削減額を計算します。販売価格と営業利益は問4と同じ、販売数量は9,000個、固定費の削減額がわからないため、固定費を■円として計算しましょう。

$$\underline{@2,100円 × 9,000個}_{\text{売上高}} − \underline{@1,100円 × 9,000個}_{\text{変動費}} − \underline{■円}_{\text{固定費}} = \underline{3,840,000円}_{\text{営業利益}}$$

18,900,000円 − 9,900,000円 − 3,840,000円 = ■円

5,160,000円 = ■円

固定費は5,160,000円なので、固定費の削減額は600,000円とわかります。

　5,760,000円 − 5,160,000円 = 600,000円

解答 01

問1　　9,720,000　円

問2　損益分岐点比率　　60　%　　安全余裕率　　40　%

問3　　6,500　個

問4　　9,600　個

問5　　600,000　円

Chapter 11
問題 02

よく出る

答案用紙 P24

解答 P269

目標タイム 10分

CVP分析（販売単価が不明）

当期の直接原価計算方式の損益計算書は次のとおりであった。平均変動費率および年間固定費が次期も当期と同様であると予想されているとき、下記の問に答えなさい。

直接原価計算方式の損益計算書

（単位：万円）

売 上 高	12,000
変 動 売 上 原 価	6,480
変 動 製 造 マ ー ジ ン	5,520
変 動 販 売 費	720
貢 献 利 益	4,800
製 造 固 定 費	2,640
固定販売費および一般管理費	1,200
営 業 利 益	960

問1 損益分岐点の売上高を計算しなさい。

問2 1,500万円の営業利益を達成する売上高を計算しなさい。

問3 売上高が2,000万円減少するとき営業利益はいくら減少するか計算しなさい。

問4 現在の売上高が何％落ち込むと損益分岐点の売上高に達するか計算しなさい。

問5 損益分岐点の売上高を600万円引き下げるためには固定費をいくら引き下げる必要があるか計算しなさい。

![解説 02]

　直接原価計算のCVP分析の問題です。Chapter11-01と違い、1個あたりの販売単価がわからないため、売上高を■万円として解く必要があります。

ステップ1 問1　損益分岐点の売上高を計算します。本問は1個あたりの販売単価の情報がないため、販売数量を■個として計算する方法では解くことができません。このため、売上高を■万円として問題を解くことになります。

①変動費、売上高変動費率、固定費を計算します。

変動費　$\underset{\text{変動売上原価}}{6{,}480\,万円} + \underset{\text{変動販売費}}{720\,万円} = 7{,}200\,万円$

$$\text{売上高変動費率} = \frac{\text{変動費}}{\text{売上高}} \times 100$$

$$= \frac{7{,}200\,万円}{12{,}000\,万円} \times 100 = 60\%$$

固定費　$\underset{\text{製造固定費}}{2{,}640\,万円} + \underset{\text{固定販売費・一般管理費}}{1{,}200\,万円} = 3{,}840\,万円$

なお、直接原価計算方式の損益計算書の「製造固定費」は、固定製造原価と同じ意味の言葉です。製品を製造するためにかかった費用のうち、固定費の金額を指します。

②損益分岐点では利益が0万円になるので、売上高がいくらであれば利益が0万円になるかを考えます。まず、売上高を■万円として計算します。変動費の金額は工夫が必要で売上高変動費率を使います。売上高変動費率60%とは「変動費は売上高の60%」ということです。つまり、「売上高■万円×0.6」が変動費となります。

> **売上高 − 変動費 − 固定費 ＝ 利益**

$$\underset{\text{売上高}}{\blacksquare\text{万円}} - \underset{\text{変動費}}{\blacksquare\text{万円} \times 0.6} - \underset{\text{固定費}}{3,840\text{万円}} = \underset{\text{利益}}{0\text{万円}}$$

⬇

$$\blacksquare\text{万円} \times 0.4 = 3,840\text{万円}$$

⬇

$$\blacksquare\text{万円} = 9,600\text{万円}$$

◀》ワンポイント

数学が得意な人は、売上高を■万円ではなくS万円として、1次方程式で解いても構いません。

S − 0.6S − 3,840万円 = 0万円

また、売上高S円は貢献利益率を利用して計算することもできます。

(売上高12,000万円 − 変動費7,200万円) ÷ 売上高12,000万円

= 貢献利益率0.4

売上高S × 貢献利益率0.4 − 固定費3,840万円 = 営業利益0万円

ステップ2 問2　営業利益が1,500万円となる売上高を計算します。ステップ1と同じように解きます。

$$\underset{\text{売上高}}{\blacksquare\text{万円}} - \underset{\text{変動費}}{\blacksquare\text{万円} \times 0.6} - \underset{\text{固定費}}{3,840\text{万円}} = \underset{\text{営業利益}}{1,500\text{万円}}$$

⬇

$$\blacksquare\text{万円} \times 0.4 = 5,340\text{万円}$$

⬇

$$\blacksquare\text{万円} = 13,350\text{万円}$$

ステップ3 問3　売上高が2,000万円減少するときの営業利益を計算し、当期の営業利益から何万円減少するのかを計算します。

①売上高が2,000万円減少したときの営業利益を計算します。

$$\underset{\text{売上高}}{(12,000 - 2,000)} - \underset{\text{変動費}}{(12,000 - 2,000) \times 0.6} - \underset{\text{固定費}}{3,840} = \underset{\text{営業利益}}{160\text{万円}}$$

②当期の営業利益960万円から160万円になるので、営業利益は800万円減少することがわかります。

△800万円

当期の営業利益960万円 ⟶ 売上減少後の営業利益160万円

ステップ4 問4　当期の売上高が何%落ち込むと損益分岐点の売上高に達するかを計算します。損益分岐点の売上高は問1で計算済みです。

①当期の売上高12,000万円から損益分岐点の売上高9,600万円になるので、2,400万円減少することがわかります。

$$\underset{\text{当期の売上高12,000万円}}{} \xrightarrow{\triangle 2,400\text{万円}} \underset{\text{損益分岐点の売上高9,600万円}}{}$$

②2,400万円は当期の売上高の何％かを計算します。

2,400万円 ÷ 12,000万円 × 100 = 20％

ステップ5 問5 損益分岐点の売上高を600万円引き下げるとは、問1で計算した損益分岐点の売上高9,600万円が9,000万円となるということです。売上高が9,000万円、利益が0万円となる固定費を計算し、当期の固定費から何万円減少するのかを計算します。

①売上高が9,000万円、固定費を■万円として、固定費を計算します。

$$\underset{\text{売上高}}{9,000\text{万円}} - \underset{\text{変動費}}{9,000\text{万円} \times 0.6} - \underset{\text{固定費}}{\blacksquare\text{万円}} = \underset{\text{利益}}{0\text{万円}}$$

$$\Downarrow$$

■万円 = 3,600万円

②当期の固定費3,840万円から3,600万円になるので、固定費は240万円減少することがわかります。

$$\underset{\text{当期の固定費3,840万円}}{} \xrightarrow{\triangle 240\text{万円}} \underset{\text{引き下げ後の固定費3,600万円}}{}$$

解答 02

問1	9,600	万円
問2	13,350	万円
問3	800	万円
問4	20	％
問5	240	万円

固変分解とCVP分析

製品Kを量産する当社の過去6か月間の生産・販売量と総原価の実績データは次のとおりであった。これにもとづいて、下記の問1〜問4に答えなさい。

	生産・販売量	総　原　価
1月	42,000個	8,820,000円
2月	39,000個	8,426,000円
3月	78,000個	11,700,000円
4月	56,000個	9,950,000円
5月	83,000個	12,400,000円
6月	72,000個	11,040,000円

・当社の正常操業圏は月間生産量が42,000個から78,000個である。
・製品Kの販売単価は200円である。

問1　正常操業圏における最大の売上高と最小の売上高を答えなさい。

問2　高低点法による製品Kの総原価の固変分解を行い、製品1個あたりの変動費と月間固定費を計算しなさい。

問3　問2の結果を利用し、月間損益分岐点売上高を計算しなさい。

問4　当社の総資本が24,000,000円である場合、月間目標総資本営業利益率が3％となる月間目標売上高を計算しなさい。

 解説 03

　直接原価計算の固変分解とCVP分析の問題です。固変分解（高低点法）は滅多に出題されませんが、知らないと解けないので余裕がある人は覚えておきましょう。固変分解とは総原価を固定費と変動費に分解することをいいます。

ステップ1 まず正常操業圏42,000 ～ 78,000個に含まれている月の中から、生産・販売量が最大と最小の月を見つけます。

	生産・販売量	総　原　価	正常操業圏	
1月	42,000個	8,820,000円	○	……最小
2月	39,000個	8,426,000円	×	
3月	78,000個	11,700,000円	○	……最大
4月	56,000個	9,950,000円	○	
5月	83,000個	12,400,000円	×	
6月	72,000個	11,040,000円	○	

ステップ2 問1の最大3月と最小1月の売上高を計算します。間違って総原価を答案用紙に記入しないように注意しましょう。
　最大　3月　@200円×78,000個 = 15,600,000円
　最小　1月　@200円×42,000個 = 8,400,000円

ステップ3 問2は高低点法により、製品1個あたりの変動費と月間固定費を計算します。高低点法とは、正常操業圏のうち生産・販売量が最大の月と最小の月を見つけ、製品1個あたりの変動費と月間固定費を計算する方法です。
　問題を解く際にグラフを書くとわかりやすいです。具体的にはグラフの傾きが製品1個あたりの変動費となることを利用して計算します。

製品1個あたりの変動費
$$\left(\frac{11,700,000円 - 8,820,000円}{78,000個 - 42,000個} \right) = @80円$$

月間固定費　$\underset{\text{総原価}}{\underline{11,700,000}} - \underset{\text{変動費}}{\underline{@80円 \times 78,000個}} = 5,460,000円$

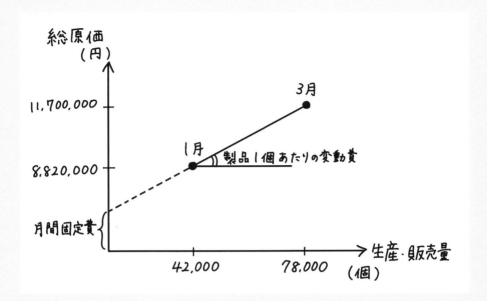

ステップ4 問3の月間損益分岐点売上高を計算します。損益分岐点では利益が0円となるので、何個売れたら利益が0円になるかを考えます。何個売るのかまだ決まっていないので■個として計算します。

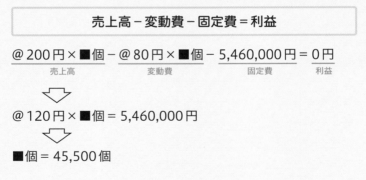

次に売上高を計算します。

@200円 × 45,500個 = 9,100,000円

ステップ5 問4の月間目標総資本営業利益率3%とは、営業利益が総資本×3%となることです。これを利用して計算します。何個売るのかまだ決まっていないので■個として計算します。

$$\underbrace{@200円 \times ■個}_{売上高} - \underbrace{@80円 \times ■個}_{変動費} - \underbrace{5,460,000円}_{固定費} = \underbrace{24,000,000円 \times 3\%}_{営業利益}$$

$$@120円 \times ■個 = 6,180,000円$$

$$■個 = 51,500個$$

次に売上高を計算します。
$$@200円 \times 51,500個 = 10,300,000円$$

（♦ ワンポイント）

総資本とは、負債（他人資本）と純資産（自己資本）の合計です。総資本営業利益率は次のように計算します。

$$総資本営業利益率 = \frac{営業利益}{総資本} \times 100$$

●●○○率という用語が出てきた場合、次のようにパーセントを求めると計算できます。このように覚えておくと応用が利きます。

$$\frac{○○}{●●} \times 100 \quad \Rightarrow \quad 売上高営業利益率 = \frac{営業利益}{売上高} \times 100$$

 解答 03

問1	最大の売上高	**15,600,000**	円
	最小の売上高	**8,400,000**	円
問2	製品1個あたり変動費	**80**	円／個
	月間固定費	**5,460,000**	円
問3	**9,100,000**	円	
問4	**10,300,000**	円	

ときどき出る

答案用紙 P24

Ⓐ 解答 P276

目標タイム 10分

費目別とCVP分析

当社は製品Xを製造・販売している。次の［資　料］にもとづいて、各問に答えなさい。

［資　料］

1．12月の売上高　12,000,000円

2．12月の総原価

		変　動　費	固　定　費
製造原価	主要材料費	1,200,000円	－
	補助材料費	300,000円	－
	買入部品費	250,000円	－
	直接工賃金	1,600,000円	－
	間接工賃金	800,000円	620,000円
	減価償却費	－	1,800,000円
	水道光熱費	150,000円	480,000円
販売費		500,000円	1,900,000円
一般管理費		－	1,500,000円

（注）生産した製品Xはすべて販売済みであり、月初・月末に製品と仕掛品は存在しない。

問1　12月の直接材料費総額を計算しなさい。

問2　12月の製造間接費総額を計算しなさい。

問3　当月の貢献利益を計算しなさい。

問4　当月の損益分岐点売上高を計算しなさい。

問5　上記［資　料］にもとづいて、12月に営業利益2,100,000円を達成するために必要な売上高を計算しなさい。

 解説 04

　直接原価計算の費目別とCVP分析の問題です。いつものCVP分析と違い、1個あたりの販売価格がわからないため、売上高を■円として解く必要があるので注意しましょう。

ステップ1 問1　直接材料費総額を計算します。

$$1,200,000円 + 250,000円 = 1,450,000円$$
主要材料費　　　買入部品費

ステップ2 問2　製造間接費総額を計算します。

$$300,000円 + 800,000円 + 620,000円 + 1,800,000円 + 150,000円 + 480,000円$$
補助材料費　　　間接工賃金　　　　減価償却費　　　　　水道光熱費

$$= 4,150,000円$$

ステップ3 問3　まず変動費の合計を計算して、貢献利益を計算します。

変動費　1,200,000円 + 300,000円 + 250,000円 + 1,600,000円
　　　　　+ 800,000円 + 150,000円 + 500,000円 = 4,800,000円

貢献利益　12,000,000円 − 4,800,000円 = 7,200,000円
　　　　　　　売上高　　　　　　変動費

ステップ4 問4　損益分岐点売上高を計算します。本問は1個あたりの販売価格の情報がないため、販売数量を■個として計算する方法では解くことができません。このような場合には、売上高を■円として問題を解くことになります。

①売上高変動費率 $\left(\dfrac{変動費}{売上高} \times 100\right)$ と固定費を計算します。

売上高変動費率　$\dfrac{4,800,000円}{12,000,000円} \times 100 = 40\%$

固定費　620,000円 + 1,800,000円 + 480,000円 + 1,900,000円
　　　　　+ 1,500,000円 = 6,300,000円

②損益分岐点では利益が0円となるので、売上高がいくらであれば利益が0円になるかを考えます。まず、売上高を■円として計算します。変動費の金額は工夫が必要で売上高変動費率を使います。売上高変動費率40％とは「変動費は売上高の40％」ということ

275

です。つまり、「売上高■円 × 0.4」が変動費となります。

> ## 売上高 − 変動費 − 固定費 ＝ 利益

$$\underbrace{■円}_{売上高} - \underbrace{■円 × 0.4}_{変動費} - \underbrace{6,300,000円}_{固定費} = \underbrace{0円}_{利益}$$

⬇

■円 × 0.6 ＝ 6,300,000円

⬇

■円 ＝ 10,500,000円

ステップ5 問5　営業利益2,100,000円となる売上高を計算します。ステップ4と同じように解きます。

$$\underbrace{■円}_{売上高} - \underbrace{■円 × 0.4}_{変動費} - \underbrace{6,300,000円}_{固定費} = \underbrace{2,100,000円}_{営業利益}$$

⬇

■円 × 0.6 ＝ 8,400,000円

⬇

■円 ＝ 14,000,000円

💡 解答 04

問1	**1,450,000**	円
問2	**4,150,000**	円
問3	**7,200,000**	円
問4	**10,500,000**	円
問5	**14,000,000**	円

よく出る

答案
用紙
P25

Ⓐ 解答
P280

目標
タイム
12分

損益計算書

当社は、製品Dを製造・販売している。次の［資　料］にもとづいて、全部原価計算と直接原価計算の損益計算書を作成しなさい。ただし、当社は加工費を生産量にもとづいて予定配賦し、すべての原価差異を当期の売上原価に賦課している。

［資　料］

1．予算

予定生産量　3,200個

	変動費	固定費
加　工　費	8,320,000円	6,720,000円

2．実際製造原価

	変動費	固定費
材　料　費	2,400円／個	－
加　工　費	2,600円／個	6,720,000円

3．実際販売費および一般管理費

	変動費	固定費
販　売　費	300円／個	600,000円
一般管理費	－	2,000,000円

4．生産と販売状況

実際生産量　3,000個

実際販売量　2,800個

なお、仕掛品は期首と期末には存在しなかった。製品は期首には存在しなかった。

5．販売価格　10,000円／個

　全部原価計算と直接原価計算の損益計算書の問題です。直接原価計算の損益計算書の方が簡単に解答できます。全部原価計算の損益計算書の原価差異は難しいですが、下書きを書いて情報を整理すると解きやすいです。

ステップ1 全部原価計算の損益計算書を記入するために、仕掛品と製品の下書きを書きます。実際生産量3,000個は完成品3,000個ということです。また、仕掛品の期首と期末は存在しなかったので、期首と期末は0個0円となります。

		仕掛品			
0円	期首	0個	完成品	3,000個	7,200,000円
7,200,000円	投入	3,000個		（3,000個）	（14,100,000円）
（14,100,000円）		（3,000個）	期末	0個	0円

投入
　材料費　2,400円／個×3,000個＝7,200,000円
　加工費　予定配賦率　（8,320,000円＋6,720,000円）÷3,200個
　　　　　　　　　　　＝4,700円／個
　　　　　予定配賦額　4,700円／個×3,000個＝14,100,000円
完成品　期首と期末が0円なので、投入を書き写す。

		製品			
0円	期首	0個	販売	2,800個	19,880,000円
21,300,000円	完成品	3,000個			
			期末	200個	1,420,000円

完成品　7,200,000円＋14,100,000円＝21,300,000円
販売　21,300,000円÷3,000個×2,800個＝19,880,000円
期末　21,300,000円÷3,000個×200個＝1,420,000円

ステップ2 全部原価計算の損益計算書を記入します。

売上高　販売価格10,000円／個×実際販売量2,800個
　　　　　＝28,000,000円

売上原価　ステップ1の製品勘定の販売19,880,000円

原価差異

　予定配賦額　ステップ1の仕掛品勘定の投入の加工費14,100,000円

　実際発生額　2,600円／個×実際生産量3,000個＋6,720,000円
　　　　　　　＝14,520,000円

　原価差異　14,100,000円－14,520,000円＝△420,000円
　　　　　　　原価差異はマイナスなので、不利差異。売上原価に加算する。

売上総利益

　原価差異を加算した売上原価　19,880,000円＋420,000円
　　　　　　　　　　　　　　　＝20,300,000円

　売上総利益　28,000,000円－20,300,000円＝7,700,000円

販売費及び一般管理費　300円／個×実際販売量2,800個＋600,000円
　　　　　　　　　　　　＋2,000,000円＝3,440,000円

営業利益　7,700,000円－3,440,000円＝4,260,000円

ステップ3 直接原価計算の損益計算書を記入します。

売上高　販売価格10,000円／個×実際販売量2,800個
　　　　　＝28,000,000円

変動売上原価　（2,400円／個＋2,600円／個）×実際販売量2,800個
　　　　　　　　＝14,000,000円

変動製造マージン　28,000,000円－14,000,000円＝14,000,000円

変動販売費　300円／個×実際販売量2,800個＝840,000円

貢献利益　14,000,000円－840,000円＝13,160,000円

固定費　加工費6,720,000円＋販売費600,000円
　　　　　＋一般管理費2,000,000円＝9,320,000円

営業利益　13,160,000円－9,320,000円＝3,840,000円

全部原価計算による損益計算書

(単位：円)

売　　上　　高	（	28,000,000 ）
売　上　原　価	（	19,880,000 ）
原　価　差　異	（	420,000 ）
売　上　総　利　益	（	7,700,000 ）
販売費及び一般管理費	（	3,440,000 ）
営　業　利　益	（	4,260,000 ）

直接原価計算による損益計算書

(単位：円)

売　　上　　高	（	28,000,000 ）
変　動　売　上　原　価	（	14,000,000 ）
変　動　製　造　マ　ー　ジ　ン	（	14,000,000 ）
変　動　販　売　費	（	840,000 ）
貢　献　利　益	（	13,160,000 ）
固　　定　　費	（	9,320,000 ）
営　業　利　益	（	3,840,000 ）

よく出る

答案用紙 P25

Ⓐ 解答 P284

⏱ 目標タイム 12分

損益計算書とCVP分析

　PB社は製品Dを製造・販売している。製品Dの販売単価は1,200円／個であった（当期中は同一の単価が維持された）。当期の全部原価計算による損益計算書は、下記のとおりであった。原価分析によれば、当期の製造原価に含まれる固定費は504,000円、販売費に含まれる固定費は72,000円、一般管理費285,000円はすべて固定費であった。固定費以外はすべて変動費であった。なお、期首と期末に仕掛品と製品の在庫は存在しないものとする。

全部原価計算による損益計算書

（単位：円）

売　　　上　　　高	3,360,000
売　　上　　原　　価	2,436,000
売　上　総　利　益	924,000
販売費および一般管理費	609,000
営　　業　　利　　益	315,000

問1　答案用紙の直接原価計算による損益計算書を完成しなさい。

問2　当期の損益分岐点の売上高を計算しなさい。

問3　販売単価、単位あたり変動費、固定費に関する条件に変化がないものとして、営業利益420,000円を達成するために必要であった売上高を計算しなさい。

ステップ1 直接原価計算による損益計算書を記入します。

なお、答案用紙の「製造固定費」は、問題文の「製造原価に含まれる固定費」のことで、固定製造原価と同じ意味の言葉です。

売上高 3,360,000円（全部原価計算の損益計算書と同じ金額）

変動売上原価

売上原価2,436,000円 − 製造固定費504,000円 = 1,932,000円

変動製造マージン

売上高3,360,000円 − 変動売上原価1,932,000円 = 1,428,000円

変動販売費

販売費および一般管理費609,000円 − 固定販売費72,000円 − 一般管理費285,000円 = 252,000円

貢献利益

変動製造マージン1,428,000円 − 変動販売費252,000円
= 1,176,000円

製造固定費 504,000円（問題文より）

固定販売費および一般管理費 72,000円 + 285,000円 = 357,000円

営業利益

貢献利益1,176,000円 − 製造固定費504,000円 − 固定販売費および一般管理費357,000円 = 315,000円

ステップ2 当期の損益分岐点の売上高を計算します。CVP分析の問題は、売上高と利益の公式を使って問題を解くと簡単です。

> **売上高 − 変動費 − 固定費 = 利益**

①まずは必要な情報を計算します。

当期の販売個数 売上高3,360,000円 ÷ 販売単価1,200円／個
= 2,800個

変動費 変動売上原価1,932,000円 + 変動販売費252,000円
= 2,184,000円

製品1個あたりの変動費 2,184,000円 ÷ 2,800個 = 780円／個

固定費 製造固定費504,000円 + 固定販売費および一般管理費

357,000円 = 861,000円

②損益分岐点の売上高を求めます。損益分岐点では利益がゼロであり、販売個数を■個として売上高と利益の公式に当てはめます。

$$\underset{売上高}{\underline{1,200円／個×■個}} − \underset{変動費}{\underline{780円／個×■個}} − \underset{固定費}{\underline{861,000円}} = \underset{利益}{\underline{0円}}$$

420円／個×■個 = 861,000円

■個 = 861,000円 ÷ 420円／個

■個 = 2,050個

以上より損益分岐点の販売個数は2,050個とわかります。次に損益分岐点の売上高を計算します。

損益分岐点の売上高　1,200円／個 × 2,050個 = 2,460,000円

(◀▶ ワンポイント

損益分岐点の売上高は売上高変動費率を使って計算することもできます。
❶売上高変動費率　2,184,000円 ÷ 3,360,000円 × 100 = 65％
❷損益分岐点の売上高を■円として売上高と利益の公式に当てはめる。
　■円 − ■円 × 0.65 − 861,000円 = 0円

　■円 = 2,460,000円

ステップ3 営業利益420,000円を達成するための売上高を計算します。

①必要な情報は問2で計算済みです。

製品1個あたりの変動費　780円／個

固定費　861,000円

②営業利益420,000円の売上高を求めます。販売個数を■個として売上高と利益の公式に当てはめます。

$$\underset{売上高}{\underline{1,200円／個×■個}} − \underset{変動費}{\underline{780円／個×■個}} − \underset{固定費}{\underline{861,000円}} = \underset{営業利益}{\underline{420,000円}}$$

420円／個×■個 = 420,000円 + 861,000円

■個 = 1,281,000円 ÷ 420円／個

■個 = 3,050個

以上より販売個数は 3,050個とわかったので売上高を計算します。

売上高 1,200円／個 × 3,050個 = 3,660,000円

 ワンポイント

営業利益 420,000円を達成するための売上高は売上高変動費率を使って計算することもできます。

❶売上高変動費率 2,184,000円 ÷ 3,360,000円 × 100 = 65％

❷損益分岐点の売上高を■円として売上高と利益の公式に当てはめる。

■円 − ■円 × 0.65 − 861,000円 = 420,000円

■円 = 3,660,000円

解答 06

問1

直接原価計算による損益計算書

（単位：円）

売　　　　上　　　　高	（　　3,360,000　）
変　動　売　上　原　価	（　　1,932,000　）
変　動　製　造　マ　ー　ジ　ン	（　　1,428,000　）
変　動　販　売　費	（　　252,000　）
貢　　献　　利　　益	（　　1,176,000　）
製　造　固　定　費	（　　504,000　）
固定販売費および一般管理費	（　　357,000　）
営　業　利　益	（　　315,000　）

問2　| **2,460,000** | 円

問3　| **3,660,000** | 円

ときどき出る

| 答案用紙 P26 | 解答 P290 | 目標タイム 15分 |

営業利益とCVP分析

PUB製作所の当期の全部原価計算方式による損益計算書、販売及び原価データは次のとおりである。なお、期首と期末に仕掛品及び製品の在庫はなかった。下記の問に答えなさい。

（1）全部原価計算方式による損益計算書

損 益 計 算 書

（単位：円）

売　　　上　　　高	63,000,000
売　　上　　原　　価	40,500,000
売　上　総　利　益	22,500,000
販売費及び一般管理費	11,160,000
営　　業　　利　　益	11,340,000

（2）販売及び原価データ
販売数量：15,000個
1個あたり製造原価　　直接材料費（変動費）：@900円
　　　　　　　　　　　直接労務費（変動費）：@800円
　　　　　　　　　　　製造間接費：変動費@400円　固定費@600円
販売費及び一般管理費　変動販売費：3,150,000円
　　　　　　　　　　　固定販売費及び一般管理費：8,010,000円

問1　当期の直接原価計算方式による損益計算書の営業利益を計算しなさい。

問2　当期の貢献利益率を計算しなさい。ただし、1％未満は四捨五入すること。（例）15.4％ → 15％

問3　当期の期首時点で掲げた目標営業利益は13,230,000円であった。目

標営業利益を達成する売上高を計算しなさい。

問4　当期の固定販売費を1,701,000円削減したときの損益分岐点の売上高を計算しなさい。なお、他の販売及び原価データは当期と同一とすること。

 解説 07

　直接原価計算の応用問題です。まずは下書き用紙に直接原価計算の損益計算書を書いてから、各問を解くことが解答のポイントです。

ステップ1 下書き用紙に直接原価計算の損益計算書を書きます。次に問1の営業利益を記入します。

①まずは必要な情報を計算します。

売上高　63,000,000円（問題文（1）の売上高より）

製品1個あたりの変動販売費

　　変動販売費3,150,000円÷販売数量15,000個＝@210円

製品1個あたりの変動費

　　直接材料費（変動費）@900円＋直接労務費（変動費）@800円

　　＋製造間接費（変動費）@400円＋変動販売費@210円

　　＝@2,310円

変動費　@2,310円×販売数量15,000個＝34,650,000円

貢献利益　売上高63,000,000円−変動費34,650,000円

　　　　　　＝28,350,000円

製造間接費（固定費）　@600円×15,000個＝9,000,000円

固定費　製造間接費(固定費)9,000,000円＋固定販売費及び一般管理費8,010,000円＝17,010,000円

営業利益　貢献利益28,350,000円−固定費17,010,000円

　　　　　　＝11,340,000円

②直接原価計算の損益計算書を書きます。

直接原価計算の損益計算書

（単位：円）

売　　上　　高	63,000,000
変　　動　　費	34,650,000
貢　献　利　益	28,350,000
固　　定　　費	17,010,000
営　業　利　益	11,340,000

ステップ2 問2の貢献利益率を計算します。

貢献利益率 貢献利益 28,350,000円÷売上高 63,000,000円×100＝45%

ステップ3 問3の目標営業利益 13,230,000円を達成するための売上高を計算します。

①まずは必要な情報を計算します。

販売単価 売上高 63,000,000円÷販売数量 15,000個
＝＠4,200円

製品1個あたりの変動費 ＠2,310円（ステップ1で計算済み）

固定費 17,010,000円（ステップ1で計算済み）

②営業利益 13,230,000円の売上高を求めます。販売個数を■個として売上高と利益の公式に当てはめます。

$$\underset{\text{売上高}}{\underline{@4,200円×■個}}-\underset{\text{変動費}}{\underline{@2,310円×■個}}-\underset{\text{固定費}}{\underline{17,010,000円}}=\underset{\text{営業利益}}{\underline{13,230,000円}}$$

＠1,890円×■個＝13,230,000円＋17,010,000円

■個＝30,240,000円÷＠1,890円

■個＝16,000個

以上より販売個数は16,000個とわかったので売上高を計算します。

売上高 ＠4,200円×16,000個＝67,200,000円

《▶ ワンポイント》

本問は売上高S円として貢献利益率を使って計算することもできます。
売上高S×貢献利益率0.45 − 固定費17,010,000円＝営業利益13,230,000円

ステップ4 問4の当期の固定販売費を1,701,000円削減したときの損益分岐点の売上高を計算します。

①まずは必要な情報を計算します。固定費の金額が変わる点がポイントです。

　販売単価　＠4,200円（ステップ3で計算済み）

　製品1個あたりの変動費　＠2,310円（ステップ1で計算済み）

　固定費　17,010,000円 − 1,701,000円 ＝ 15,309,000円

②損益分岐点では利益が0円になるので、利益0円の売上高を求めます。販売個数を■個として売上高と利益の公式に当てはめます。

$$\underset{\text{売上高}}{\underline{@4,200円×■個}} - \underset{\text{変動費}}{\underline{@2,310円×■個}} - \underset{\text{固定費}}{\underline{15,309,000円}} = \underset{\text{利益}}{0円}$$

@1,890円×■個 ＝ 15,309,000円

■個 ＝ 15,309,000円 ÷ @1,890円

■個 ＝ 8,100個

以上より販売個数は8,100個とわかったので売上高を計算します。

売上高　＠4,200円×8,100個 ＝ 34,020,000円

《▶ ワンポイント》

本問は売上高S円として貢献利益率を使って計算することもできます。
売上高S×貢献利益率0.45 − 固定費15,309,000円＝営業利益0円

 **解答 07**

問1	11,340,000	円
問2	45	%
問3	67,200,000	円
問4	34,020,000	円

Chapter 11
問題 **08**

あまり出ない

| 答案用紙 P26 | Ⓐ 解答 P300 | 目標タイム 20分 |

損益計算書と理論

当社の［資　料］にもとづき、各自、全部原価計算による損益計算書と直接原価計算による損益計算書を作成したうえで、下記の各問に答えなさい。

［資　料］

1．販売単価…24,000円／個

2．変動費…製造直接費4,000円／個、製造間接費4,000円／個

3．固定費…製造原価4,800,000円、販売費及び一般管理費3,000,000円

4．生産量と販売量と在庫量

	第1期	第2期	第3期	第4期
期首製品在庫量	0個	0個	300個	300個
当期製品生産量	500個	800個	500個	500個
当期製品販売量	500個	500個	500個	800個
期末製品在庫量	0個	300個	300個	0個

（注）なお、各期の期首と期末に仕掛品は存在しない。

5．全部原価計算の製造間接費は生産量を配賦基準として実際配賦を行っている。

6．製品の払出単価の計算は先入先出法によっている。

問1　第1期から第4期の営業利益を全部原価計算、直接原価計算のそれぞれで計算しなさい。

問2　第2期期末の製品残高は全部原価計算の場合と直接原価計算の場合では、どちらが何円多いのか、答案用紙に記入しなさい。

問3　第4期期首の製品残高は全部原価計算の場合と直接原価計算の場合で

は、どちらが何円多いのか、答案用紙に記入しなさい。

問4　下記のアからエは全部原価計算と直接原価計算の相違点について説明した文章である。アからエについて不適切な文章の記号を1つ選びなさい。

ア．全部原価計算において、期末の製品と仕掛品の在庫量が増加する場合、当期の固定費の一部が棚卸資産に含まれてしまい、次期に繰り延べられる。

イ．直接原価計算において、販売単価、変動費率、固定費を一定とした場合、売上が増加すれば営業利益も増加する。

ウ．全部原価計算において、期末の製品と仕掛品の在庫量が減少する場合、過去に発生した固定費の一部が当期の売上原価に含まれてしまう。

エ．全部原価計算の利益と直接原価計算の利益の差は、製品と仕掛品の期末残高の差と必ず等しくなる。

 解説 08

全部原価計算と直接原価計算の損益計算書の問題です。固定費の扱いが違う点を各問で問われています。計算量が多いですが、大切な内容ですので自力で正解できるまで解き直しておきましょう。

ステップ1 問1の営業利益を計算します。「製造間接費は実際配賦」との指示がありますので、原価差異は発生しません。

〈全部原価計算〉

	第1期	第2期	第3期	第4期
売上高	12,000,000	12,000,000	12,000,000	19,200,000
売上原価	8,800,000	7,000,000	7,720,000	14,080,000
販管費	3,000,000	3,000,000	3,000,000	3,000,000
営業利益	200,000	2,000,000	1,280,000	2,120,000

売上高

第1期 @24,000円 × 500個 = 12,000,000円

第2期 @24,000円 × 500個 = 12,000,000円

第3期 @24,000円 × 500個 = 12,000,000円

第4期 @24,000円 × 800個 = 19,200,000円
      販売単価   販売量

売上原価 下書きを使いながら、売上原価を計算します。［資　料］6.より、売上原価と期末製品は先入先出法で計算します。また、期首と期末に仕掛品がありませんので、投入量と生産量が同じになり、仕掛品の下書きは書かなくても解けるため、本問の解説では仕掛品の下書きは書きません。

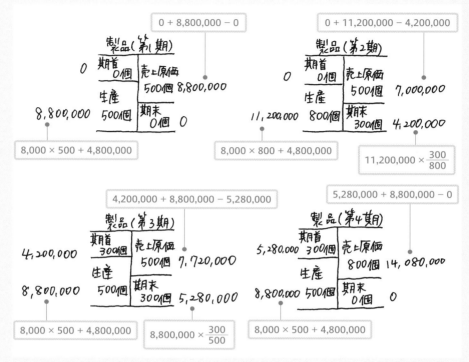

単位あたり変動製造原価 @4,000円 + @4,000円 = @8,000円
固定製造原価 4,800,000円

第1期

期首製品 0円

製造原価 $\underline{@8,000円 \times 500個}$ + $\underline{4,800,000円}$ = 8,800,000円
　　　　　　　変動製造原価　　　　固定製造原価

期末製品 0円

売上原価 $\underline{0円}$ + $\underline{8,800,000円}$ − $\underline{0円}$ = 8,800,000円
　　　　　　期首　　　製造原価　　　期末

第2期

期首製品 0円

製造原価 @8,000円 × 800個 + 4,800,000円 = 11,200,000円

期末製品 11,200,000円 × 300個 ÷ 800個 = 4,200,000円

売上原価 0円 + 11,200,000円 − 4,200,000円 = 7,000,000円

第3期

期首製品	第2期期末製品より4,200,000円
製造原価	@8,000円×500個＋4,800,000円＝8,800,000円
期末製品	8,800,000円×300個÷500個＝5,280,000円
売上原価	4,200,000円＋8,800,000円－5,280,000円＝7,720,000円

第4期

期首製品	第3期期末製品より5,280,000円
製造原価	@8,000円×500個＋4,800,000円＝8,800,000円
期末製品	0円
売上原価	5,280,000円＋8,800,000円－0円＝14,080,000円

販売費・一般管理費

　第1～4期　3,000,000円

〈直接原価計算〉

	第1期	第2期	第3期	第4期
売上高	12,000,000	12,000,000	12,000,000	19,200,000
変動売上原価	4,000,000	4,000,000	4,000,000	6,400,000
固定費	7,800,000	7,800,000	7,800,000	7,800,000
営業利益	200,000	200,000	200,000	5,000,000

売上高

　第1期　@24,000円×500個＝12,000,000円
　第2期　@24,000円×500個＝12,000,000円
　第3期　@24,000円×500個＝12,000,000円
　第4期　@24,000円×800個＝19,200,000円
　　　　　販売単価　　販売量

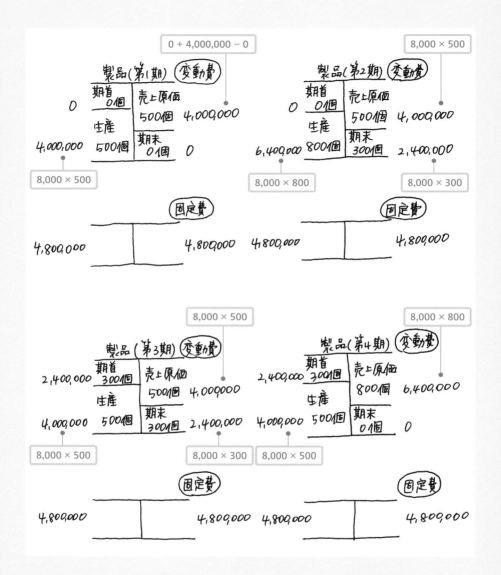

製品(第1期) 変動費

0 + 4,000,000 − 0

期首 0個
0

生産 500個
4,000,000

8,000 × 500

売上原価 500個 4,000,000

期末 0個 0

固定費

4,800,000

4,800,000

製品(第2期) 変動費

8,000 × 500

期首 0個
0

生産 800個
6,400,000

8,000 × 800

売上原価 500個 4,000,000

期末 300個 2,400,000

8,000 × 300

固定費

4,800,000

4,800,000

製品(第3期) 変動費

8,000 × 500

期首 300個
2,400,000

生産 500個
4,000,000

8,000 × 500

売上原価 500個 4,000,000

期末 300個 2,400,000

8,000 × 300

固定費

4,800,000

4,800,000

製品(第4期) 変動費

8,000 × 800

期首 300個
2,400,000

生産 500個
4,000,000

8,000 × 500

売上原価 800個 6,400,000

期末 0個 0

固定費

4,800,000

4,800,000

変動売上原価

単位あたり変動製造原価　@4,000円＋@4,000円＝@8,000円

第1期　@8,000円×500個＝4,000,000円

第2期　@8,000円×500個＝4,000,000円

第3期　@8,000円×500個＝4,000,000円

第4期　@8,000円×800個＝6,400,000円

固定費

第1～4期　$\underset{製造原価}{4,800,000円}＋\underset{販売費・一般管理費}{3,000,000円}＝7,800,000円$

ステップ2 問2　「第2期期末の製品残高」を全部原価計算と直接原価計算の場合で計算します。ステップ1の下書きを見ると第2期の期末製品在庫量は300個とわかります。

全部原価計算　下書きより4,200,000円

直接原価計算　下書きより2,400,000円

以上より、全部原価計算の方が、4,200,000円－2,400,000円＝1,800,000円製品残高が多いことがわかります。

◀▶ ワンポイント

全部原価計算と直接原価計算の「第2期期末の製品残高」の差額1,800,000円は、「第2期期末の製品残高」に固定費が含まれているか含まれていないかの違いから発生します。

「第2期期末の製品残高」は次のようになっています。

〈全部原価計算〉

「第2期期末の製品残高」は、P.294の下書きより4,200,000円（変動費＋固定費）です。

全部原価計算ではP.294の下書きで製造原価（生産）を@8,000円×800個＋4,800,000円＝11,200,000円と計算しており、製造原価11,200,000円に固定費4,800,000円が含まれています。「第2期期末の製品残高」4,200,000円は、製造原価11,200,000円を使って計算しているので、「第2期期末の製品残高」にも固定費が含まれることになります。固定費だけを抜き出して考えると次のようになり、「第2期期末の製品残高」4,200,000円のうち1,800,000円が固定費であることがわかります。

製造原価に含まれる固定費

　4,800,000円×300個÷800個＝1,800,000円★

〈直接原価計算〉
「第2期期末の製品残高」は、P.296の下書きより2,400,000円（変動費）
です。
直接原価計算ではP.296の下書きで固定費は4,800,000円と書いていますが、
売上原価や期末製品に固定費の金額は含めません。P.295の直接原価計算の
損益計算書を見ていただくとわかるように、直接原価計算では、固定費は営
業利益には反映させますが、売上原価としては変動費（変動売上原価）のみ
を含め、同時に計算される期末製品も変動費のみを含めます。

全部原価計算と直接原価計算を比べた場合、「第2期期末の製品残高」は★の
部分だけズレていることがわかります。これが問2の答えです。ステップ2
のように期末製品の金額を両方比べて4,200,000円 − 2,400,000円 ＝
1,800,000円と計算するのが基本的な計算方法ではありますが、固定費のみ
に注目して★の計算式だけを書いても答えを導くことができます。

同じように期首の製品残高も、全部原価計算には固定費が含まれ、直接原価
計算には固定費が含まれません。そのため全部原価計算と直接原価計算の営
業利益は、期首と期末の仕掛品・製品に含まれる固定費の分だけズレること
になります。そこでステップ4の固定費調整の公式では、直接原価計算の営
業利益に期末仕掛品・製品の固定費と期首仕掛品・製品の固定費を調整して
全部原価計算の営業利益となるのです。

ステップ3 問3 「第4期期首の製品残高」について、ステップ2と同様に計算
します。ステップ1の下書きを見ると第4期の期首製品在庫量、言
い換えると第3期の期末製品在庫量は300個とわかります。
全部原価計算 P.294の下書きより5,280,000円
直接原価計算 P.296の下書きより2,400,000円
以上より、全部原価計算の方が、5,280,000円 − 2,400,000円 ＝
2,880,000円製品残高が多いことがわかります。

◀▶ ワンポイント
問2と問3では、生産量がそれぞれ800個と500個で違います。このため、
在庫量が300個と同じでも製品残高の金額は一致しません。注意しましょう。

ステップ4 問4の選択肢を一つ一つ確認します。固定費調整の公式を書いてから解くとわかりやすいです。

〈固定費調整の公式〉

全部原価計算の営業利益

＝直接原価計算の営業利益＋期末仕掛品・製品の固定費－期首仕掛品・製品の固定費

《▶ ワンポイント》

「ぜんちょくまっしゅ」

全＝直＋末－首　　と語呂合わせで覚えましょう。

ア． 正しいです。全部原価計算の場合、当期に発生した固定費の一部が棚卸資産として繰り延べられます。

イ． 正しいです。直接原価計算の場合、販売量が増えると売上も営業利益も増えます。この性質を利用して、CVP分析を行っています。一方、全部原価計算の場合、生産量や在庫量の影響を受けるため、販売量が増えると売上は増えますが連動して営業利益が増えるわけではありません。

ウ． 正しいです。前期末の製品・仕掛品の在庫量は、当期の期首の製品・仕掛品の在庫量になりますので、当期の売上原価の中に含まれてしまいます。

売上原価＝期首＋生産－期末

本問では第3期と第4期で期末製品在庫量が300個から0個に減っています。この300個は第4期の製品販売量に含まれており、売上原価となります。第3期の期末製品の固定費（第3期に発生）が第4期の売上原価に含まれている、ということになります。

エ． 全部原価計算の利益と直接原価計算の利益の差は、製品・仕掛品の期末残高だけでなく、期首残高も関係してくるため、誤りです。固定費調整の公式を思い出しましょう。

《▶ ワンポイント》

選択肢ア、ウは全部原価計算の短所、イは直接原価計算の長所です。覚える必要はありませんので、サラッと読んでおきましょう。

問1

(単位:円)

	第1期	第2期	第3期	第4期
全部原価計算の営業利益	200,000	2,000,000	1,280,000	2,120,000
直接原価計算の営業利益	200,000	200,000	200,000	5,000,000

問2

第2期期末の製品残高は、((全部原価計算の場合) ・ 直接原価計算の場合)

の方が、 1,800,000 円だけ多い。

(注)( )内の正しい方の語句を○で囲むこと。

問3

第4期期首の製品残高は、((全部原価計算の場合) ・ 直接原価計算の場合)

の方が、 2,880,000 円だけ多い。

(注)( )内の正しい方の語句を○で囲むこと。

問4

エ

模擬問題

いよいよ、本試験と同じ90分の問題を解きましょう。
時間配分が重要になるので、慣れておきましょう。

模擬問題 第1回

第1問（20点）

　下記の各取引について仕訳しなさい。ただし、勘定科目は、設問ごとに最も適当と思われるものを選び、答案用紙の（　　）内に記号で解答すること。なお、消費税は指示された問題のみ考慮すること。

1．顧客に対するサービス提供が完了したため、契約額¥550,000（受け取りは翌月末）を収益に計上した。これにともない、それまでに仕掛品に計上されていた諸費用¥300,000と追加で発生した外注費¥120,000（支払いは翌月20日）との合計額を原価に計上した。
　　ア．売掛金　イ．買掛金　ウ．未収入金　エ．未払金
　　オ．役務収益　カ．役務原価　キ．仕掛品　ク．仕入

2．九州に拠点を築くために福岡商事株式会社を吸収合併し、新たに当社の株式10,000株（合併時点の時価@¥6,000）を発行し、これを福岡商事の株主に交付した。そのときの福岡商事の諸資産（時価）は¥77,000,000、諸負債（時価）¥15,000,000であった。また、合併にあたっては、取得の対価のうち60%を資本金、残り40%を資本準備金として計上することとした。
　　ア．諸資産　イ．諸負債　ウ．開業費　エ．負ののれん発生益
　　オ．資本金　カ．資本準備金　キ．利益準備金　ク．のれん

3．当社は、当期末にS社の発行済株式総数の80%を¥8,400,000で取得し、支配を獲得した。支配獲得時のS社の純資産は、資本金¥5,000,000、資本剰余金¥3,000,000、利益剰余金¥2,000,000であった。支配獲得時の連結修正仕訳を行いなさい。
　　ア．資本金　イ．負ののれん発生益　ウ．非支配株主持分　エ．現金
　　オ．利益剰余金　カ．のれん　キ．資本剰余金　ク．子会社株式

4．本日8月1日、海外の取引先に対して、製品500,000ドルを10月31日に決済の条件で輸出した。輸出時の為替相場は1ドル¥110であったが、1週間前、10月31日に300,000ドルを1ドル¥107で売却する為替予約が結ばれていたため、この為替予約の分については取引高と債権額に振当処理を行う。

    ア．仕入　イ．為替差損益　ウ．買掛金　エ．未収入金

    オ．前受金　カ．前払金　キ．売上　ク．売掛金

5．外部に開発を依頼していた社内利用目的のソフトウェア（開発費用¥30,800,000は銀行振込により全額支払済み）が完成し使用を開始したため、ソフトウェア勘定に振り替えた。なお、この開発費用の内容を精査したところ¥30,800,000の中には、ソフトウェアの作り直し対象となった部分の費用¥5,800,000が含まれており、資産性がないものとして除却処理することとした。

    ア．研究開発費　イ．当座預金　ウ．修繕費　エ．ソフトウェア仮勘定

    オ．未払金　カ．ソフトウェア　キ．固定資産除却損　ク．固定資産廃棄損

第2問（20点）

　パブロフ株式会社（会計期間は1年、決算日は3月31日）の20X9年4月における商品売買および関連取引に関する次の［資料］にもとづいて、下記の［設問］に答えなさい。なお、払出単価の計算には先入先出法を用い、商品売買取引の記帳には「販売のつど売上原価勘定に振り替える方法」を用いている。また、月次決算を行い、月末には英米式決算法によって総勘定元帳を締め切っている。

［資料］　20X9年4月における商品売買および関連取引

4月1日　商品の期首棚卸高は、数量300個、原価@¥1,000、総額¥300,000である。

   5日　商品400個を@¥1,200で仕入れ、代金は手許にある他人振出の約束手形を裏書譲渡して支払った。

   7日　A社に商品500個を@¥2,000で販売し、代金は掛けとした。A社との間には、4月中に商品を合計700個以上購入した場合に、この期間の販売額の1割をリベートとして支払う取り決めがある。返

金は5月末に支払う予定である。この条件が達成される可能性は高い。

9日　商品150個を@¥1,050で仕入れ、代金のうち¥50,000は以前に支払っていた手付金を充当し、残額は掛けとした。

11日　9日に仕入れた商品のうち50個が品違いだったため仕入先に返品し、掛代金の減額を受けた。

13日　7日の掛けの代金¥1,000,000と商品の注文の手付金¥200,000の合計¥1,200,000が当座預金口座に振り込まれた。

16日　商品350個を@¥1,100で仕入れ、代金は掛けとした。

20日　A社に商品400個を@¥2,100で販売し、代金のうち¥200,000は13日に受け取っていた手付金を充当し、残額は掛けとした。これによりリベートの条件が達成された。

28日　売掛金¥880,000の決済として、電子債権記録機関から取引銀行を通じて債権の発生記録の通知を受けた。

30日　月次決算の手続として商品の実地棚卸を行ったところ、実地棚卸数量は250個、正味売却価額は@¥3,800であった。

［設問］

問1　答案用紙の売掛金勘定および商品勘定への記入を完成しなさい。なお、摘要欄への記入も行うこと。

問2　4月の売上高および4月の売上原価を答えなさい。

第3問（20点）

　次の［資料Ⅰ］、［資料Ⅱ］および［資料Ⅲ］にもとづいて、答案用紙の損益計算書を完成しなさい。なお、会計期間はX18年4月1日からX19年3月31日までの1年間である。

［資料Ⅰ］　決算整理前残高試算表

決算整理前残高試算表
X19年3月31日　　　　　（単位：円）

借　方	勘定科目	貸　方
782,000	現　　　　　金	
1,286,100	当　座　預　金	
1,080,000	受　取　手　形	
1,650,000	売　　掛　　金	
	貸　倒　引　当　金	18,000
660,000	繰　越　商　品	
54,000	仮　払　法　人　税　等	
1,800,000	未　　決　　算	
9,000,000	建　　　　　物	
2,700,000	備　　　　　品	
	備品減価償却累計額	972,000
6,673,000	土　　　　　地	
2,083,200	満期保有目的債券	
	支　払　手　形	870,000
	買　　掛　　金	1,440,000
	長　期　借　入　金	2,700,000
	退職給付引当金	711,000
	資　　本　　金	18,000,000
	利　益　準　備　金	690,000
	繰越利益剰余金	1,183,200
	売　　　　　上	21,747,000
	有　価　証　券　利　息	31,500
17,640,000	仕　　　　　入	
2,880,000	給　　　　　料	
149,400	水　道　光　熱　費	
75,000	減　価　償　却　費	
	固定資産売却益	150,000
48,512,700		48,512,700

[資料Ⅱ]　未処理事項

1．売掛金¥30,000が回収不能であると判明したので、貸倒れとして処理する。なお、このうち¥12,000は前期の商品販売取引から生じたものであり、残りの¥18,000は当期の商品販売取引から生じたものである。

2．未決算は火災保険金の請求にかかわるものであるが、保険会社より火災保険金¥1,500,000の支払いが決定した旨の通知があったので、適切な処理を行う。なお、決算整理前残高試算表に示されている減価償却費¥75,000は、期中に火災により焼失した建物の減価償却費を月割で計上したものである。

[資料Ⅲ]　決算整理事項

1．売上債権の期末残高に対して2％の貸倒れを見積もる。貸倒引当金は差額補充法によって設定する。

2．商品の期末棚卸高は次のとおりである。棚卸減耗損と商品評価損は売上原価の内訳科目として処理する。
　　　帳簿棚卸高：数量　1,700個、帳　簿　価　額＠¥600
　　　実地棚卸高：数量　1,650個、正味売却価額＠¥580

3．有形固定資産の減価償却は次の要領で行う。
　　　建物：建物は当期の10月1日に取得したものであり、耐用年数は40年、残存価額はゼロとして、定額法により月割で減価償却を行う。
　　　備品：備品は数年前に取得したものであり、耐用年数10年、残存価額はゼロとして、200％定率法により減価償却を行っている。なお、保証率は0.06552、改定償却率は0.250である。

4．満期保有目的債券は、X17年4月1日に他社が発行した社債（額面総額¥2,100,000、利率年1.5％、償還日はX22年3月31日）を額面＠¥100につき＠¥99の価額で取得したものであり、償却原価法（定額法）で評価している。

5．退職給付引当金の当期繰入額は¥243,000である。

6．長期借入金は、当期の12月1日に借入期間5年、利率年2.4％、利払いは年1回（11月末）の条件で借り入れたものである。決算にあたって、借入利息の未払分を月割計算で計上する。

7．法人税、住民税及び事業税について決算整理を行う。仮払法人税等￥54,000は中間納付にかかわるものである。なお、当期の費用計上額のうち、￥24,000は、税法上の課税所得の計算にあたって損金算入が認められない。法人税等の法定実効税率は30％である。

8．上記7．の損金算入が認められない費用計上額￥24,000（将来減算一時差異）について、税効果会計を適用する。

第4問（28点）

（1）次の取引について仕訳しなさい。ただし、勘定科目は、設問ごとに最も適当と思われるものを選び、答案用紙の（　　）内に記号で解答すること。

1．当月、素材600kg（購入代価1,000円／kg）、買入部品2,000個（購入代価150円／個）、工場消耗品費80,000円（購入代価）を掛けで購入した。なお、購入に際しては、購入代価の10％を材料副費として予定配賦している。
　　ア．材料　イ．材料副費　ウ．買掛金　エ．材料副費差異
　　オ．製造間接費　カ．仕掛品

2．当月の賃金の消費額を計上する。直接工の作業時間報告書によれば、直接作業時間は680時間、間接作業時間は50時間であった。当工場において適用される直接工の予定賃率は、1時間あたり1,300円である。また、間接工については、前月賃金未払高120,000円、当月賃金支払高380,000円、当月賃金未払高90,000円であった。
　　ア．製造間接費　イ．材料　ウ．仕掛品　エ．賃金・給料
　　オ．賃率差異　カ．製品

3．予定賃率にもとづく消費賃金949,000円と実際消費賃金との差異を賃率差異勘定に振り替える。なお、直接工については、前月賃金未払高70,000円、当月賃金支払高957,000円、当月賃金未払高80,000円であった。
　　ア．製品　イ．仕掛品　ウ．製造間接費　エ．賃金・給料　オ．賃率差異

(2) 当社は製品Pを生産・販売し、実際総合原価計算を採用している。次の
[資料] にもとづいて、答案用紙の総合原価計算表の（　　）内に適切
な金額を記入しなさい。なお、原価投入額合計を完成品総合原価と月末
仕掛品原価に配分する方法として先入先出法を用いること。

[資料]

[生産データ]

月初仕掛品量	2,000 kg（50%）
当月投入量	39,500
合　計	41,500 kg
差引：正常仕損量	500
月末仕掛品量	1,000　（50%）
完成品量	40,000 kg

[原価データ]

月初仕掛品原価

A 原 料 費	320,000 円
加 工 費	130,000
小 計	450,000 円

当月製造費用

A 原 料 費	6,320,000 円
B 原 料 費	680,000
加 工 費	7,200,000
小 計	14,200,000 円
合 計	14,650,000 円

(注)　（　　）内は加工費の進捗度である。A原料は工程の始点で投入している。
B原料は工程の80%の時点で投入しており、B原料費はすべて完成品に負
担させる。正常仕損は工程の終点で発生し、それらはすべて当月作業分か
ら生じた。正常仕損費はすべて完成品に負担させ、仕損品に処分価額はない。

第5問（12点）

当社は飲食店の8月の利益計画を作成している。7月の利益計画では、売上高は4,200,000円であり、変動費と固定費は次の［資料］のとおりであった。8月の利益計画は、変動費率と固定費額については7月と同じ条件で作成する。下記の問に答えなさい。

［資料］

	変　動　費		固　定　費
食　材　費	1,050,000円	給　　　料	850,000円
アルバイト給料	462,000円	水道光熱費	626,000円
そ　の　他	168,000円	支　払　家　賃	513,000円
		そ　の　他	195,000円

問1　変動費率を計算しなさい。
問2　損益分岐点売上高を計算しなさい。
問3　目標営業利益750,000円を達成するために必要な売上高を計算しなさい。
問4　8月の売上高は4,650,000円と予想されている。8月の利益計画における営業利益を計算しなさい。

第1問（20点） 　　　　　　　　仕訳1組につき4点×5か所

<table>
<tr><th colspan="5">仕　　　　　訳</th></tr>
<tr><th colspan="2">借　　方</th><th colspan="2">貸　　方</th><th></th></tr>
<tr><th>記　　号</th><th>金　　額</th><th>記　　号</th><th>金　　額</th><th></th></tr>
<tr><td rowspan="2">1</td><td>ア
カ</td><td>550,000
420,000</td><td>オ
キ
イ</td><td>550,000
300,000
120,000</td></tr>
</table>

	記 号	金 額	記 号	金 額
1	ア カ	550,000 420,000	オ キ イ	550,000 300,000 120,000
2	ア	77,000,000	イ オ カ エ	15,000,000 36,000,000 24,000,000 2,000,000
3	ア キ オ カ	5,000,000 3,000,000 2,000,000 400,000	ク ウ	8,400,000 2,000,000
4	ク	54,100,000	キ	54,100,000
5	カ キ	25,000,000 5,800,000	エ	30,800,000

第2問（20点）

問1　　　　　　　　　　　　　　　　　1つにつき各2点×8か所

問1　　　　　　　　　　　　　　　　　問2　各2点×2か所

売　掛　金

月	日	摘　要	借　方	月	日	摘　要	貸　方
4	1	前 期 繰 越	620,000	4	13	当 座 預 金	1,000,000
	7	諸 　　 口	1,000,000		28	電 子 記 録 債 権	880,000
	20	諸 　　 口	640,000		30	次 月 繰 越	380,000
			2,260,000				2,260,000

商　品

月	日	摘　要	借　方	月	日	摘　要	貸　方
4	1	前 期 繰 越	300,000	4	7	売 上 原 価	540,000
	5	受 取 手 形	480,000		11	買 　 掛 　 金	52,500
	9	諸 　　 口	157,500		20	売 上 原 価	455,000
	16	買 　 掛 　 金	385,000		30	次 月 繰 越	275,000
			1,322,500				1,322,500

問2

4 月 の 売 上 高	¥	1,656,000
4 月 の 売 上 原 価	¥	995,000

第3問（20点）　　　　　　　　　　　1つにつき各2点×10か所

損 益 計 算 書
自X18年4月1日　至X19年3月31日　　　　（単位：円）

I	売 上 高			21,747,000
II	売 上 原 価			
	1　商品期首棚卸高	（ 660,000 ）		
	2　当期商品仕入高	（ 17,640,000 ）		
	合　　計	（ 18,300,000 ）		
	3　商品期末棚卸高	（ 1,020,000 ）		
	差　　引	（ 17,280,000 ）		
	4　（棚 卸 減 耗 損）	（ 30,000 ）		
	5　商 品 評 価 損	（ 33,000 ）	（ 17,343,000 ）	
	（売 上 総 利 益）		（ 4,404,000 ）	
III	販売費及び一般管理費			
	1　給 料	2,880,000		
	2　水 道 光 熱 費	149,400		
	3　退 職 給 付 費 用	（ 243,000 ）		
	4　減 価 償 却 費	（ 533,100 ）		
	5　貸 倒 引 当 金 繰 入	（ 48,000 ）		
	6　貸 倒 損 失	（ 18,000 ）	（ 3,871,500 ）	
	（営 業 利 益）		（ 532,500 ）	
IV	営 業 外 収 益			
	1　有 価 証 券 利 息		（ 35,700 ）	
V	営 業 外 費 用			
	1　支 払 利 息		（ 21,600 ）	
	（経 常 利 益）		（ 546,600 ）	
VI	特 別 利 益			
	1　（固 定 資 産 売 却 益）		（ 150,000 ）	
VII	特 別 損 失			
	1　（火 災 損 失）		（ 300,000 ）	
	税引前当期純利益		（ 396,600 ）	
	法人税、住民税及び事業税	（ 126,180 ）		
	（法 人 税 等 調 整 額）	（ △ 7,200 ）	（ 118,980 ）	
	（当 期 純 利 益）		（ 277,620 ）	

（注）「火災損失」は「災害損失」でもよい。

第4問（28点）

（1）　　　　　　　　　　　　　　　　　仕訳1組につき各4点×3か所

	仕		訳	
	借　　方		貸　　方	
	記　　号	金　　額	記　　号	金　　額
1	ア	1,078,000	ウ	980,000
			イ	98,000
2	ウ	884,000	エ	1,299,000
	ア	415,000		
3	オ	18,000	エ	18,000

（2）　　　　　　　　　　　　　　　　█████ 1つにつき各2点×8か所

総 合 原 価 計 算 表　　　　　　（単位：円）

	A 原 料 費	B 原 料 費	加　工　費	合　　　計
月初仕掛品原価	320,000	0	130,000	450,000
当月製造費用	6,320,000	680,000	7,200,000	14,200,000
合　　計	6,640,000	680,000	7,330,000	14,650,000
差引：月末仕掛品原価	(160,000)	(0)	(90,000)	(250,000)
完成品総合原価	(6,480,000)	(680,000)	(7,240,000)	(14,400,000)

第5問（12点）　　　　　　　　　　　　　　　　各3点×4か所

問1　　　　　40　％

問2　3,640,000　円

問3　4,890,000　円

問4　　606,000　円

 **解説 第1回**

模擬問題 第1回について

　制限時間90分で70点以上を得点する必要があります。簿記2級の試験は問題の量が多いため、正確に素早く解く練習をすることが重要です。第1問、第4問、第5問を素早く解き、時間のかかる第2問と第3問にどれだけ時間を使えるかが合否の分かれ目です。例えば、第1問の仕訳問題の場合、小問1つにつき1〜2分で答えるスピードを目標にする必要があります。問題文を読み、仕訳を書くスピードを鍛えることが簿記2級の合格への近道です。本書の各問題の解説に書いてある＜目標時間＞を目安にして、問題を解くスピードを身につけましょう。

〈目標点数・目標時間〉

　第1問、第4問、第5問を短時間で確実に解くことが大切です。第1問、第4問、第5問で不正解が多いと70点以上の得点が難しくなってしまいます。第2問、第3問は時間がかかるため満点を目指すのではなく、簡単に解答できそうな部分を優先して答案用紙に記入することが重要です。また、簿記2級は試験時間が短いため、見直しをする時間はありません。見直しができないため、素早くかつ正確に解答する必要があります。問題を解くスピードは繰り返し問題を解くことで少しずつ早くなっていきます。

	出題	配点	目標点	目標時間
第1問	仕訳問題	20点	16点	10分
第2問	商品売買と勘定記入	20点	12点	25分
第3問	個別財務諸表　損益計算書	20点	14点	30分
第4問	（1）仕訳	12点	8点	5分
	（2）総合原価計算	16点	16点	10分
第5問	CVP分析	12点	12点	10分

〈解く順番〉

　工業簿記から先に解きましょう。時間がかからず、満点の取りやすい工業簿記を優先して解くことが合格への近道です。第2問と第3問は問題を見てみて、手を付けやすそうな方から優先して解くのがオススメです。

　解く順番：第4問→第5問→第1問→第2問→第3問

第1問 <目標時間> 10分

1．役務収益と役務原価 よく出る

ステップ1 サービス提供が完了したので「役務収益」を使います。役務収益は収益（ホームポジション右）なので、増えるときは右に書きます。役務収益は主たる営業取引であり、代金は翌月末に受け取るので「売掛金」を使います。

役務収益は主たる営業取引であり、代金は翌月末に受け取るので「売掛金」を使います。

売掛金 550,000 ／ 役務収益 550,000

ステップ2 サービス提供が完了したので「仕掛品」300,000 を「役務原価」に振り替えます。仕掛品を減らし、役務原価を増やします。仕掛品は資産（ホームポジション左）なので、減るときは右に書きます。役務原価は費用（ホームポジション左）なので、増えるときは左に書きます。

追加で発生した外注費120,000も「役務原価」に計上します。役務原価（外注費）は主たる営業取引であり、代金は翌月20日に支払うので「買掛金」を使います。

役務原価　300,000 + 120,000 = 420,000

売掛金 550,000 ／ 役務収益 550,000

役務原価 420,000 ／ 仕掛品 300,000
　　　　　　　　／ 買掛金 120,000

2．吸収合併 ときどき出る

ステップ1 吸収合併により取得した「諸資産」と「諸負債」を時価で計上します。

諸資産 77,000,000 ／ 諸負債 15,000,000

ステップ2 新たに株式を発行した金額の60％を「資本金」、40％を「資本準備金」に計上します。資本金と資本準備金は純資産（ホームポジション右）なので、増えるときは右に書きます。

資本金　　　@6,000 × 10,000株 × 60% = 36,000,000
資本準備金　@6,000 × 10,000株 × 40% = 24,000,000

諸資産 77,000,000 ／ 諸負債　　　 15,000,000
　　　　　　　　　／ 資本金　　　 36,000,000
　　　　　　　　　／ 資本準備金 24,000,000

ステップ3 貸借差額が右側なので「負ののれん発生益」を使います。負ののれん発生益は収益（ホームポジション右）なので、増えるときは右に

書く勘定科目です。

諸資産 77,000,000	諸負債	15,000,000
	資本金	36,000,000
	資本準備金	24,000,000
	負ののれん発生益	2,000,000

3. 連結会計　投資と資本の相殺消去　あまり出ない

ステップ1 「子会社株式」をゼロまで減らします。子会社株式は資産（ホームポジション左）なので、減るときは右に書きます。

「非支配株主持分」が増えます。非支配株主持分は純資産（ホームポジション右）なので、増えるときは右に書きます。

非支配株主の持分割合　100% − 80% = 20%

（5,000,000 + 3,000,000 + 2,000,000）× 20% = 2,000,000

	子会社株式	8,400,000
	非支配株主持分	2,000,000

ステップ2 子会社の「資本金」、「資本剰余金」、「利益剰余金」をゼロまで減らします。資本金、資本剰余金、利益剰余金は純資産（ホームポジション右）なので、減るときは左に書きます。

資本金	5,000,000	子会社株式	8,400,000
資本剰余金	3,000,000	非支配株主持分	2,000,000
利益剰余金	2,000,000		

ステップ3 貸借差額が左側なので「のれん」を使います。のれんは資産（ホームポジション左）なので、増えるときは左に書く勘定科目です。

資本金	5,000,000	子会社株式	8,400,000
資本剰余金	3,000,000	非支配株主持分	2,000,000
利益剰余金	2,000,000		
のれん	400,000		

4. 為替予約　よく出る

ステップ1 海外への輸出で売り上げた取引総額500,000ドルのうち200,000ドルは通常の取引です。「売上」は収益（ホームポジション右）なので、増えるときは右に書きます。「売掛金」は資産（ホームポジション左）なので、増えるときは左に書きます。

315

通常の外貨建取引では、取引発生時の為替相場（1ドル¥110）で日本円に換算します。

　　通常の取引　200,000ドル×@110＝22,000,000

売掛金　22,000,000 ／ 売上　22,000,000

ステップ2 取引総額500,000ドルのうち300,000ドルは為替予約を行っています。取引発生前に為替予約をした場合には、取引発生と同時に為替予約を行う場合と同様に、先物為替相場（1ドル¥107）で日本円に換算します。為替差損益は出てきません。

　　為替予約の取引　300,000ドル×@107＝32,100,000

「売上」は収益（ホームポジション右）なので、増えるときは右に書きます。「売掛金」は資産（ホームポジション左）なので、増えるときは左に書きます。

売掛金　32,100,000 ／ 売上　32,100,000

ステップ3 同時に行われた取引なので、2つの仕訳を合算します。

　　22,000,000 ＋ 32,100,000 ＝ 54,100,000

売掛金　54,100,000 ／ 売上　54,100,000

5．ソフトウェア仮勘定 あまり出ない

ステップ1 ソフトウェアが完成する前に支払っていた開発費用は「ソフトウェア仮勘定」として仕訳されていたはずです。完成したのでソフトウェア仮勘定を減らします。ソフトウェア仮勘定は資産（ホームポジション左）なので、減るときは右に書きます。

　　　　　　　　　　　 ／ ソフトウェア仮勘定　30,800,000

ステップ2 資産性がない部分5,800,000については除却処理するとの指示より「固定資産除却損」が増えます。固定資産除却損は費用（ホームポジション左）なので、増えるときは左に書きます。

固定資産除却損　5,800,000 ／ ソフトウェア仮勘定　30,800,000

ステップ3 残額が「ソフトウェア」となります。ソフトウェアは資産（ホームポジション左）なので、増えるときは左に書きます。

　　30,800,000 － 5,800,000 ＝ 25,000,000

ソフトウェア　　25,000,000 ／ ソフトウェア仮勘定　30,800,000
固定資産除却損　 5,800,000 ／

> **◀▶ ワンポイント**
> 次のように、ソフトウェア仮勘定をいったん全額ソフトウェアに振り替え、
> 次に固定資産除却損を計上する仕訳も考えられます。
> ソフトウェア 30,800,000 ／ ソフトウェア仮勘定 30,800,000
> 固定資産除却損 5,800,000 ／ ソフトウェア 5,800,000
> ただし、問題文「ソフトウェア勘定に振り替えた」の補足として「なお〜¥
> 5,800,000 〜資産性がないものとして除却処理する」という文章があります。
> 「ソフトウェア勘定に振り替えた」というのは資産性のある部分に対する指示
> であると考え、本問の解説のように資産性のない部分¥5,800,000は資産（ソ
> フトウェア）に計上することなく、固定資産除却損に計上する方が正しいです。

第2問　商品売買と元帳の記入 　あまり出ない 　＜目標時間＞25分

　商品売買（販売のつど売上原価勘定に振り替える方法で記帳）の取引につ
いて、日付別に取引の資料が与えられている問題です。7日、13日、20日
の取引は2022年度から試験範囲になった収益認識基準に関する内容です。
仕訳の書き方が変わっていますので、注意しましょう。

ステップ1 資料を読みながら下書きに仕訳と商品有高帳を書いていきます。商
　　　　　品を販売したときの売上原価は商品有高帳の金額を使うと簡単です。
　　　　7日　リベートを支払う取り決めがあり、リベートの条件が達成さ
　　　　　　れる可能性が高いため、売上割戻の取引に該当します。売上
　　　　　　割戻なので「返金負債」を使います。返金負債が増えるので、
　　　　　　貸方（右側）に書きます。リベートの支払予定額は販売額の
　　　　　　1割なので、販売額1,000,000に0.1を掛けて計算します。
　　　　　　販売額のうち、リベートの支払予定額を差し引いた金額が当
　　　　　　社の売上となります。

商品有高帳

受入			払出		
4/1	300個 @1,000	300,000	4/7 ┌ 300個		300,000
4/5	400個 @1,200	480,000	│ 200個		240,000
			4/20 200個		240,000 ●
4/9	150個 @1,050	157,500	4/11 返品 50個		52,500
			4/20 ┌ 100個		105,000 ●
4/16	350個 @1,100	385,000	└ 100個		110,000 ●
			4/30 250個		275,000

> 4月20日
> 400個

5日 @1,200 × 400個 = 480,000
　　商品 480,000 / 受取手形 480,000

7日 販売額　@2,000 × 500コ = 1,000,000
　　リベート (売上割戻)　1,000,000 × 0.1 = 100,000
　　売上　　1,000,000 - 100,000 = 900,000
　　売上原価　@1,000 × 300コ + @1,200 × 200コ = 540,000
　　売掛金 1,000,000 / 売　上　　　900,000
　　　　　　　　　　　/ 返金負債　　100,000

　　売上原価 540,000 / 商品 540,000

13日　商品を販売する前に手付金を受け取った場合、簿記3級では「前受金」を使うと学習しました。簿記2級では収益認識基準が適用されたことにより、「契約負債」を使って仕訳をすることになります。ただし、簿記3級で学習したとおり「前受金」を使って仕訳を書いた場合でも間違いではありませんので、「契約負債」か「前受金」のどちらかで仕訳を書くと覚えておきましょう。

20日　リベートの条件が達成されたので、A社へのリベートの支払い義務が確定します。これにより「返金負債」から「未払金」に勘定科目を振り替えます。返金負債は条件の達成される可能性が高いときに、支払い義務が確定するまで一時的に使用する勘定科目です。

9日 @1,050 × 150個 = 157,500
　　商品 157,500 / 前払金 50,000
　　　　　　　　　/ 買掛金 107,500

11日 @1,050 × 50個 = 52,500
　　買掛金 52,500 / 商品 52,500

13日　当座預金 1,200,000 / 売掛金　　1,000,000
　　　　　　　　　　　　/ 契約負債　　200,000 ●

契約負債は
前受金を
使ってもよい

16日 @1,100 × 350個 = 385,000
　　商品 385,000 / 買掛金 385,000

20日 販売額　@2,100 × 400コ = 840,000
　　リベート (売上割戻)　840,000 × 0.1 = 84,000
　　売　上　　840,000 - 84,000 = 756,000

売掛金 840,000 － 手付金 200,000 ＝ 640,000

売上原価 @1,200 × 200コ ＋ @1,050 × 100コ
　　　　　＋ @1,100 × 100コ ＝ 455,000

| 売掛金 640,000 | 売上 756,000 |
| 契約負債 200,000 | 返金負債 84,000 |

売上原価 455,000 / 商品 455,000

リベートの条件が達成されたため、返金負債を未払金に振り替える

7日 100,000 ＋ 20日 84,000 ＝ 184,000

返金負債 184,000 / 未払金 184,000

28日　電子記録債権 880,000 / 売掛金 880,000

30日　帳簿 @1,100×250コ ───→ 実地 250コ
　　　　　＝ 275,000　　仕訳なし

　　　仕訳なし

-ステップ2- 問1は仕訳を見ながら、売掛金勘定と商品勘定に記入します。相手勘定が複数ある場合は「諸口」を記入する点に注意しましょう。

-ステップ3- 問2は、下書きの売上高、売上原価を集計します。

売上高

900,000 ＋ 756,000 ＝ 1,656,000

売上原価

540,000 ＋ 455,000 ＝ 995,000

第3問　損益計算書 よく出る ＜目標時間＞ 30分

　問題文の量が少ない基本的な問題です。限られた時間の中で、問題文の情報から下書きを書き、答案用紙の解答をうめることをスムーズに行う必要があります。簿記2級試験はスピード勝負ですので、時間が足りなかった人は目標時間内に解けるまで何度も繰り返し解きましょう。

-ステップ1- 下書きに仕訳を書きます。

[Ⅱ] 1、| 貸倒引当金 12,000 | 売掛金 30,000 |
　　　　| 貸倒損失 18,000 | |

2、| 未収入金 1,500,000 | 未決算 1,800,000 |
　　| 火災損失 300,000 | |

［資料Ⅱ］　未処理事項

1．決算整理前残高試算表の貸倒引当金の残高が18,000あるので、前期の商品販売取引から生じた売掛金12,000は全額、貸倒引当金を取り崩します。当期の商品販売取引から生じた売掛金18,000は貸倒損失を計上します。

2．決算整理前残高試算表の未決算1,800,000は火災保険金の請求にかかわるもので、火災保険金の支払額が決定したので全額取り崩します。貸方（右側）に「未決算」1,800,000を書きます。火災保険金1,500,000は支払いが決定しましたが、実際にはまだ支払われていないので借方（左側）に「未収入金」を書きます。差額が「火災損失」です。なお、減価償却費75,000は［資料Ⅰ］に正しく計上されているため、未処理事項で再度仕訳を書く必要はありません。

［Ⅲ］1、受取手形 1,080,000 × 2% = 21,600
$\left.\begin{array}{l}\end{array}\right\}$ 54,000
売掛金 (1,650,000 − 30,000) × 2% = 32,400

貸引 18,000 − 12,000 = 6,000 　+48,000 → 54,000

貸倒引当金繰入 48,000／貸倒引当金 48,000

2、帳簿
1,700コ × @600 = 1,020,000

棚卸減耗損
→ 50コ × @600 = 30,000

商品評価損
→ 1,650コ × (@600 − @580) = 33,000

仕入 660,000／繰越商品 660,000
繰越商品 1,020,000／仕入 1,020,000
棚卸減耗損 30,000／繰越商品 30,000
商品評価損 33,000／繰越商品 33,000
仕入 30,000／棚卸減耗損 30,000
仕入 33,000／商品評価損 33,000

3. 建物　40年 ゼロ 定額

$(9,000,000-0) \div 40年 \times \dfrac{6か月}{12か月} = 112,500$

　　備品　10年 200% 定率法

$1 \div 10年 \times 200\% = 0.2$

$(2,700,000 - 972,000) \times 0.2 = 345,600$

減価償却費　458,100／建物減価償却累計額　112,500

　　　　　　　　　　　／備品減価償却累計額　345,600

4.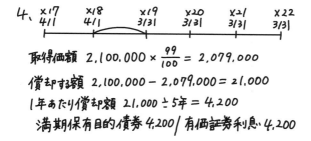

取得価額　$2,100,000 \times \dfrac{99}{100} = 2,079,000$

償却する額　$2,100,000 - 2,079,000 = 21,000$

1年あたり償却額　$21,000 \div 5年 = 4,200$

満期保有目的債券　4,200／有価証券利息　4,200

5. 退職給付費用 243,000／退職給付引当金 243,000

6.

$2,700,000 \times 2.4\% \times \dfrac{4か月}{12か月} = 21,600$

支払利息　21,600／未払利息　21,600

[資料Ⅲ] 決算整理事項

1. 売上債権（受取手形と売掛金）の期末残高は決算整理前残高試算表の金額を使います。売掛金は〔Ⅱ〕1. の仕訳で30,000減少しているので、売掛金の残高からマイナスします。また、貸倒引当金も〔Ⅱ〕1. の仕訳で12,000減少しているので、貸倒引当金の残高からマイナスします。

2. 棚卸減耗損と商品評価損は売上原価の内訳科目として処理すると指示があるので、次の仕訳も書きます。損益計算書での表示は解答を参照してください。

　　仕入　30,000／棚卸減耗損　30,000

仕入　33,000 ／ 商品評価損　33,000

3．建物は当期に取得しているので10月1日から3月31日までの6か月分の減価償却費を計算します。

　備品は200%定率法なので、次の公式に当てはめて計算します。

　①（取得原価－期首減価償却累計額）×償却率

　②取得原価×保証率

　③①≧②であれば①の金額が減価償却費となる。

　　①＜②であれば次の式で減価償却費を計算する。

　　（取得原価－期首減価償却累計額）×改定償却率＝減価償却費

〈本問での計算〉

　本問では結果的に①の金額が減価償却費となるので下書きでは②③を省略していますが、詳しくは次のように計算します。

　①償却率の計算　1÷10年×200%＝0.2

　　（2,700,000 － 972,000）×償却率0.2 ＝ 345,600

　②2,700,000×保証率0.06552 ＝ 176,904

　③①345,600≧②176,904なので①の金額が減価償却費となる。

4．満期保有目的債券は、下書きを使って状況を整理し、償却原価法の仕訳を書きます。

5．退職給付引当金の繰り入れには「退職給付費用」を使うので注意しましょう。

6．利払いは年1回11月末なので、当期分をまだ支払っていません。当期の4か月分の支払利息を計算し、借方（左側）に「支払利息」を書き、貸方（右側）に「未払利息」を書きます。

ステップ2 決算整理前残高試算表の金額を損益計算書の横に写します（欄外の黒字部分）。下書きの仕訳の金額を横に写します（欄外の赤字部分）。

損 益 計 算 書

自X18年4月1日 至X19年3月31日 （単位：円）

	Ⅰ 売 上 高		21,747,000	
	Ⅱ 売 上 原 価			
+660,000	1 商 品 期 首 棚 卸 高	（　　　　）		
17,640,000	2 当 期 商 品 仕 入 高	（　　　　）		
	合 計	（　　　　）		
+1,020,000	3 商 品 期 末 棚 卸 高	（　　　　）		
	差 引	（　　　　）		
+30,000	4 （棚 卸 減 耗 損）	（　　　　）		
+33,000	5 商 品 評 価 損	（　　　　）	（　　　　）
	（売 上 総 利 益）		（　　　　）
	Ⅲ 販 売 費 及 び 一 般 管 理 費			
	1 給 料	2,880,000		
	2 水 道 光 熱 費	149,400		
+243,000	3 退 職 給 付 費 用	（　　　　）		
75,000+458,100	4 減 価 償 却 費	（　　　　）		
+48,000	5 貸 倒 引 当 金 繰 入	（　　　　）		
+18,000	6 貸 倒 損 失	（　　　　）	（　　　　）
	（営 業 利 益）		（　　　　）
	Ⅳ 営 業 外 収 益			
31,500+4,200	1 有 価 証 券 利 息		（　　　　）
	Ⅴ 営 業 外 費 用			
+21,600	1 支 払 利 息		（　　　　）
	（経 常 利 益）		（　　　　）
	Ⅵ 特 別 利 益			
150,000	1 （固 定 資 産 売 却 益）		（　　　　）
	Ⅶ 特 別 損 失			
+300,000	1 （火 災 損 失）		（　　　　）
	税 引 前 当 期 純 利 益		（　　　　）
	法人税、住民税及び事業税	（　　　　）	
	（　　　　）	（△　　　　）	（　　　　）
	（　　　　）		（　　　　）

損 益 計 算 書

自X18年4月1日　至X19年3月31日　（単位：円）

Ⅰ　売　　　上　　　高		21,747,000
Ⅱ　売　　　上　　　原　　　価		
+660,000　1　商品期首棚卸高	（　　660,000　）	
17,640,000　2　当期商品仕入高	（　17,640,000　）	
合　　計	（　18,300,000　）	
+1,020,000　3　商品期末棚卸高	（　1,020,000　）	
差　　引	（　17,280,000　）	
+30,000　4（棚　卸　減　耗　損）	（　　30,000　）	
+33,000　5　商品評価損	（　　33,000　）	（　17,343,000　）
（売　上　総　利　益）		（　4,404,000　）
Ⅲ　販売費及び一般管理費		
1　給　　　　　料	2,880,000	
2　水　道　光　熱　費	149,400	
+243,000　3　退職給付費用	（　　243,000　）	
75,000+458,100　4　減　価　償　却　費	（　　533,100　）	
+48,000　5　貸倒引当金繰入	（　　48,000　）	
+18,000　6　貸　倒　損　失	（　　18,000　）	（　3,871,500　）
（営　業　利　益）		（　　532,500　）
Ⅳ　営　業　外　収　益		
31,500+4,200　1　有　価　証　券　利　息		（　　35,700　）
Ⅴ　営　業　外　費　用		
+21,600　1　支　払　利　息		（　　21,600　）
（経　常　利　益）		（　　546,600　）
Ⅵ　特　　別　　利　　益		
150,000　1（固定資産売却益）		（　　150,000　）
Ⅶ　特　　別　　損　　失		
+300,000　1（火　災　損　失）		（　　300,000　）
税引前当期純利益		（　　396,600　）
法人税、住民税及び事業税	（　　　　　）	
（　　　　　　　　）	（ △　　　　）	（　　　　　）
（　　　　　　　　）		（　　　　　）

ステップ4 「法人税、住民税及び事業税」と「法人税等調整額」を計算し、損益計算書に記入します。また、仕訳を書きます。

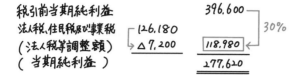

7．法人税、住民税及び事業税 126,180 ｜ 仮払法人税等 54,000
　　　　　　　　　　　　　　　 ｜ 未払法人税等 72,180

8、24,000×30% = 7,200
　　繰延税金資産 7,200 ｜ 法人税等調整額 7,200

```
税引前当期純利益          396,600
法人税、住民税及び事業税 ┌126,180         ┐30%
（法人税等調整額）       └△7,200    118,980 ◄
（ 当期純利益 ）                   277,620
```

7．法人税等の計算方法

損益計算書の税引前当期純利益まで計算した後に求めます。他の勘定科目を間違えると正解しないため、時間がない場合は法人税等を計算せずに他へ時間を回しましょう。

（税引前当期純利益396,600 ＋ 損金不算入額24,000）× 30%
＝ 126,180

8．損金算入が認められない費用24,000（将来減算一時差異）について、税効果会計の仕訳なので、借方（左側）に「繰延税金資産」を書きます。反対側に「法人税等調整額」を書きます。損益計算書への法人税等調整額の記入は、本問ではマイナスとなります。税効果会計の目的として「下書きの赤枠の部分が税引前当期純利益×法人税等の法定実効税率と一致するように調整する」というものがあります。

税引前当期純利益396,600 ×法人税等の法定実効税率30% ＝ 118,980なので、法人税、住民税及び事業税126,180から法人税等調整額7,200をマイナスすると赤枠の118,980と一致するため、法人税等調整額はマイナスで記入します。

ステップ5 損益計算書の当期純利益を記入します。

◀》 ワンポイント

統一試験（紙の試験）では答案用紙の欄外に書き込む解き方をしますが、ネット試験（CBT方式）では解答欄がパソコンに表示されるので、答案用紙の欄外に書き込めません。そこで、次の手順で解くことになります。

ステップ1 下書きに仕訳を書きます。

ネット試験でも下書き用紙（計算用紙）は配られるので、統一試験と同じように下書きに仕訳を書きます。

ステップ2 解答欄（　）を電卓で計算します。

時間が余っていれば計算用紙に下の表を書いてもよいですが、電卓だけで計算した方が速く解くことができます。

「決算整理前残高試算表」の金額に「下書きに書いた仕訳」を加減算して「損益計算書」の金額を計算します。「下書きに書いた仕訳」は、「決算整理前残高試算表」と同じ側に書かれていれば＋、反対側に書かれていれば△とします。

	決算整理前 残高試算表	下書きに書いた仕訳	損益計算書（解答）
商品期首棚卸高		＋ 660,000	660,000
当期商品仕入高	17,640,000		17,640,000
商品期末棚卸高		＋ 1,020,000	1,020,000
棚卸減耗損		＋ 30,000	30,000
商品評価損		＋ 33,000	33,000
退職給付費用		＋ 243,000	243,000
減価償却費	75,000	＋ 458,100	533,100
貸倒引当金繰入		＋ 48,000	48,000
貸倒損失		＋ 18,000	18,000
有価証券利息	31,500	＋ 4,200	35,700
支払利息		＋ 21,600	21,600
固定資産売却益	150,000		150,000
火災損失		＋ 300,000	300,000

ステップ3 ～ **ステップ5** 統一試験の解き方と同じです。

第４問　（１）仕訳　費目別原価計算 ＜目標時間＞5分

　費目別原価計算の基本的な仕訳です。下書きを含め、5分程度で解答しましょう。

1．材料の購入と材料副費 [よく出る]

[ステップ] 素材と買入部品と工場消耗品費を購入したので「材料」が増えます。材料は資産（ホームポジション左）なので、増えるときは左に書きます。

掛けで購入したので「買掛金」が増えます。買掛金は負債（ホームポジション右）なので、増えるときは右に書きます。

「材料副費」は費用（ホームポジション左）の勘定科目で、予定配賦するときに先に減らしておき、実際に支払ったときに増やします。本問では材料副費を予定配賦しているので、材料副費を右に書いて減らします。材料副費の金額98,000は材料に足します。

$$購入代価　@1,000 \times 600kg + @150 \times 2,000個 \\ + 80,000 = 980,000$$

$$材料副費　980,000 \times 10\% = 98,000$$

$$購入価額　980,000 + 98,000 = 1,078,000$$

材料　1,078,000	買掛金　　980,000
	材料副費　　98,000

2．直接労務費と間接労務費 [よく出る]

[ステップ1] 直接工の直接労務費と間接労務費、間接工の間接労務費を計算します。

間接工の賃金・給料勘定の当月消費高が、間接工の間接労務費になります。間接工の賃金・給料BOX図を書いて計算します。

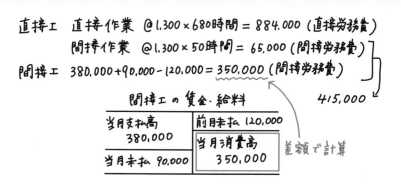

直接工　直接作業　@1,300×680時間 = 884,000（直接労務費）

　　　　間接作業　@1,300×50時間 = 65,000（間接労務費）

間接工　380,000＋90,000－120,000 = 350,000（間接労務費）

415,000

間接工の賃金・給料

当月支払高 380,000	前月未払 120,000
	当月消費高 350,000
当月未払 90,000	

差額で計算

ステップ2 直接工の直接作業にかかる賃金・給料は直接労務費なので「仕掛品」に振り替えます。直接工の間接作業にかかる賃金・給料と間接工の賃金・給料は間接労務費なので「製造間接費」に振り替えます。

仕掛品　　　　884,000 ／ 賃金・給料　1,299,000
製造間接費　415,000 ／

3．賃率差異 よく出る

ステップ1 直接工の賃金・給料のBOX図を書いて、賃率差異を計算します。

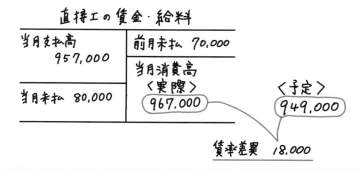

直接工の予定賃金消費高　949,000

直接工の実際賃金消費高　957,000＋80,000－70,000 = 967,000

直接工の賃金・給料

当月支払高 957,000	前月未払 70,000
	当月消費高〈実際〉 967,000
当月未払 80,000	

〈予定〉 949,000

賃率差異　18,000

ステップ2 賃率差異は借方差異なので、借方（左側）に「賃率差異」と書きます。右に「賃金・給料」と書きます。

　予定949,000 － 実際967,000 = △18,000（不利差異・借方差異）

賃率差異　18,000 ／ 賃金・給料　18,000

> **◀▶ ワンポイント**
>
> 直接工の賃金・給料は、予定949,000円に対し実際967,000円となり、18,000円多く発生してしまいました。工場にとって不利な状況なので18,000円の**不利差異**となります。
>
> 賃金・給料勘定の貸方に18,000円追加されるので、仕訳では賃金・給料を貸方（右側）に書き、反対側の借方（左側）に賃率差異を書きます。ただし、試験中は「不利差異は借方（左側）に書く」の語呂合わせ「借りたら**不利**」を思い出すと速く仕訳を書くことができます。

（2）総合原価計算（材料の追加投入と仕損）　ときどき出る　＜目標時間＞10分

総合原価計算の基本的な問題です。ここは満点を目指しましょう。

ステップ1　下書きを書きます。B原料については「B原料費はすべて完成品に負担させる」と指示があるので、月初仕掛品や月末仕掛品に負担させず、全額完成品に負担させます。

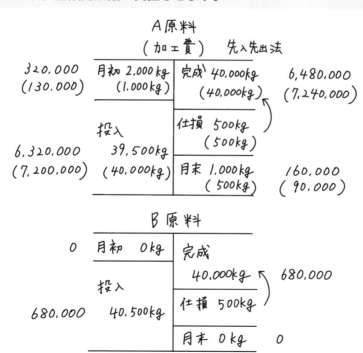

A原料
（加工費）　先入先出法

320,000 (130,000)	月初 2,000kg (1,000kg)	完成 40,000kg (40,000kg)	6,480,000 (7,240,000)
6,320,000 (7,200,000)	投入 39,500kg (40,000kg)	仕損 500kg (500kg)	
		月末 1,000kg (500kg)	160,000 (90,000)

B原料

0	月初 0kg	完成 40,000kg	680,000
680,000	投入 40,500kg	仕損 500kg	
		月末 0kg	0

月末仕掛品

A原料　$6,320,000円 ÷ 39,500kg × 1,000kg = 160,000円$ ⎫
加工費　$7,200,000円 ÷ 40,000kg × 500kg = 90,000円$ ⎬ 月末仕掛品原価
　　　　　_{投入金額}　　　_{投入kg}　　　_{月末kg}　　　　　　　　　250,000円
B原料　月末仕掛品は0kgなので0円 ⎭

完成品

A原料　$320,000円 + 6,320,000円 - 160,000円 = 6,480,000円$ ⎫
加工費　$130,000円 + 7,200,000円 - 90,000円 = 7,240,000円$ ⎬ 完成品総合原価
B原料　$0円 + 680,000円 - 0円 = 680,000円$ ⎭ 14,400,000円
　　　　　_{月初金額}　　　_{投入金額}　　　_{月末金額}

> **ステップ2** 下書きを参考にして、総合原価計算表を記入します。

第5問　CVP分析　（ときどき出る）　<目標時間> 10分

　CVP分析の基本的な問題です。簡単ですので満点を目指しましょう。CVP分析が苦手な方はテキストを復習して、本問が解けるように練習しておきましょう。

問1　変動費　$\underset{食材費}{1,050,000円} + \underset{アルバイト給料}{462,000円} + \underset{その他}{168,000円} = 1,680,000円$

　　　変動費率　$\underset{変動費}{1,680,000円} ÷ \underset{売上高}{4,200,000円} × 100 = 40\%$

問2　固定費を計算してから、損益分岐点売上高を■円として売上高と利益の公式から計算します。変動費率が40％とは「変動費は売上高の40％」ということなので、これを利用します。

　　　固定費　$\underset{給料}{850,000円} + \underset{水道光熱費}{626,000円} + \underset{支払家賃}{513,000円} + \underset{その他}{195,000円} = 2,184,000円$

　　　$\underset{売上高}{■円} - \underset{変動費}{■円 × 40\%} - \underset{固定費}{2,184,000円} = \underset{利益}{0円}$

　　　　　⬇

　　　$■円 × 60\% = 2,184,000円$ ← （100％ - 40％ = 60％）

　　　　　⬇

　　　$■円 = 3,640,000円$

問3 目標営業利益 750,000 円のときの売上高を■円として売上高と利益の公式から計算します。

$$\underset{\text{売上高}}{\underline{■円}} - \underset{\text{変動費}}{\underline{■円 × 40\%}} - \underset{\text{固定費}}{\underline{2,184,000円}} = \underset{\text{営業利益}}{\underline{750,000円}}$$

$$■円 × 60\% = 2,934,000円$$

$$■円 = 4,890,000円$$

問4 売上高 4,650,000 円のときの営業利益を計算します。

$$\underset{\text{売上高}}{\underline{4,650,000円}} - \underset{\text{変動費}}{\underline{4,650,000円 × 40\%}} - \underset{\text{固定費}}{\underline{2,184,000円}} = 606,000円$$

第1問（20点）

　下記の各取引について仕訳しなさい。ただし、勘定科目は、設問ごとに最も適当と思われるものを選び、答案用紙の（　　）内に記号で解答すること。なお、消費税は指示された問題のみ考慮すること。

1．202X年12月1日、売買目的で保有している額面総額¥800,000の社債（利率年0.365％、利払日は3月末と9月末の年2回）を額面¥100につき¥98.90の価額（裸相場）で売却し、売却代金は売買日までの端数利息とともに現金で受け取った。なお、この社債は202X年9月1日に額面¥100につき¥98.70の価額（裸相場）で買い入れたものであり、端数利息は1年を365日として日割で計算する。
　　ア．現金　イ．有価証券利息　ウ．有価証券売却益
　　エ．有価証券売却損　オ．受取利息　カ．売買目的有価証券

2．202X年4月1日、パソコンを分割払いで購入し、代金として毎月末に支払期日が順次到来する額面¥100,000の約束手形5枚を振り出して交付した。なお、パソコンの現金購入価額は¥480,000である。
　　ア．機械設備　イ．備品　ウ．支払手数料　エ．支払手形
　　オ．受取利息　カ．営業外支払手形　キ．支払利息

3．従業員の退職時に支払われる退職一時金の給付は内部積立方式により行ってきたが、従業員3名が退職したため退職一時金総額¥27,000,000を支払うこととなり、源泉所得税分¥4,000,000を控除した残額を当座預金から支払った。
　　ア．仮払法人税等　イ．租税公課　ウ．当座預金　エ．退職給付費用
　　オ．未払法人税等　カ．退職給付引当金　キ．現金　ク．預り金

4．202X年6月1日、1か月前の5月1日の輸入取引によって生じた外貨建ての買掛金5,000ドル（決済日は202X年7月31日）について、1ドル¥110で5,000ドルを購入する為替予約を取引銀行と契約し、振当処理を行うこととし、為替予約による円換算額との差額はすべて当期の損益として処理する。なお、輸入取引が行われた202X年5月1日の為替相

場（直物為替相場）は 1 ドル￥108 であり、また本日（202X 年 6 月 1 日）の為替相場（直物為替相場）は 1 ドル￥109 である。

ア．支払利息　イ．買掛金　ウ．仕入　エ．為替差損益

5．会社の設立にあたり、発行可能株式総数 20,000 株のうち 1,000 株を 1 株あたり￥3,000 で発行し、その全額について引受けと払込みを受け、払込金は当座預金とした。なお、会社法が認める最低限度額を資本金として計上する。また、会社の設立準備のために発起人が立て替えていた諸費用￥250,000 を現金で支払った。

ア．当座預金　イ．現金　ウ．開業費　エ．創立費
オ．支払手数料　カ．利益準備金　キ．資本準備金　ク．資本金

第 2 問（20 点）

　次の［資料］にもとづいて、X4 年 3 月期（X3 年 4 月 1 日から X4 年 3 月 31 日まで）の連結精算表を作成しなさい。なお、連結精算表の修正・消去欄は採点の対象とせず、連結財務諸表の欄を採点の対象とする。

［資料］

1．P 社は X2 年 3 月 31 日に S 社の発行済株式総数（10,000 株）の 80％を 250,000 千円で取得して支配を獲得し、それ以降 S 社を連結子会社として連結財務諸表を作成している。X2 年 3 月 31 日の S 社の純資産の部は、次のとおりであった。

資本金	200,000 千円
資本剰余金	40,000 千円
利益剰余金	60,000 千円

2．のれんは 20 年にわたり定額法で償却を行っている。

3．S 社は、前期は配当を実施していないが、当期は利益剰余金を財源に 20,000 千円の配当を実施した。

4．P 社および S 社間の債権債務残高は、次のとおりであった。

P 社から S 社に対する債権債務		S 社の P 社に対する債権債務	
売　掛　金	78,000 千円	買　掛　金	78,000 千円
未　払　金	110,000 千円	未　収　入　金	110,000 千円

5．前期よりP社は商品をS社に販売しており、前期・当期とも原価に30％の利益を加算して単価を決定している。当期におけるP社の売上高のうち、S社向けの売上高は520,000千円である。また、S社の期首商品のうち39,000千円および期末商品のうち46,800千円はP社から仕入れたものである。

6．S社は保有している土地100,000千円を決算日の直前に110,000千円でP社に売却しており、P社はそのまま保有している。

第3問（20点）

　次に示した商品売買業を営む株式会社九州商事の［資料1］から［資料3］にもとづいて、答案用紙の貸借対照表を完成させなさい。会計期間は20X4年4月1日より20X5年3月31日までの1年間である。本問では貸倒引当金、減価償却、およびその他有価証券の3項目に関してのみ税効果会計を適用する。法定実効税率は前期・当期とも25％であり、将来においても税率は変わらないと見込まれている。なお、繰延税金資産は全額回収可能性があるものとする。

[資料1]　決算整理前残高試算表

決算整理前残高試算表

（単位：円）

借　　方	勘　定　科　目	貸　　方
3,524,000	現　金　預　金	
4,980,000	売　　掛　　金	
	貸　倒　引　当　金	6,000
4,200,000	繰　越　商　品	
3,032,000	仮　払　消　費　税	
360,000	仮　払　法　人　税　等	
7,500,000	建　　　　　物	
	建物減価償却累計額	2,500,000
3,600,000	備　　　　　品	
3,400,000	その他有価証券	
1,500,000	長　期　貸　付　金	
12,500	繰　延　税　金　資　産	
	買　　掛　　金	4,778,000
	仮　受　消　費　税	3,640,000
	資　　本　　金	15,000,000
	繰　越　利　益　剰　余　金	2,193,900
	その他有価証券評価差額金	37,500
	売　　　　　上	45,500,000
	受取利息及び受取配当金	552,100
33,750,000	仕　　　　　入	
5,874,000	給　　　　　料	
450,000	販　　売　　費	
150,000	減　価　償　却　費	
1,800,000	火　災　未　決　算	
74,170,000		74,170,000

[資料2]　決算にあたっての修正事項

1．期中に火災に遭ったが保険を付していたため、焼失した資産の帳簿価額（減価償却費計上済）を火災未決算勘定に振り替える処理を行っていた。決算の直前に保険会社から20X5年4月末日に保険金￥770,000が当社の当座預金口座に入金されることが決定したとの連絡が入った。

2．売掛金￥370,000が決算日に回収され当社の普通預金口座に入金されていたが、その連絡が届いていなかったので未処理である。

[資料3]　決算整理事項等

1．期末商品帳簿棚卸高は￥4,450,000である。A商品には商品評価損￥85,000、B商品には棚卸減耗損￥115,000が生じている。いずれも売上原価に算入する。

335

2．売上債権の期末残高につき、「1,000分の10」を差額補充法により貸倒引当金として設定する。なお、当該引当金に係る税効果は生じていない。

3．建物、備品とも残存価額ゼロ、定額法にて減価償却を行う。建物の耐用年数は30年、備品の耐用年数は6年である。ただし、備品は当期首に購入したものであり、税務上の法定耐用年数が8年であることから、減価償却費損金算入限度超過額に係る税効果会計を適用する。

4．消費税の処理（税抜方式）を行う。

5．長期貸付金は、20X4年10月1日に期間5年、年利率2%、利払日は毎年3月31日と9月30日の年2回の条件で他社に貸し付けたものである。貸付額につき16%の貸倒引当金を計上する。ただし、これに対する貸倒引当金繰入について損金算入が全額とも認められなかったため、税効果会計を適用する。

6．その他有価証券の金額は、C社株式の前期末の時価である。前期末に当該株式を全部純資産直入法にもとづき時価評価した差額について、期首に戻し入れる洗替処理を行っていなかった。そのため、決算整理前残高試算表の繰延税金資産は、前期末に当該株式に対して税効果会計を適用した際に生じたものであり、これ以外に期首時点における税効果会計の適用対象はなかった。当期末のC社株式の時価は¥3,850,000である。

7．法人税、住民税及び事業税に、¥1,027,000を計上する。なお、仮払法人税等は中間納付によるものである。

8．繰延税金資産と繰延税金負債を相殺し、その純額を固定資産または固定負債として貸借対照表に表示する。

第4問（28点）

(1) 当社は本社と工場が離れていることから、工場会計を独立させている。材料と製品の倉庫は工場に置き、材料購入を含めて支払い関係はすべて本社が行っている。

次の取引について、工場での仕訳を示しなさい。ただし、勘定科目は、各取引の下の勘定科目から最も適当と思われるものを選び、答案用紙の（　　）内に記号で解答すること。

1．当月、製品用の素材7,000kg（購入価額300円／kg）および工場で

使用する消耗品費（購入価額40,000円）を購入し、倉庫に搬入した。

ア．材料　イ．賃金　ウ．製造間接費　エ．仕掛品

オ．製品　カ．本社

2．当月、製造のために5,000kgの素材を出庫した。なお、月初に素材1,000kg（購入価額284円／kg）があり、当月に購入した素材7,000kg（購入価額300円／kg）であった。材料費は月次総平均法で計算している。

ア．本社　イ．賃金　ウ．材料　エ．製造間接費

オ．仕掛品　カ．製品

3．本社で支払った光熱費などの当月の間接経費90,000円を計上した。

ア．製品　イ．本社　ウ．材料　エ．賃金

オ．製造間接費　カ．仕掛品

(2) X社は実際個別原価計算を採用し、製造間接費の計算は部門別計算を行っている。製造部門費の配賦基準は直接作業時間である。次の［資料］にもとづいて、下記の問に答えなさい。

［資料］

1．補助部門費の配賦に関する月次予算データ

配賦基準	合　計	組立部門	切削部門	修繕部門	工場事務部門	材料倉庫部門
従業員数	200人	80人	80人	10人	20人	10人
修繕時間	300時間	150時間	100時間	－	24時間	26時間
材料運搬回数	100回	60回	30回	10回	－	－

2．月次直接作業時間データ

	組立部門	切削部門
予定直接作業時間	4,000時間	3,000時間
実際直接作業時間	3,900時間	2,950時間

問1　直接配賦法によって、答案用紙の月次予算部門別配賦表を完成しなさい。なお、［資料］から適切なデータのみ選んで使用すること。

問2　問1の月次予算部門別配賦表にもとづいて、組立部門費と切削部門費の予定配賦額と実際配賦額の当月の差額を製造間接費配賦差異勘定に振

337

り替える仕訳をしなさい。なお、計算したところ、当月の組立部門費の実際配賦率は1時間あたり930円、切削部門費の実際配賦率は1時間あたり975円であった。勘定科目は次の中から最も適当と思われるものを選び、答案用紙の（　　　）内に記号で解答すること。

　ア．組立部門費　　イ．切削部門費　　ウ．製品　　エ．仕掛品

　オ．製造間接費配賦差異

第5問（12点）

　A製作所は製品Kを製造・販売している。次の［資料］にもとづいて、答案用紙に示されている全部原価計算による損益計算書と直接原価計算による損益計算書を完成しなさい。ただし、同製作所では加工費を生産量にもとづいて予定配賦し、すべての配賦差異を当期の売上原価に賦課している。なお、配賦差異が貸方差異となる場合には、金額の前に△を付して解答すること。

［資料］

1．予定生産量（2,400個）における加工費予算

　　変動加工費　3,600,000円

　　固定加工費　2,400,000円

2．生産データ

　　期首製品在庫量　　　　　0個

　　当期製品生産量　　2,350個

　　当期製品販売量　　2,300個

　　期末製品在庫量　　　　50個

　　（注）期首・期末の仕掛品は存在しない。

3．実際製造原価と実際販売費及び一般管理費

	変　動　費	固　定　費
直 接 材 料 費	1,000円／個	－
加　　工　　費	1,500円／個	2,400,000円
販　　　売　　　費	500円／個	300,000円
一 般 管 理 費	－	700,000円

4．実際販売価格　4,500円／個

解答 第2回

第1問（20点）　　　　　　　　仕訳1組につき4点×5か所

	仕		訳	
	借　　方		**貸　　方**	
	記　　号	金　　額	記　　号	金　　額
1	ア	791,696	カ ウ イ	789,600 1,600 496
2	イ キ	480,000 20,000	カ	500,000
3	カ	27,000,000	ウ ク	23,000,000 4,000,000
4	エ	10,000	イ	10,000
5	ア エ	3,000,000 250,000	ク キ イ	1,500,000 1,500,000 250,000

第2問（20点）

　　　　　　　　　　　　　　　　　　　1つにつき各2点×10か所

連 結 精 算 表

（単位：千円）

科　　目	個別財務諸表		修正・消去		連結財務諸表
	P　社	S　社	借　方	貸　方	
貸借対照表					
現　金　預　金	510,000	78,000			588,000
売　　掛　　金	980,000	188,000		78,000	1,090,000
商　　　　　品	890,000	158,000	9,000	9,000	1,037,200
				10,800	
未　収　入　金	138,000	110,000		110,000	138,000
建　　　　　物	360,000	80,000			440,000
建物減価償却累計額	△ 48,000	△ 16,000			△ 64,000
土　　　　　地	500,000	40,000		10,000	530,000
子　会　社　株　式	250,000			250,000	0
投　資　有　価　証　券	170,000				170,000
の　　れ　　ん			9,500	500	9,000
資　産　合　計	3,750,000	638,000	18,500	468,300	3,938,200
買　　掛　　金	648,000	162,000	78,000		732,000
未　　払　　金	226,000	80,000	110,000		196,000
未　払　法　人　税　等	60,000	6,000			66,000
資　　本　　金	1,000,000	200,000	200,000		1,000,000
資　本　剰　余　金	300,000	40,000	40,000		300,000
利　益　剰　余　金	1,516,000	150,000	68,500	20,000	1,568,200
			9,000	531,000	
			571,300		
非　支　配　株　主　持　分			4,000	68,000	76,000
			2,000	14,000	
負債・純資産合計	3,750,000	638,000	1,082,800	633,000	3,938,200
損益計算書					
売　　上　　高	6,652,000	1,206,300	520,000		7,338,300
売　上　原　価	4,508,000	821,800	10,800	520,000	4,811,600
				9,000	
販売費及び一般管理費	1,699,000	294,500			1,993,500
の　れ　ん　償　却			500		500
受　取　配　当　金	20,000		16,000		4,000
土　地　売　却　益	15,000	10,000	10,000		15,000
法　　人　　税　　等	144,000	30,000			174,000
当　期　純　利　益	336,000	70,000	557,300	529,000	377,700
非支配株主に帰属する当期純利益			14,000	2,000	12,000
親会社株主に帰属する当期純利益	336,000	70,000	571,300	531,000	365,700

第3問（20点）　　　　　　　　　　　1つにつき各2点×10か所

貸 借 対 照 表

株式会社九州商事　　　　20X5年3月31日　　　　　　（単位：円）

資 産 の 部

Ⅰ　流　動　資　産
現　金　預　金		（	3,894,000 ）
売　　掛　　金	（　4,610,000 ）		
貸　倒　引　当　金	（△　46,100 ）	（	4,563,900 ）
（ **商　　　　品** ）		（	4,250,000 ）
未　収　入　金		（	770,000 ）
流　動　資　産　合　計		（	13,477,900 ）

Ⅱ　固　定　資　産
建　　　　　物	7,500,000		
減　価　償　却　累　計　額	（△　2,750,000 ）	（	4,750,000 ）
備　　　　　品	3,600,000		
減　価　償　却　累　計　額	（△　600,000 ）	（	3,000,000 ）
（ **投　資　有　価　証　券** ）		（	3,850,000 ）
長　期　貸　付　金	1,500,000		
貸　倒　引　当　金	（△　240,000 ）	（	1,260,000 ）
固　定　資　産　合　計		（	12,860,000 ）
資　産　合　計		（	26,337,900 ）

負 債 の 部

Ⅰ　流　動　負　債
買　　掛　　金		4,778,000
未　払　法　人　税　等	（	667,000 ）
未　払　消　費　税	（	608,000 ）
流　動　負　債　合　計	（	6,053,000 ）

Ⅱ　固　定　負　債
（ **繰　延　税　金　負　債** ）	（	2,500 ）
固　定　負　債　合　計	（	2,500 ）
負　債　合　計	（	6,055,500 ）

純 資 産 の 部

Ⅰ　株　主　資　本
資　　本　　金		15,000,000
繰　越　利　益　剰　余　金	（	4,982,400 ）
株　主　資　本　合　計	（	19,982,400 ）

Ⅱ　評価・換算差額等
その他有価証券評価差額金	（	300,000 ）
評価・換算差額等合計	（	300,000 ）
純　資　産　合　計	（	20,282,400 ）
負　債・純　資　産　合　計	（	26,337,900 ）

第4問 （28点）

(1) 仕訳1組につき各4点×3か所

	仕		訳	
	借 方		貸 方	
	記　号	金　額	記　号	金　額
1	ア	2,140,000	カ	2,140,000
2	オ	1,490,000	ウ	1,490,000
3	オ	90,000	イ	90,000

(2)　　　　　　　　　　　　問1　　　　　1つにつき各4点×3か所
　　　　　　　　　　　　　　　　　　　　　　　問2　4点

問1

月次予算部門別配賦表　　　（単位：円）

費　目	合　計	製 造 部 門		補 助 部 門		
		組立部門	切削部門	修繕部門	工場事務部門	材料倉庫部門
部　門　費	6,480,000	1,965,000	1,830,000	675,000	660,000	1,350,000
修繕部門費	675,000	405,000	270,000			
工場事務部門費	660,000	330,000	330,000			
材料倉庫部門費	1,350,000	900,000	450,000			
製造部門費	6,480,000	3,600,000	2,880,000			

問2

	仕		訳	
	借 方		貸 方	
	記　号	金　額	記　号	金　額
	オ	161,250	ア	117,000
			イ	44,250

第5問 （12点）　　　　　　　　　　1つにつき各2点×6か所

全部原価計算による損益計算書		直接原価計算による損益計算書	
	（単位：円）		（単位：円）
売　上　高	（ 10,350,000 ）	売　上　高	（ 10,350,000 ）
売上原価	（ 8,050,000 ）	変動売上原価	（ 5,750,000 ）
配賦差異	（ 50,000 ）	変動製造マージン	（ 4,600,000 ）
売上総利益	（ 2,250,000 ）	変動販売費	（ 1,150,000 ）
販　売　費	（ 1,450,000 ）	貢献利益	（ 3,450,000 ）
一般管理費	（ 700,000 ）	固　定　費	（ 3,400,000 ）
営業利益	（ 100,000 ）	営業利益	（ 50,000 ）

 解説 第2回

模擬問題 第2回について

　今回の問題は第2問と第3問の量が多く、時間内にすべての問題を解くのは難しかったと思います。限られた時間の中で、どれだけ答案用紙を記入できたかを確認しましょう。第1問、第4問、第5問を素早く解き、時間のかかる第2問と第3問にどれだけ時間を使えるかが合否の分かれ目となります。第2問の連結精算表は、下書きに連結修正仕訳を書き出した後は、上から順番に計算し、1つずつ上から順番に答案用紙へ書き込むことが大切です。本問を使って制限時間がぎりぎりの状況で70点以上を確保できるように練習しておきましょう。

〈目標点数・目標時間〉

　第1問、第4問、第5問を短時間で確実に解くことが大切です。第1問、第4問、第5問で不正解が多いと70点以上の得点が難しくなってしまいます。第2問、第3問は時間がかかるため満点を目指すのではなく、簡単に解答できそうな部分を優先して答案用紙に記入することが重要です。問題を解くスピードは、繰り返し問題を解くことで少しずつ早くなっていきます。

	出題	配点	目標点	目標時間
第1問	仕訳問題	20点	16点	10分
第2問	連結精算表	20点	12点	25分
第3問	個別財務諸表　貸借対照表	20点	10点	30分
第4問	(1) 仕訳	12点	12点	3分
	(2) 部門別原価計算	16点	12点	10分
第5問	全部原価計算の損益計算書と直接原価計算の損益計算書	12点	12点	12分

〈解く順番〉

　工業簿記から先に解きましょう。時間がかからず、満点の取りやすい工業簿記を優先して解くことが合格への近道です。第2問と第3問は問題を見てみて、手を付けやすそうな方から優先して解くのがオススメです。

　解く順番：第4問→第5問→第1問→第2問→第3問

第1問 ＜目標時間＞10分

1. 売買目的有価証券の売却と端数利息 [よく出る]

ステップ1 下書きを書きます。9月末に利払日があるので、利払日の翌日の10月1日から12月1日までの62日間の有価証券利息を計上します。日数は自分で数える必要があり、間違えないように注意しましょう。

有価証券利息　800,000 × 0.365％ × 62日 ÷ 365日 = 496

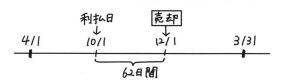

ステップ2 売買目的有価証券を売ったので「売買目的有価証券」が減ります。売買目的有価証券は資産（ホームポジション左）なので、減るときは右に書きます。

帳簿価額　800,000 × 98.70 ÷ 100 = 789,600

　　　　／　売買目的有価証券　789,600

ステップ3 売却により「有価証券売却益」が発生したので増えます。有価証券売却益は収益（ホームポジション右）なので、増えるときは右に書きます。

売却額　　800,000 × 98.90 ÷ 100 = 791,200
有価証券売却益　791,200 − 789,600 = 1,600

　　　　／　売買目的有価証券　789,600
　　　　　　有価証券売却益　　　1,600

ステップ4 端数利息を受け取ったので「有価証券利息」が増えます。有価証券利息は収益（ホームポジション右）なので、増えるときは右に書きます。金額はステップ1で計算しています。

　　　　／　売買目的有価証券　789,600
　　　　　　有価証券売却益　　　1,600
　　　　　　有価証券利息　　　　　496

ステップ5 現金を受け取ったので「現金」が増えます。現金は資産（ホームポジション左）なので、増えるときは左に書きます。

789,600 + 1,600 + 496 = 791,696

現金　791,696	売買目的有価証券	789,600
	有価証券売却益	1,600
	有価証券利息	496

2．固定資産の割賦購入（営業外支払手形） よく出る

ステップ1 備品を購入したので「備品」が増えます。備品は資産（ホームポジション左）なので、増えるときは左に書きます。

備品　480,000 ／

ステップ2 備品の代金の支払いを手形で行うので「営業外支払手形」を使います。営業外支払手形は負債（ホームポジション右）なので、増えるときは右に書きます。

100,000 × 5枚 = 500,000

備品　480,000 ／ 営業外支払手形　500,000

ステップ3 差額が利息相当額です。勘定科目の選択肢に前払費用がなく、支払利息があるので「支払利息」を使います。

備品　　　　480,000 ／ 営業外支払手形　500,000
支払利息　　20,000 ／

3．退職給付引当金の取り崩し あまり出ない

ステップ1 退職一時金の支払い27,000,000は「退職給付引当金」を取り崩します。退職給付引当金は負債（ホームポジション右）なので、減るときは左に書きます。

退職給付引当金　27,000,000 ／

ステップ2 源泉所得税分の控除については、給料の仕訳と同じように「預り金」を使います。預り金は負債（ホームポジション右）なので、増えるときは右に書きます。

残額を当座預金から支払ったので「当座預金」が減ります。当座預金は資産（ホームポジション左）なので、減るときは右に書きます。

27,000,000 − 4,000,000 = 23,000,000

退職給付引当金　27,000,000 ／ 当座預金　23,000,000
　　　　　　　　　　　　　　 ／ 預り金　　4,000,000

4. 為替予約 `よく出る`

ステップ1 下書きを書きます。本問は輸入取引の後に為替予約を行っています。

買掛金
5,000ドル×@108　　+10,000　　　　5,000ドル×@110
=540,000　　　─────────→　=550,000

ステップ2 為替予約によって、買掛金の金額が540,000から550,000に固定されたので「買掛金」を10,000増やします。買掛金は負債（ホームポジション右）なので、増えるときは右に書きます。相手勘定科目は「為替差損益」を使います。

為替差損益　10,000 ／ 買掛金　10,000

5. 会社設立 `よく出る`

ステップ1 「会社法が認める最低限度額を資本金として計上」とは、払込額の50％を資本金に計上するという意味です。残額は資本準備金に計上します。

払込額　@3,000 × 1,000株 = 3,000,000
資本金　3,000,000 × 50％ = 1,500,000
資本準備金　3,000,000 − 1,500,000 = 1,500,000

ステップ2 株式を発行したので「資本金」「資本準備金」が増えます。資本金と資本準備金は純資産（ホームポジション右）なので、増えるときは右に書きます。
「当座預金」は資産（ホームポジション左）なので、増えるときは左に書きます。

当座預金　3,000,000 ／ 資本金　　　1,500,000
　　　　　　　　　　／ 資本準備金　1,500,000

ステップ3 「会社の設立準備のため」の費用は「創立費」を使います。創立費は費用（ホームポジション左）なので、増えるときは左に書きます。会社から発起人に対して支払うため、会社の「現金」が減ります。現金は資産（ホームポジション左）なので、減るときは右に書きます。

創立費　250,000 ／ 現金　250,000

第 2 問　連結精算表　よく出る　＜目標時間＞25 分

　連結精算表の基本問題です。連結会計の問題は解き方が決まっていますので、解き方の流れを覚えるまで繰り返し問題を解くことが大切です。連結会計は苦手な方が多いですが、実は得点を取りやすいので、試験までに解けるように練習しておきましょう。連結貸借対照表の利益剰余金は他の金額が正しくない限り正解しませんので、時間が余ったら解きましょう。

ステップ1　下書きにタイムテーブルを書きます。

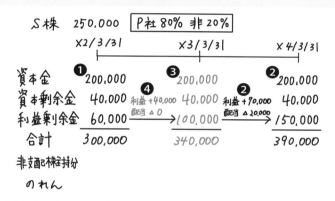

下書きの❶～❹は、次のように考えて書きます。

❶［資料］1．より、支配獲得時（X2 年 3 月 31 日）の資本金 200,000、資本剰余金 40,000、利益剰余金 60,000。

❷答案用紙の連結精算表「個別財務諸表」欄の S 社より、資本金 200,000、資本剰余金 40,000、利益剰余金 150,000、当期純利益 70,000。［資料］3．より、当期の配当 20,000。

❸X3 年 3 月末の純資産
　資本金、資本剰余金　X2 年 3 月末から X4 年 3 月末まで変化なし
　利益剰余金　$\underset{\text{X4年3月末}}{150,000} - \underset{\text{当期の利益}}{70,000} + \underset{\text{配当額}}{20,000} = 100,000$

❹X2 年 3 月末から X3 年 3 月末までの利益と配当
　利益　利益剰余金の差額　$\underset{\text{X3年3月末}}{100,000} - \underset{\text{X2年3月末}}{60,000} = 40,000$

　配当　［資料］3．より、前期は配当を実施していないのでゼロ

非支配株主持分、のれんを計算し、書きます。

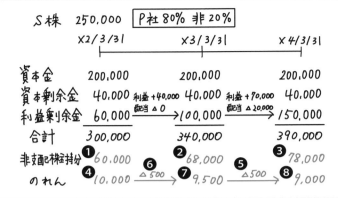

下書きの❶〜❽は、次のように考えて書きます。

非支配株主の持分割合　100% − 80% = 20%

❶X2年3月末の非支配株主持分　300,000 × 20% = 60,000

❷X3年3月末の非支配株主持分　340,000 × 20% = 68,000

❸X4年3月末の非支配株主持分　390,000 × 20% = 78,000

純資産の合計　　非支配株主の持分割合

❹支配獲得時ののれん[※]　250,000 − 300,000 × 80% = 10,000

S社株式の取得原価　　純資産の合計　　P社の持分割合

※のれんの金額は投資と資本の相殺消去の仕訳を書く方法で求めてもよい

資本金	200,000	子会社株式	250,000
資本剰余金	40,000	非支配株主持分	60,000
利益剰余金	60,000		
のれん	10,000		

❺当期ののれん償却（1年あたりの償却額）　10,000 ÷ 20年 = 500

❻X2年末〜X3年末ののれん償却　500 × 1年 = 500

❼X3年3月末ののれん　10,000 − 500 = 9,500

X2年3月末

❽X4年3月末ののれん　9,500 − 500 = 9,000

X3年3月末

ステップ3 タイムテーブルから資本連結の連結修正仕訳を書きます。本問は連結株主資本等変動計算書が問われていませんので、連結貸借対照表の勘定科目で開始仕訳を書きます。例えば、資本金期首残高ではなく資本金を使います。

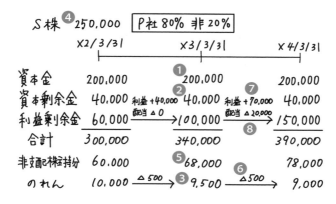

タイムテーブルの❶〜❽の金額を使って仕訳を書きます。

① 開始仕訳（資本連結の部分）

資本金	❶200,000	子会社株式	❹250,000
資本剰余金	❷40,000	非支配株主持分	❺68,000
利益剰余金	68,500		
のれん	❸9,500		

> 250,000＋68,000－200,000
> －40,000－9,500＝68,500

② のれんの償却

のれん償却 ❻500 / のれん 500

③ 当期純利益の振り替え

❼70,000 × 20％ ＝ 14,000

非支配株主に帰属する当期純利益 14,000
　　　　／ 非支配株主持分 14,000

④剰余金の配当

　受取配当金　⑧20,000 × 80% = 16,000

　非支配株主持分　⑧20,000 × 20% = 4,000

　受取配当金　16,000　│　利益剰余金　20,000
　非支配株主持分　4,000　│

---

①開始仕訳は、前期までの連結修正仕訳（下記1．〜3．）を合算したも
　のと一致します。

1．投資と資本の相殺消去

　資本金　　　200,000　│　子会社株式　　　250,000
　資本剰余金　40,000　│　非支配株主持分　60,000
　利益剰余金　60,000　│
　のれん　　　10,000　│

2．前期ののれんの償却

　利益剰余金
　のれん償却　500 ／ のれん　500

3．前期の当期純利益の振り替え

　40,000 × 20% = 8,000

　　　　　　　　　利益剰余金
　非支配株主に帰属する当期純利益　8,000 ／ 非支配株主持分　8,000

ステップ4 成果連結の連結修正仕訳を書きます。

⑤内部取引・債権債務の相殺

　買掛金　78,000 ／ 売掛金　78,000

　未払金　110,000 ／ 未収入金　110,000

　売上高　520,000 ／ 売上原価　520,000

⑥貸倒引当金の調整

　仕訳なし

⑦未実現利益 の 消去

＜商品＞

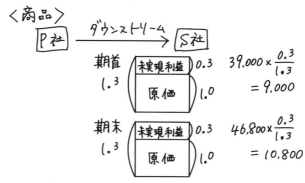

P社 ──ダウンストリーム──→ S社

期首 1.3 ［未実現利益 0.3／原価 1.0］　$39,000 \times \dfrac{0.3}{1.3} = 9,000$

期末 1.3 ［未実現利益 0.3／原価 1.0］　$46,800 \times \dfrac{0.3}{1.3} = 10,800$

利益剰余金 9,000 ／ 商品 9,000
商品 9,000 ／ 売上原価 9,000
売上原価 10,800 ／ 商品 10,800

＜土地＞

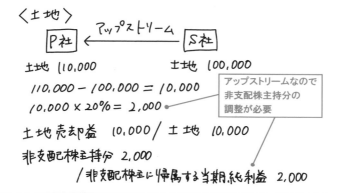

P社 ←──アップストリーム──── S社

土地 110,000　　　　　土地 100,000

110,000 − 100,000 ＝ 10,000
10,000 × 20％ ＝ 2,000 ●

アップストリームなので
非支配株主持分の
調整が必要

土地売却益 10,000 ／ 土地 10,000

非支配株主持分 2,000
／ 非支配株主に帰属する当期純利益 2,000

---

⑤［資料］4. に債権債務の情報、［資料］5. に内部取引の情報が別々に
書いてありますが、まとめて仕訳を書いておきましょう。ステップ5で
集計するときに見つけやすいです。

⑥貸倒引当金の調整は問題文に出てこないため、仕訳は不要です。

⑦商品はダウンストリームとわかります。土地はアップストリームなの
で間違えないように注意しましょう。アップストリームの場合、当期
純利益の振り替えを追加して書くのがポイントです。

下書きの①～⑦の連結修正仕訳を連結精算表の「修正・消去」欄に
記入します。

①～⑦は連結修正仕訳と対応しています。貸借対照表の★☆利益剰
余金の「修正・消去」欄は、損益計算書の親会社株主に帰属する当
期純利益の「修正・消去」欄の金額を書き写します。

連結精算表

(単位：千円)

科　目	個別財務諸表		修正・消去		連結財務諸表
	P　社	S　社	借　方	貸　方	
貸借対照表					
現　金　預　金	510,000	78,000			588,000
売　　掛　　金	980,000	188,000		⑤　78,000	1,090,000
商　　　　品	890,000	158,000	⑦　9,000	⑦　9,000	1,037,200
				⑦　10,800	
未　収　入　金	138,000	110,000		⑤110,000	138,000
建　　　　物	360,000	80,000			440,000
建物減価償却累計額	△　48,000	△　16,000			△　64,000
土　　　　地	500,000	40,000		⑦　10,000	530,000
子　会　社　株　式	250,000			①250,000	0
投　資　有　価　証　券	170,000				170,000
の　　れ　　ん			①　9,500	②　500	9,000
資　産　合　計	3,750,000	638,000	18,500	468,300	3,938,200
買　　掛　　金	648,000	162,000	⑤　78,000		732,000
未　　払　　金	226,000	80,000	⑤110,000		196,000
未　払　法　人　税　等	60,000	6,000			66,000
資　　本　　金	1,000,000	200,000	①200,000		1,000,000
資　本　剰　余　金	300,000	40,000	①　40,000		300,000
利　益　剰　余　金	1,516,000	150,000	①　68,500	④　20,000	1,568,200
			⑦　9,000	☆531,000	
			★571,300		
非　支　配　株　主　持　分			④　4,000	①　68,000	76,000
			⑦　2,000	③　14,000	
負債・純資産合計	3,750,000	638,000	1,082,800	633,000	3,938,200
損益計算書					
売　　上　　高	6,652,000	1,206,300	⑤520,000		7,338,300
売　　上　　原　　価	4,508,000	821,800	⑦　10,800	⑤520,000	4,811,600
				⑦　9,000	
販売費及び一般管理費	1,699,000	294,500			1,993,500
の　れ　ん　償　却			②　500		500
受　取　配　当　金	20,000		④　16,000		4,000
土　地　売　却　益	15,000	10,000	⑦　10,000		15,000
法　人　税　等	144,000	30,000			174,000
当　期　純　利　益	336,000	70,000	557,300	529,000	377,700
非支配株主に帰属する当期純利益			③　14,000	⑦　2,000	12,000
親会社株主に帰属する当期純利益	336,000	70,000	★571,300	☆531,000	365,700

ステップ6 連結精算表の「連結財務諸表」欄を計算し、記入します。配点箇所となっている勘定科目の計算方法は次のとおりです。

勘定科目	A 個別財務諸表		B 連結修正仕訳		C 連結財務諸表 (A + B)
	P社	S社			
売掛金	980,000	188,000	⑤	△78,000	1,090,000
土地	500,000	40,000	⑦	△10,000	530,000
のれん			①	+ 9,500	9,000
			②	△500	
資本金	1,000,000	200,000	①	△200,000	1,000,000
利益剰余金	1,516,000	150,000	※資産と負債・純資産の差額で求める		1,568,200
非支配株主持分			①	+ 68,000	76,000
			③	+ 14,000	
			④	△4,000	
			⑦	△2,000	
売上高	6,652,000	1,206,300	⑤	△520,000	7,338,300
売上原価	4,508,000	821,800	⑤	△520,000	4,811,600
			⑦	△9,000 + 10,800	
受取配当金	20,000		④	△16,000	4,000
非支配株主に帰属する当期純利益			③	+ 14,000	12,000
			⑦	△2,000	

※利益剰余金の計算方法
(a) 資産の合計 588,000 + 1,090,000 + 1,037,200 + 138,000 + 440,000 △ 64,000 + 530,000 + 170,000 + 9,000 = 3,938,200
(b) 負債の合計 732,000 + 196,000 + 66,000 = 994,000
(c) 利益剰余金以外の純資産の合計 1,000,000 + 300,000 + 76,000 = 1,376,000
(d) 利益剰余金 (a) − (b) − (c) = 1,568,200
なお、利益剰余金をP社とS社と修正消去の金額から計算する方法はステップ5の連結精算表の利益剰余金を参照。

第3問 貸借対照表（税効果会計あり） ［ときどき出る］ ＜目標時間＞30分

税効果会計が入った貸借対照表の問題です。税効果会計の部分が難しいですが、それ以外の部分を解答すれば、8割程度の得点が確保できます。

ステップ1 下書きに［資料2］［資料3］の仕訳を書きます。

```
〔2〕1、 未収入金  770,000 / 火災未決算 1,800,000
      火災損失 1,030,000 /

   2、現金預金 370,000 / 売掛金 370,000
```

1．保険会社から保険金入金決定の連絡があったので、［資料1］
決算整理前残高試算表の火災未決算を全額取り崩します。また、
実際の入金はまだなので「未収入金」を使います。差額が「火
災損失」です。
2．売掛金の回収の仕訳を書きます。なお、普通預金ではなく［資
料1］と貸借対照表の勘定科目名に合わせて「現金預金」（現
金と預金を合わせた勘定科目）を使います。

［3］1、仕入 4,200,000／繰越商品 4,200,000
　　　繰越商品 4,450,000／仕入 4,450,000
　　　商品評価損 85,000 ｜繰越商品 200,000
　　　棚卸減耗損 115,000｜

　　　　　　　　　　　　　　　　　　売上原価に算入
　　　　　　　　　　　　　　　　　　する仕訳

　　　仕入 85,000／商品評価損 85,000
　　　仕入 115,000／棚卸減耗損 115,000

2、(4,980,000 △ 370,000) × $\frac{10}{1,000}$ = 46,100

　　6,000 $\xrightarrow{+40,100}$ 46,100

　　貸倒引当金繰入 40,100 ｜貸倒引当金 40,100
　　　　　　　　　　　　　　（流動）

3、(建) 7,500,000 ÷ 30年 = 250,000
　　(備) 3,600,000 ÷ 6年 × $\frac{12か月}{12か月}$ = 600,000

　　減価償却費 850,000 ｜建物減価償却累計額 250,000
　　　　　　　　　　　　｜備品減価償却累計額 600,000

　　(税効果) 備品 3,600,000 ÷ 8年 × $\frac{12か月}{12か月}$ = 450,000

　　(600,000 − 450,000) × 25% = 37,500

　　繰延税金資産 37,500 ｜法人税等調整額 37,500
　　（固定資産）

[資料3]

2. 本問では売上債権は売掛金だけなので、売掛金の1,000分の10を計算します。売掛金は［資料2］2. の仕訳で減少しているので、計算に反映させます。

3. 建物、備品について、まずは減価償却の計算と仕訳を書きます。備品は税務上の法定耐用年数が8年なので、税務上の減価償却費の計算もします。会計上の減価償却費600,000と税務上の減価償却費450,000の差額に、問題文の冒頭に書いてある法定実効税率25%を掛けて税効果会計の仕訳を書きます。

4. 仮受消費税 3,640,000 | 仮払消費税 3,032,000
　　　　　　　　　　　　　　| 未払消費税 608,000

5. 1,500,000 × 16% = 240,000

　　貸引　0　$\xrightarrow{+240,000}$　240,000

　　貸倒引当金繰入 240,000 | 貸倒引当金 240,000
　　　　　　　　　　　　　　　　（固定）

　⭕税効果　240,000 × 25% = 60,000

　　繰延税金資産 60,000 | 法人税等調整額 60,000
　　（固定資産）

6. 〈再振替仕訳〉　　　　貸方の合計
　　その他有価証券 50,000 | その他有価証券評価差額金 37,500
　　　　　　　　　　　　　　| 繰延税金資産 12,500

　〈決算整理仕訳〉

　　帳簿 3,400,000 + 50,000　$\xrightarrow{+400,000}$　時価 3,850,000
　　　　= 3,450,000

　　その他有価証券 400,000 | その他有価証券評価差額金 300,000
　　　　　　　　　　　　　　| 繰延税金負債 100,000
　　　　　　　　　　　　　　　（固定負債）　（400,000 − 100,000）
　　　　　　　　　　　　　　400,000 × 25%

7. 法人税、住民税及び事業税 | 仮払法人税等 360,000
　　　　　　　　 1,027,000 | 未払法人税等 667,000

8. 固定資産 の繰延税金資産　固定負債 の繰延税金負債
　　減価償却 37,500　　その他有価証券 100,000
　　貸倒引当金 60,000　　　→ 97,500 を相殺して
　　　　　　　 97,500　　　　　2,500 が残る
　　繰延税金負債 97,500 / 繰延税金資産 97,500

5．長期貸付金について、まずは貸倒引当金の計算と仕訳を書きます。税務上はこの貸倒引当金繰入の損金算入が認められなかったので、問題文の冒頭に書いてある法定実効税率25％を掛けて税効果会計の仕訳を書きます。

6．その他有価証券の期首の再振替仕訳が行われていないので、まずは、再振替仕訳を書きます。問題文の指示で、決算整理前残高試算表の繰延税金資産はその他有価証券にかかわるものなので、繰延税金資産も一緒に再振替仕訳を書くのがポイントです。決算整理仕訳では、[資料1] 決算整理前残高試算表のその他有価証券3,400,000に、再振替仕訳の50,000を足し、時価3,850,000との差額400,000を計上します。その他有価証券の時価評価は税法では認められていないので、時価評価した差額400,000に問題文の冒頭に書いてある法定実効税率25％を掛けて税効果会計の仕訳を書きます。

8．これまでの仕訳で書かれた繰延税金資産と繰延税金負債を集計します。そして、固定資産の繰延税金資産と、固定負債の繰延税金負債を相殺するのですが、仕訳としては金額の小さい繰延税金資産に合わせて97,500で書きます。そうすると、繰延税金負債が100,000 − 97,500 = 2,500残り、貸借対照表には繰延税金負債2,500のみ表示されることになります。

ステップ2 [資料1] 決算整理前残高試算表の金額を貸借対照表の横に写します（欄外の黒字部分）。下書きの仕訳の金額も貸借対照表の横に写します（欄外の赤字部分）。貸借対照表では、次のように勘定科目の表示名が変わるので注意しましょう。

・繰越商品ではなく「商品」
・その他有価証券ではなく「投資有価証券」

貸 借 対 照 表

株式会社九州商事　　20X5年3月31日　　　　　　（単位：円）

資 産 の 部

Ⅰ 流 動 資 産

注記	科目	内訳	金額
3,524,000 + 390,000	現 金 預 金		（　　　　　）
4,980,000 △ 370,000	売 掛 金	（　　　　　）	
6,000 + 40,100	貸 倒 引 当 金	（△　　　　）	（　　　　　）
4,200,000 △ 4,200,000 + 4,450,000 △ 200,000	（ 商 品 ）		（　　　　　）
+ 770,000	未 収 入 金		（　　　　　）
	流 動 資 産 合 計		（　　　　　）

Ⅱ 固 定 資 産

注記	科目	内訳	金額
	建 物	7,500,000	
2,500,000 + 250,000	減 価 償 却 累 計 額	（△　　　　）	（　　　　　）
	備 品	3,600,000	
+ 600,000	減 価 償 却 累 計 額	（△　　　　）	（　　　　　）
3,400,000 + 50,000 + 400,000	（ 投 資 有 価 証 券 ）		（　　　　　）
	長 期 貸 付 金	1,500,000	
+ 240,000	貸 倒 引 当 金	（△　　　　）	（　　　　　）
	固 定 資 産 合 計		（　　　　　）
	資 産 合 計		（　　　　　）

負 債 の 部

Ⅰ 流 動 負 債

注記	科目	金額
	買 掛 金	4,778,000
+ 667,000	未 払 法 人 税 等	（　　　　　）
+ 608,000	未 払 消 費 税	（　　　　　）
	流 動 負 債 合 計	（　　　　　）

Ⅱ 固 定 負 債

注記	科目	金額
+ 100,000 △ 97,500	（ 繰 延 税 金 負 債 ）	（　　　　　）
	固 定 負 債 合 計	（　　　　　）
	負 債 合 計	（　　　　　）

純 資 産 の 部

Ⅰ 株 主 資 本

注記	科目	金額
	資 本 金	15,000,000
資産と負債・純資産の差額で求める	繰 越 利 益 剰 余 金	（　　　　　）
	株 主 資 本 合 計	（　　　　　）

Ⅱ 評 価 ・ 換 算 差 額 等

注記	科目	金額
△ 37,500 + 37,500 + 300,000	その他有価証券評価差額金	（　　　　　）
	評価・換算差額等合計	（　　　　　）
	純 資 産 合 計	（　　　　　）
	負 債 ・ 純 資 産 合 計	（　　　　　）

貸借対照表の金額を記入します。繰越利益剰余金は、他の金額がすべて一致しないと正解できないので、実際の試験では計算せずに他の問題に時間を使うのも有効です。もし記入するとしても、損益計算書を作成せずに、貸借差額で繰越利益剰余金をうめると時間短縮できます。

参 考 損益計算書と、貸借対照表の繰越利益剰余金の金額

損益計算書 （単位：円）

売上高		45,500,000
売上原価		
期首商品	4,200,000	
当期仕入高	33,750,000	
期末商品	△　4,450,000	
棚卸減耗損	115,000	
商品評価損	85,000	33,700,000
売上総利益		11,800,000
販売費及び一般管理費		
給料	5,874,000	
販売費	450,000	
減価償却費	1,000,000	
貸倒引当金繰入	40,100	7,364,100
営業利益		4,435,900
営業外収益		
受取利息及び受取配当金		552,100
営業外費用		
貸倒引当金繰入		240,000
経常利益		4,748,000
特別損失		
火災損失		1,030,000
税引前当期純利益		3,718,000
法人税、住民税及び事業税	1,027,000	
法人税等調整額	△97,500	929,500
当期純利益		2,788,500

貸借対照表の繰越利益剰余金

決算整理前残高 2,193,900 ＋ 当期純利益2,788,500 ＝ 4,982,400

第4問 （1）仕訳　本社工場会計 ＜目標時間＞3分 ［ときどき出る］

本社工場会計の基本的な仕訳です。1問1分で解答しましょう。

1．材料の購入

ステップ　素材と工場消耗品費を購入したので「材料」が増えます。材料は資産（ホームポジション左）なので、増えるときは左に書きます。
「材料購入を含めて支払い関係はすべて本社が行っている」と指示があり、また工場で使用できる勘定科目に現金や買掛金がないので「本社」を使います。

$$@300 \times 7,000kg + 40,000 = 2,140,000$$

材料　2,140,000 ／ 本社　2,140,000

2．材料の出庫（材料の消費）

ステップ　材料費は月次総平均法で計算しているので、平均単価を計算します。製造のために素材を出庫したので「材料」が減ります。材料は資産（ホームポジション左）なので、減るときは右に書きます。
素材は直接材料費なので、出庫したとき（消費したとき）には「仕掛品」に振り替えます。

平均単価　$\dfrac{@284 \times 1,000kg + @300 \times 7,000kg}{1,000kg + 7,000kg} = @298$

材料消費高　$@298 \times 5,000kg = 1,490,000$

仕掛品　1,490,000 ／ 材料　1,490,000

3．間接経費

ステップ　間接経費を計上したので「製造間接費」を使います。製造間接費は費用（ホームポジション左）なので、増えるときは左に書きます。
「支払い関係はすべて本社が行っている」と指示があり、また工場で使用できる勘定科目に現金や買掛金がないので「本社」を使います。

製造間接費　90,000 ／ 本社　90,000

（2）部門別原価計算 ［ときどき出る］ ＜目標時間＞10分

製造間接費の部門別計算の基本問題です。問1は簡単ですので必ず満点を取りましょう。問2も実際配賦額と予定配賦額を計算して差し引きするだけ

ですから、正解したい問題です。

ステップ1 下書きを書いて、問1の直接配賦法による月次予算部門別配賦表を記入します。

配賦基準は、修繕部門が修繕時間、工場事務部門が従業員数、材料倉庫部門が材料運搬回数です。

$$\langle 修繕部門 \rangle$$

組立 $675,000 \times \dfrac{150時間}{150+100時間} = 405,000$

切削 $675,000 \times \dfrac{100時間}{150+100時間} = 270,000$

$$\langle 工場事務部門 \rangle$$

組立 $660,000 \times \dfrac{80人}{80+80人} = 330,000$

切削 $660,000 \times \dfrac{80人}{80+80人} = 330,000$

$$\langle 材料倉庫部門 \rangle$$

組立 $1,350,000 \times \dfrac{60回}{60+30回} = 900,000$

切削 $1,350,000 \times \dfrac{30回}{60+30回} = 450,000$

ステップ2 下書きを書いて、問2の製造間接費配賦差異の仕訳を書きます。

予定配賦額と実際配賦額を計算し、予定配賦額－実際配賦額で製造間接費配賦差異を計算するのがポイントです。本問では差異がマイナスになったので、不利差異です。仕訳の借方に差異を書きます。

予定

予定配賦率　組立　$3,600,000円 \div 4,000時間 = @900$

切削　$2,880,000円 \div 3,000時間 = @960$

予定配賦額　組立　$@900 \times 3,900時間 = 3,510,000円$

切削　$@960 \times 2,950時間 = 2,832,000円$

実際

実際配賦額　組立　$@930 \times 3,900時間 = 3,627,000円$

切削　$@975 \times 2,950時間 = 2,876,250円$

差異

組立 予 3,510,000 － 実 3,627,000 ＝ △117,000

切削 予 2,832,000 － 実 2,876,250 ＝ △44,250

製造間接費配賦差異 161,250 | 組立部門費 117,000
| 切削部門費 44,250

第5問　直接原価計算の損益計算書 よく出る ＜目標時間＞12分

全部原価計算と直接原価計算の損益計算書の問題です。［資料］3．に直接材料費の情報が書いてありますので、足し忘れないように注意しましょう。

〈全部原価計算〉

売上高　4,500円／個 × 2,300個 ＝ 10,350,000円
（資料4 実際販売価格）（資料2 当期製品販売量）

売上原価

仕掛品BOX図と製品BOX図を書き、売上原価を計算します。

仕掛品

0円 （0円）	期首 0個 （0個）	完成 2,350個　2,350,000円 （2,350個）（5,875,000円）
2,350,000円 （5,875,000円）	投入 2,350個 （2,350個）	期末 0個 （0個）

期首仕掛品と期末仕掛品は、存在しないので0個、0円と記入します。

直接材料費と加工費の投入額

直接材料費の実際製造原価　1,000円／個 × 2,350個 ＝ 2,350,000円
（資料3直接材料費）（仕掛品BOX図の投入個数）

加工費の予定配賦率　（3,600,000円 ＋ 2,400,000円）÷ 2,400個 ＝ 2,500円／個
（資料1加工費予算）（資料1 予定生産量）

361

加工費の予定配賦額　$2,500$ 円／個 $\times 2,350$ 個 $= 5,875,000$ 円

加工費
予定配賦率　仕掛品 BOX 図の
投入個数

仕掛品 BOX 図の金額を使って完成品総合原価を計算します。

0 円 $+ 2,350,000$ 円 $+ 5,875,000$ 円 $- 0$ 円 $= 8,225,000$ 円

期首　　　投入　　　期末

製　品

0円	期首 0個	売上原価
		2,300個　8,050,000円
8,225,000円	完成 2,350個	
		期末 50個　175,000円

期首製品は、存在しないので 0 個、0 円と記入します。

製品 BOX 図の「完成」には、仕掛品 BOX 図の完成品個数 2,350 個と、上で計算した完成品総合原価 8,225,000 円を記入します。

期末製品

$8,225,000$ 円 $\div 2,350$ 個 $\times 50$ 個 $= 175,000$ 円

完成品総合原価　完成品個数　資料2
期末製品在庫量

製品の売上原価

$8,225,000$ 円 $\div 2,350$ 個 $\times 2,300$ 個 $= 8,050,000$ 円

完成品総合原価　完成品個数　資料2
当期製品販売量

配賦差異

加工費を予定配賦しているので、配賦差異が発生します。予定配賦額と実際発生額を比較し、配賦差異を計算します。

　予定配賦額　$5,875,000$ 円（仕掛品 BOX 図の加工費より）

　実際発生額　$1,500$ 円／個 $\times 2,350$ 個 $+ 2,400,000$ 円 $= 5,925,000$ 円

　配賦差異　$5,875,000$ 円 $- 5,925,000$ 円 $= \triangle 50,000$ 円（不利差異）

　　　　　　不利差異なので、損益計算書の売上原価に加算する（費用が増える）。

売上総利益

売上高　10,350,000円（売上高で計算済み）

売上原価と配賦差異の合計　8,050,000円 + 50,000円 = 8,100,000円

売上総利益　10,350,000円 − 8,100,000円 = 2,250,000円

販売費　$\underset{\substack{\text{資料3}\\\text{販売費（変動費）}}}{500\text{円／個}} \times \underset{\substack{\text{資料2}\\\text{当期製品販売量}}}{2,300\text{個}} + \underset{\substack{\text{資料3}\\\text{販売費（固定費）}}}{300,000\text{円}} = 1,450,000\text{円}$

一般管理費　700,000円（資料3 一般管理費）

営業利益

売上総利益 2,250,000円 − 販売費 1,450,000円 − 一般管理費 700,000円

= 100,000円

〈直接原価計算〉

売上高　$\underset{\substack{\text{資料4}\\\text{実際販売価格}}}{4,500\text{円／個}} \times \underset{\substack{\text{資料2}\\\text{当期製品販売量}}}{2,300\text{個}} = 10,350,000\text{円}$

変動売上原価

$\underset{\substack{\text{資料3}\\\text{直接材料費（変動費）}}}{1,000\text{円／個}} + \underset{\substack{\text{資料3}\\\text{加工費（変動費）}}}{1,500\text{円／個}} = 2,500\text{円／個}$

$2,500\text{円／個} \times \underset{\substack{\text{資料2}\\\text{当期製品販売量}}}{2,300\text{個}} = 5,750,000\text{円}$

変動製造マージン

売上高 10,350,000円 − 変動売上原価 5,750,000円

= 4,600,000円

変動販売費　$\underset{\substack{\text{資料3}\\\text{販売費（変動費）}}}{500\text{円／個}} \times \underset{\substack{\text{資料2}\\\text{当期製品販売量}}}{2,300\text{個}} = 1,150,000\text{円}$

貢献利益

変動製造マージン 4,600,000円 − 変動販売費 1,150,000円

= 3,450,000円

固定費　［資料］3. の固定費を集計します。

加工費 2,400,000円 + 販売費 300,000円 + 一般管理費 700,000円

= 3,400,000円

営業利益

貢献利益 3,450,000円 − 固定費 3,400,000円 = 50,000円

さらに合格に近づくための学習

●【購入特典】ネット試験の予想模試を受けてみる

　本書には特典としてネット試験の予想模試が2回分付いています。パソコンで解くのがオススメですが、スマートフォンでも利用できます。

　パソコンのWebブラウザにURLを入力するか、スマートフォンでQRコードを読み取ると、購入特典のサイトにアクセスすることができます。パスワードを入力するとネット試験の予想模試を解くことができます。

■購入特典のパブロフ簿記ネット試験の体験ページ

　本書の購入特典として、「パブロフ簿記」ホームページでネット試験（CBT方式）を体験できます。ソフトをダウンロードする必要がなく、ネット環境さえあればパソコンでもスマホでも問題を解くことができるので、気軽にネット試験を体験できます。

　また、ネット試験の情報も掲載しているので、ぜひご覧ください。

https://pboki.com/net/k2net2024.html

2級工業簿記総仕上げ問題集専用パスワード：a3d4

※本書の購入者特典は簡単にネット試験を体験できるように、受験者情報の入力等は省略していますので、日商簿記のネット試験とは少し仕様が異なる点をご了承ください。

また、本書の購入特典であるネット試験の体験ページの提供期間は2025年3月末までとなります。

●苦手分野の克服

　本書が終わっても、すべての問題を完璧に解くことができる人はほとんどいないと思います。そこで、次のような方法で、苦手な分野を克服しましょう。

①苦手分野について、テキストに戻り十分に内容を理解しているか確認する。

②本書の中で苦手分野の問題を見つけ、解いてみる。

③解けない場合は、解説をよく読み内容を理解する。さらに、解説にある解く手順をマネして書きながら、もう一度問題を解いてみる。簿記は「理解しているのに問題が解けない」ということがよく起こるが、それを克服するには、どのような手順で問題を解けばいいのか知ることが重要。

●解き直し

　本書の問題を解き直す場合に、次のURLから答案用紙のダウンロードができます。

　解けなかった問題や間違った問題を解き直し、解答や解説を見ずに全問正解できるようになれば、合格がぐっと近づきます。

　特にChapter12模擬問題は、必ず時間を計って90分以内に解き終わるように、何度も練習しましょう。

https://www.shoeisha.co.jp/book/download/9784798183794

●パブロフ簿記ブログ

　著者のブログでは以下の最新情報などを発信しています。「パブロフ流シリーズ」についての質問も受け付けています。

●解き方動画
●試験当日の持ち物のチェックリスト
●統一試験の解説
●試験の合格率　など

https://pboki.com/

●効率的な学習方法

　最初から全問正解できる人はいません。時間を置いて次のように何度も繰り返し問題に取り組むことで、だんだん解き方が身につきます。

①本書を最初から最後までひととおり解いてみる。解けなかった問題や間違えた問題は、解説や解答を読み、テキストに戻るなどして復習する。簡潔にミスノートを書いておくとよい。解けなかった問題や間違えた問題には付箋を貼る。

②付箋を貼った問題を解く。正解できれば付箋をはがす。前回書いたミスノートと違う場所を間違えたら新たなミスノートを書く。

③付箋がなくなるまで②を繰り返す。

本書内容に関するお問い合わせについて

このたびは翔泳社の書籍をお買い上げいただき、誠にありがとうございます。弊社では、読者の皆様からのお問い合わせに適切に対応させていただくため、以下のガイドラインへのご協力をお願い致しております。下記項目をお読みいただき、手順に従ってお問い合わせください。

●ご質問される前に

弊社Webサイトの「正誤表」をご参照ください。これまでに判明した正誤や追加情報を掲載しています。

正誤表　https://www.shoeisha.co.jp/book/errata/

●ご質問方法

弊社Webサイトの「書籍に関するお問い合わせ」をご利用ください。

書籍に関するお問い合わせ　https://www.shoeisha.co.jp/book/qa/

インターネットをご利用でない場合は、FAX または郵便にて、下記"翔泳社 愛読者サービスセンター"までお問い合わせください。
電話でのご質問は、お受けしておりません。

●回答について

回答は、ご質問いただいた手段によってご返事申し上げます。ご質問の内容によっては、回答に数日ないしはそれ以上の期間を要する場合があります。

●ご質問に際してのご注意

本書の対象を超えるもの、記述個所を特定されないもの、また読者固有の環境に起因するご質問等にはお答えできませんので、予めご了承ください。

●郵便物送付先およびFAX番号

送付先住所	〒160-0006　東京都新宿区舟町5
FAX番号	03-5362-3818
宛先	（株）翔泳社 愛読者サービスセンター

著者紹介

よせだあつこ

willsi 株式会社取締役。公認会計士。

監査法人トーマツを経て willsi 株式会社を設立。著書『パブロフ流でみんな合格 日商簿記3級』は Amazon 簿記検定部門で売り上げ1位を獲得、簿記学習アプリ「パブロフ簿記」は累計100万ダウンロードの大ヒット、簿記ブログ「パブロフ簿記」は月間140万ページビューを超すなど、簿記受験生から絶大な支持を得ている。

簿記講師や監査法人での実務経験から、わかりやすい解説・合格できる解法を受験生へ伝えている。プログラミング・イラスト・漫画などなんでもこなすレアな会計士。

▶ブログ

　著者のブログに、試験前の過ごし方や当日の持ち物などの情報を掲載。

　こちらで質問も受付け。

　https://pboki.com/

▶簿記アプリ

　「パブロフ簿記2級 商業簿記」「パブロフ簿記2級 工業簿記」好評発売中！

　Android、iPhone のアプリマーケットで「パブロフ」と検索。

表紙・本文デザイン	大下賢一郎
DTP	株式会社 インフォルム

簿記教科書　パブロフ流でみんな合格
日商簿記2級　工業簿記　総仕上げ問題集　2024年度版

2024年　2月22日　初版第1刷発行

著　　　者	よせだあつこ	
発　行　人	佐々木 幹夫	
発　行　所	株式会社 翔泳社	（https://www.shoeisha.co.jp）
印刷・製本	日経印刷 株式会社	

ISBN978-4-7981-8379-4　　　　　　　　　　　　　　　　　　　　Printed in Japan

別冊答案用紙

この色紙を残したまま抜き取り、留め金をはずして使ってね。
ダウンロードやコピーをすれば、何度でも解けるよ。

■付属データのご案内

解き直し用の答案用紙は、以下のサイトからダウンロードできます。

https://www.shoeisha.co.jp/book/download/9784798183794

		仕		訳		
		記　号	借　方　金　額	記　号	貸　方　金　額	
(1)	1	（　　）		（　　）		
		（　　）		（　　）		
	2	（　　）		（　　）		
		（　　）		（　　）		
		（　　）		（　　）		
	3	（　　）		（　　）		
		（　　）		（　　）		
		（　　）		（　　）		
(2)	1	（　　）		（　　）		
		（　　）		（　　）		
		（　　）		（　　）		
	2	（　　）		（　　）		
		（　　）		（　　）		

		仕　訳							
		借　方				貸　方			
		記　号	金　額			記　号	金　額		
(1)	1	（　）（　）				（　）（　）			
		（　）（　）				（　）（　）			
		（　）（　）				（　）（　）			
	2	（　）（　）				（　）（　）			
		（　）（　）				（　）（　）			
		（　）（　）				（　）（　）			
	3	（　）（　）				（　）（　）			
		（　）（　）				（　）（　）			
		（　）（　）				（　）（　）			
(2)	1	（　）（　）				（　）（　）			
		（　）（　）				（　）（　）			
		（　）（　）				（　）（　）			
	2	（　）（　）				（　）（　）			

	仕		訳	
	記　号	借　方　金　額	記　号	貸　方　金　額
1	（　　）（　　）		（　　）（　　）	
(1) 2	（　　）（　　）		（　　）（　　）	
3	（　　）（　　）（　　）		（　　）（　　）（　　）	
1	（　　）（　　）（　　）		（　　）（　　）	
2	（　　）（　　）（　　）		（　　）（　　）（　　）	

		仕　　訳			
		借　方		貸　方	
		記　号	金　額	記　号	金　額
(1)	1	（　）（　）		（　）（　）	
	2	（　）（　）		（　）（　）	
	3	（　）（　）		（　）（　）	
(2)	1	（　）（　）		（　）（　）	
	2	（　）（　）		（　）（　）	

	仕		訳	
	借 方		貸 方	
	記 号	金 額	記 号	金 額
1	( )		( )	
	( )		( )	
(1) 2	( )		( )	
	( )		( )	
3	( )		( )	
	( )		( )	
4	( )		( )	
	( )		( )	
1	( )		( )	
	( )		( )	

材料 (単位：円)

借方		貸方	
月初有高	（　　　）	当月消費高 ［　　　］	（　　　）
当月仕入高	（　　　）	製造間接費	（　　　）
		材料消費価格差異	（　　　）
		月末有高	（　　　）
	（ 2,857,000 ）		（ 2,857,000 ）

賃金・給料 (単位：円)

借方		貸方	
支払額	（　　　）	前月繰越	（　　　）
次月繰越	（　　　）	消費額　仕掛品	（　　　）
		製造間接費	（　　　）
		原価差異	（　　　）
	（　　　）		（　　　）

製 造 間 接 費

（単位：円）

間 接 材 料 費	620,000	予 定 配 賦 額	（	）
間 接 労 務 費	1,230,000	原 価 差 異	12,000	
間 接 経 費				
減価償却累計額	（ ）			
未 払 水 道 光 熱 費	（ ）			
修 繕 引 当 金	（ ）			
材 料	（ ）			
現 金 預 金	（ ）			
前 払 保 険 料	（ ）	（	）	

仕 掛 品

（単位：円）

月 初 有 高	50,000	完 成 品	（	）
直 接 材 料 費	2,830,000	月 末 有 高	（	）
直 接 労 務 費	2,080,000			
直 接 間 接 経 費	（ ）			
製 造 間 接 費	（ ）			

仕掛品 (単位：千円)

借方	金額	貸方	金額
月　初　有　高	（　　　）	当 月 完 成 高	（　　　）
直 接 材 料 費	（　　　）	月　末　有　高	（　　　）
直 接 労 務 費	（　　　）		
製 造 間 接 費	（　　　）		
	（　　　）		（　　　）

製品 (単位：千円)

借方	金額	貸方	金額
月　初　有　高	（　　　）	売 上 原 価	（　　　）
当 月 完 成 高	（　　　）	月　末　有　高	（　　　）
	（　　　）		（　　　）

損益 (単位：千円)

借方	金額	貸方	金額
売 上 原 価	（　　　）	売　　　上	3,820,000
販　売　費	（　　　）		
一 般 管 理 費	（　　　）		
営 業 利 益	（　　　）		
	（　　　）		（　　　）

製造間接費部門別配賦表

(単位：万円)

費目別費	合計	製造部門		補助部門		
		切削部	組立部	保全部	材料倉庫部	工場事務部
部門個別費	3,900					
福利施設負担額	1,050					
建物減価償却費	2,050					
部門費	7,000	1,200	2,300	100	200	100
第 1 次 配 賦						
工場事務部費						
材料倉庫部費						
保全部費						
第 2 次 配 賦						
材料倉庫部費						
保全部費						
製造部費						

仕 掛 品 (単位：円)

前 月 繰 越	（　　）	当 月 完 成 高	（　　）
直 接 材 料 費	（　　）	次 月 繰 越	（　　）
直 接 労 務 費	（　　）		
製 造 間 接 費	（　　）		
	（　　）		（　　）

製 品 (単位：円)

前 月 繰 越	（　　）	売 上 原 価	（　　）
当 月 完 成 高	（　　）	次 月 繰 越	（　　）
	（　　）		（　　）

(1)

仕 掛 品 (単位：円)

月 初 有 高	54,000	完 成 高	（　　）
直 接 材 料 費	（　　）	月 末 有 高	（　　）
直 接 労 務 費	（　　）		

製造原価報告書

(単位：円)

直 接 材 料 費	（　　　　　　　）
直 接 労 務 費	（　　　　　　　）
製 造 間 接 費	725,000
合　　　計	（　　　　　　　）
製造間接費配賦差異	（　　　　　　　）
当 月 製 造 費 用	（　　　　　　　）
月 初 仕 掛 品 原 価	（　　　　　　　）
合　　　計	（　　　　　　　）
月 末 仕 掛 品 原 価	（　　　　　　　）
当 月 製 品 製 造 原 価	（　　　　　　　）

月次損益計算書

(単位：円)

売　　上　　高	2,000,000
売 上 原 価	（　　　　　　　）
売 上 総 利 益	（　　　　　　　）
原 価 差 異	（　　　　　　　）
売 上 原 価	（　　　　　　　）
売 上 総 利 益	（　　　　　　　）

	仕				訳			
	借 方				貸 方			
	記 号		金 額		記 号		金 額	
(1)	( )	( )			( )	( )		
	( )	( )			( )	( )		
	( )	( )			( )	( )		
(2)	( )	( )			( )	( )		
	( )	( )			( )	( )		
	( )	( )			( )	( )		
(3)	( )	( )			( )	( )		
	( )	( )			( )	( )		
	( )	( )			( )	( )		
(4)	( )	( )			( )	( )		
	( )	( )			( )	( )		
	( )	( )			( )	( )		
(5)	( )	( )			( )	( )		
	( )	( )			( )	( )		

製 造 原 価 報 告 書

（単位：円）

材　料　費		
主要材料費	（　　　　　）	
補助材料費	（　　　　　）	（　　　　　）
労　務　費		
直接工賃金	（　　　　　）	
間接工賃金	（　　　　　）	
給　　　料	（　　　　　）	（　　　　　）
経　　　費		
電　力　料	（　　　　　）	
水　道　料	（　　　　　）	
租 税 公 課	（　　　　　）	
賃　借　料	（　　　　　）	
減価償却費	（　　　　　）	（　　　　　）
合　　　計		（　　　　　）
製造間接費配賦差異		〔　　　　　〕
当 期 製 造 費 用		（　　　　　）
期首仕掛品原価		（　　　　　）
合　　　計		（　　　　　）
期末仕掛品原価		（　　　　　）

製造原価報告書

（単位：円）

I　直接材料費
　　月初棚卸高　（　　　）
　　当月仕入高　（　　　）
　　　合　計　　（　　　）
　　月末棚卸高　（　　　）（　　　）
II　直接労務費　　　　　　（　　　）
III　製造間接費
　　間接材料費　（　　　）
　　間接労務費　（　　　）
　　電　力　料　金　（　　　）
　　保　険　料　（　　　）
　　減価償却費　（　　　）
　　水　道　料　金　（　　　）
　　　合　計　　（　　　）
　　製造間接費配賦差異（　　　）（　　　）
　　当　月　製　造　費　用　（　　　）
　　月　初　仕　掛　品　原　価　（　　　）
　　　合　計　　（　　　）

(1)

総合原価計算表

(単位：円)

	原 料 費	加 工 費	合 計
月 初 仕 掛 品 原 価	78,400	54,000	132,400
当 月 製 造 費 用	1,080,000	1,740,000	2,820,000
合 計			
差引：月末仕掛品原価	1,158,400	1,794,000	2,952,400
完 成 品 総 合 原 価			

(2) 平均法

月末仕掛品原価 = [　　　　] 円

完成品総合原価 = [　　　　] 円

(1)

総合原価計算表

(単位：円)

	原 料 費	加 工 費	合 計
月 初 仕 掛 品 原 価	1,311,000	1,359,000	2,670,000

問1

月末仕掛品のX原料費 ＝ ［　　　　　　　　　　］円

月末仕掛品のY原料費 ＝ ［　　　　　　　　　　］円

月末仕掛品の加工費 ＝ ［　　　　　　　　　　］円

完成品総合原価 ＝ ［　　　　　　　　　　］円

完成品単位原価 ＝ ［　　　　　　　　　　］円／kg

問2

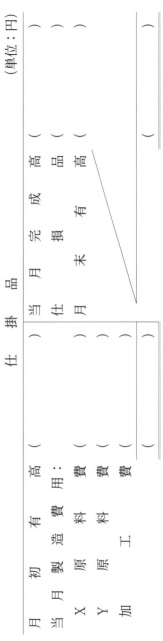

	仕	掛	品		（単位：円）
月 初 有 高	（　　　）	当 月 完 成 高	（　　　）
当 月 製 造 費 用：		仕 損 品 高	（　　　）
X 原 料 費	（　　　）	月 末 有 高	（　　　）
Y 原 料 費	（　　　）		
加 工 費	（　　　）		
	（　　　）		（　　　）

工程別総合原価計算表

(単位：円)

	第 1 工 程			第 2 工 程		
	原料費	加工費	合計	前工程費	加工費	合計
月初仕掛品原価	22,000	4,960	26,960			
当月製造費用	380,000	188,240	568,240	77,500	10,560	88,060
合計	402,000	193,200	595,200		95,000	
差引：月末仕掛品原価					105,560	
完成品総合原価						

第1工程月末仕掛品の原料費 ＝ ［　　　　　　　］円

第1工程月末仕掛品の加工費 ＝ ［　　　　　　　］円

第2工程月末仕掛品の前工程費 ＝ ［　　　　　　　］円

第2工程月末仕掛品の加工費 ＝ ［　　　　　　　］円

第2工程完成品総合原価 ＝ ［　　　　　　　］円

組別総合原価計算表

（単位：円）

	組製品X	組製品Y
月初仕掛品原価		
当月直接材料費		
当月直接労務費		
当月製造間接費		
合　計		
差引：月末仕掛品原価		
完成品総合原価		
完成品単位原価		

問1　　　　[　　　　　　　　]　円／時間

問2

組別総合原価計算表

（単位：円）

	A　製　品		B　製　品	
	原料費	加工費	原料費	加工費

(1)

	A製品	B製品
当月加工費：	□ 円	□ 円
完成品総合原価：	□ 円	□ 円
完成品単位原価：	□ 円／個	□ 円／個

(2)

損　益　計　算　書

（単位：円）

I　売　上　高 ……………………………………（　　　　　）

II　売　上　原　価

　1　月初製品棚卸高 …………（　　　　　）

　2　当月製品製造原価 ………（　　　　　）

　　　合　計 （　　　　　）

　3　月末製品棚卸高 …………（　　　　　）（　　　　　）

　売上総利益 ………………………………（　　　　　）

III　販売費及び一般管理費 …………………… 12,686,000

　営業利益 （　　　　　）

月末仕掛品原価＝ [　　　　　　　　　　] 円

完成品総合原価＝ [　　　　　　　　　　] 円

等級製品Aの完成品単位原価＝ [　　　　　　　　　　] 円／個

等級製品Bの完成品単位原価＝ [　　　　　　　　　　] 円／個

等級製品Cの完成品単位原価＝ [　　　　　　　　　　] 円／個

問1

仕		訳	
借　方		貸　方	
記　号	金　額	記　号	金　額
（　）		（　）	
（　）		（　）	
（　）		（　）	
（　）		（　）	

		仕		訳	
		借　方		貸　方	
		記　号	金　額	記　号	金　額
(1)	1	（　　）（　　）		（　　）（　　）	
	2	（　　）（　　）		（　　）（　　）	
	3	（　　）（　　）		（　　）（　　）	
(2)	1	（　　）（　　）		（　　）（　　）	
	2	（　　）（　　）		（　　）（　　）	

仕　掛　品　　　製　品　（単位：円）

月　初　有　高	（　　　）	完　成　高	（　　　）
直　接　材　料　費	（　　　）	月　末　有　高	（　　　）
直　接　労　務　費	（　　　）	標　準　原　価　差　異	（　　　）
製　造　間　接　費	（　　　）		
	（　　　）		（　　　）

月次損益計算書（一部）　（単位：円）

Ⅰ　売　上　高		（　　　）
Ⅱ　売　上　原　価		
月初製品棚卸高	（　　　）	
当月製品製造原価	（　　　）	
合　計	（　　　）	
月末製品棚卸高	（　　　）	
差　引	（　　　）	
標準原価差異	（　　　）	（　　　）
売上総利益		（　　　）

問1　標準直接作業時間＝ ＿＿＿＿＿＿＿＿＿＿＿ 時間

問2　標準直接労務費＝ ＿＿＿＿＿＿＿＿＿＿＿ 円

問3　総　　差　　異＝ ＿＿＿＿＿＿＿＿＿＿＿ 円 （　　　）

　　　時　間　差　異＝ ＿＿＿＿＿＿＿＿＿＿＿ 円 （　　　）

　　　賃　率　差　異＝ ＿＿＿＿＿＿＿＿＿＿＿ 円 （　　　）

（注）（　）内には、借または貸と記入すること。

問1　標　準　機　械　運　転　時　間＝ ＿＿＿＿＿＿＿＿＿ 時間

問2　固定製造間接費の標準配賦率＝ ＿＿＿＿＿＿＿＿＿ 円／時間

問3　当　月　の　標　準　配　賦　額＝ ＿＿＿＿＿＿＿＿＿ 円

問4　製造間接費総差異＝ ＿＿＿＿＿＿＿＿＿＿＿ 円（有利・不利　差異）

問1 [　　　　　] 万円

問2 [　　　　　] 万円

問3 [　　　　　] 万円

問4 [　　　　　] ％

問5 [　　　　　] 万円

問1　最大の売上高 [　　　　　] 円

　　　最小の売上高 [　　　　　] 円

問2　製品1個あたり変動費 [　　　　　] 円／個

　　　月間固定費 [　　　　　] 円

問3 [　　　　　] 円

全部原価計算による損益計算書

（単位：円）

売 上 高	（　　　　　　　　）
売 上 原 価	（　　　　　　　　）
原 価 差 異	（　　　　　　　　）
売 上 総 利 益	（　　　　　　　　）
販売費及び一般管理費	（　　　　　　　　）
営 業 利 益	（　　　　　　　　）

直接原価計算による損益計算書

（単位：円）

売 上 高	（　　　　　　　　）
変 動 売 上 原 価	（　　　　　　　　）
変 動 製 造 マ ー ジ ン	（　　　　　　　　）
変 動 販 売 費	（　　　　　　　　）
貢 献 利 益	（　　　　　　　　）
固 定 費	（　　　　　　　　）
営 業 利 益	（　　　　　　　　）

問 1 　　　　　　　　　　　　　　　　円

問 2 　　　　　　　　　　　　　　　　％

問 3 　　　　　　　　　　　　　　　　円

問 4 　　　　　　　　　　　　　　　　円

問 1

（単位：円）

	第 1 期	第 2 期	第 3 期	第 4 期
全部原価計算の営業利益				
直接原価計算の営業利益				

問 2

第 2 期期末の製品在庫高は、（全部原価計算の場合・直接原価計算の場合 ）

の方が、　　　　　　　　　　円だけ多い。

（注）（　）内の正しいほうの語句を○で囲むこと。

第1問 (20点)

	仕		訳		
	借 方		貸 方		
	記 号	金 額	記 号	金 額	
1	( )		( )		
	( )		( )		
	( )		( )		
	( )		( )		
2	( )		( )		
	( )		( )		
	( )		( )		
	( )		( )		
3	( )		( )		
	( )		( )		
	( )		( )		
	( )		( )		

第2問 (20点)

問1

売 掛 金

月	日	摘要	借方	月	日	摘要	貸方
4	1	前期繰越	620,000	4	13		
	7				28		
	20				30	次月繰越	

商 品

月	日	摘要	借方	月	日	摘要	貸方
4	1	前期繰越		4	7		
	5				11		
	9				20		
	16				30	次月繰越	

問2

4月の売上高	¥
4月の売上原価	¥

第3問 (20点)

損 益 計 算 書

自X18年4月1日　至X19年3月31日

（単位：円）

I　売　上　高　　　　　　　　　　　　　　21,747,000

II　売　上　原　価
1　商品期首棚卸高　（　　　　　　）
2　当期商品仕入高　（　　　　　　）
　　　　合　計　　　（　　　　　　）
3　商品期末棚卸高　（　　　　　　）
　　　　差　引　　　（　　　　　　）
4　（　商品評価損　）（　　　　　　）（　　　　　　）
5　（　　　　　　　）（　　　　　　）

III　販売費及び一般管理費
1　給　　料　　　　　2,880,000
2　水道光熱費　　　　149,400
3　退職給付費用　　　（　　　　　　）
4　減価償却費　　　　（　　　　　　）
5　貸倒引当金繰入　　（　　　　　　）
6　貸倒損失　　　　　（　　　　　　）（　　　　　　）

IV　営業外収益
　　（　　　　　　　）（　　　　　　）

第4問 (28点)

(1)

	仕 訳			
	借 方		貸 方	
	記 号	金 額	記 号	金 額
1	( )		( )	
	( )		( )	
	( )		( )	
2	( )		( )	
	( )		( )	
	( )		( )	
3	( )		( )	
	( )		( )	
	( )		( )	

(2)

総 合 原 価 計 算 表

(単位：円)

	A 原 料 費	B 原 料 費	加 工 費	合 計
月初仕掛品原価	320,000	0	130,000	450,000
当月製造費用	6,320,000	680,000	7,200,000	14,200,000
合 計	6,640,000	680,000	7,330,000	14,650,000

第1問 (20点)

	仕		訳		
	借 方		貸 方		
	記 号	金 額	記 号	金 額	
1	（　　）		（　　）		
	（　　）		（　　）		
	（　　）		（　　）		
	（　　）		（　　）		
2	（　　）		（　　）		
	（　　）		（　　）		
	（　　）		（　　）		
	（　　）		（　　）		
3	（　　）		（　　）		
	（　　）		（　　）		
	（　　）		（　　）		
	（　　）		（　　）		

第2問 (20点)

連結精算表

(単位：千円)

| 科　目 | 個別財務諸表 | | 修正・消去 | | 連結財務諸表 |
	P 社	S 社	借　方	貸　方	
貸借対照表					
現　金　預　金	510,000	78,000			
売　掛　金	980,000	188,000			
商　品	890,000	158,000			
未　収　入　金	138,000	110,000			
建　物	360,000	80,000			
建物減価償却累計額	△ 48,000	△ 16,000			△
土　地	500,000	40,000			
子　会　社　株　式	250,000				
投　資　有　価　証　券	170,000				
の　れ　ん					
資　産　合　計	3,750,000	638,000			
買　掛　金	648,000	162,000			
未　払　金	226,000	80,000			
未　払　法　人　税　等	60,000	6,000			
資　本　金	1,000,000	200,000			
資　本　剰　余　金	300,000	40,000			
利　益　剰　余　金	1,516,000	150,000			
非　支　配　株　主　持　分					

第3問 (20点)

株式会社九州商事

貸 借 対 照 表
20X5年3月31日

（単位：円）

資 産 の 部

I 流 動 資 産

現 金 預 金 （　　　　　　　）

売 掛 金 （　　　　　　　）

貸 倒 引 当 金 （△　　　　　　　）（　　　　　　　）

未 収 入 金 （　　　　　　　）

（　　　　　　　）

流 動 資 産 合 計 （　　　　　　　）

II 固 定 資 産

建 物 7,500,000

減 価 償 却 累 計 額 （△　　　　　　　）（　　　　　　　）

備 品 3,600,000

減 価 償 却 累 計 額 （△　　　　　　　）（　　　　　　　）

（　　　　　　　）

長 期 貸 付 金 1,500,000

貸 倒 引 当 金 （△　　　　　　　）（　　　　　　　）

固 定 資 産 合 計 （　　　　　　　）

資 産 合 計 （　　　　　　　）

負 債 の 部

第4問 (28点)

(1)

	仕訳				
	借方		貸方		
	記号	金額	記号	金額	
1	( ) ( ) ( )		( ) ( ) ( )		
2	( ) ( ) ( )		( ) ( ) ( )		
3	( ) ( ) ( )		( ) ( ) ( )		

(2)

問1

月次予算部門別配賦表

(単位:円)

部門費	合計	製造部門		補助部門		
		組立部門	切削部門	修繕部門	工場事務部門	材料倉庫部門
部門費	6,480,000	1,965,000	1,830,000	675,000	660,000	1,350,000

第5問（12点）

全部原価計算による損益計算書
(単位：円)

売 上 高	（　　　　　）
売 上 原 価	（　　　　　）
配 賦 差 異	（　　　　　）
売 上 総 利 益	（　　　　　）
販 売 費	（　　　　　）
一 般 管 理 費	（　　　　　）
営 業 利 益	（　　　　　）

直接原価計算による損益計算書
(単位：円)

売 上 高	（　　　　　）
変 動 売 上 原 価	（　　　　　）
変動製造マージン	（　　　　　）
変 動 販 売 費	（　　　　　）
貢 献 利 益	（　　　　　）
固 定 費	（　　　　　）
営 業 利 益	（　　　　　）

— MEMO —

1

(3)				
3	（　）（　）（　）		（　）（　）（　）	
1	（　）（　）（　）		（　）（　）（　）	
2	（　）（　）（　）		（　）（　）（　）	
3	（　）（　）（　）		（　）（　）（　）	
4	（　）（　）（　）		（　）（　）（　）	

3				
	(　)　(　)		(　)　(　)	

3	（　）（　）	（　）（　）	
4	（　）（　）（　）	（　）（　）（　）	

3			( ) ( )			( ) ( )	

(2)

2	( )		( )
3	( ) ( ) ( )		( ) ( ) ( )
4	( ) ( ) ( )		( ) ( ) ( )
5	( ) ( ) ( )		( ) ( ) ( )

日商簿記2級（工業簿記 2024年度版）

間接労務費費

間接賃金	( )		
賞与引当金	( )		
給料	1,300,000		
間接経費	28,000		
原価差異	( )		
	( )		( )

仕掛品

(単位：円)

月初有高	( )	完成高	6,300,000
直接材料費	1,766,000	月末有高	60,000
直接労務費	( )		
製造間接費	( )		
	( )		( )

7

（単位：円）

製　品

月初有高	150,000	売上原価	（	）
完成品原価	（　　　）	月末有高		100,000
	（　　　）		（	）

（単位：円）

製　品	（　　　）	月次損益		8,050,000
売上原価	（　　　）			
	（　　　）		（	）

製造間接費予算部門別配賦表

(単位：千円)

| 費　目 | 合　計 | 製　造　部　門 | | 補　助　部　門 | | |
		第1製造部	第2製造部	修　繕　部	工場事務部
部　門　個　別　費	376,000	156,000	178,000	23,000	19,000
部　門　共　通　費：					
建物減価償却費					
機　械　保　険　料	9,000	3,600	3,900	945	555
福利施設負担額	12,000	5,000	4,500	1,875	625
部　　　門　　　費					
修　繕　部　費					
工　場　事　務　部　費					
製　造　部　門　費					

費　目	合　計	第1製造部	第2製造部	修　繕　部	倉　庫　部
部　門　費	6,420,000	3,940,000	1,380,000	780,000	320,000
修　繕　部					
倉　庫　部					
製造部門費					

問2　　　　　　　　　　　円／時間

問3　　　　　　　　　　　円　（有利差異・不利差異）

いずれかを○で囲むこと

(2)

製造指図書＃3にかかわる売上原価＝ [   ] 円

(3)

予　算　差　異＝ [   ] 円 （借方差異・貸方差異）

いずれかを〇で囲むこと

操　業　度　差　異＝ [   ] 円 （借方差異・貸方差異）

いずれかを〇で囲むこと

日商簿記2級（工業簿記 2024年度版）

（注）製造間接費配賦差異は、加算するならば＋、控除するならば－の符号を金額の前の［　］内に記入すること。

損　益　計　算　書

(単位：円)

I　売　上　高　　　　　　　　　　　　　　　35,600,000

II　売　上　原　価
　　月　初　製　品　有　高　　　　（　　　　　　　）
　　当月製品製造原価　　　　　　（　　　　　　　）
　　　　合　　　計　　　　　　　　（　　　　　　　）
　　月　末　製　品　有　高　　　　（　　　　　　　）
　　原　価　差　異　　　　　　　　（　　　　　　　）　（　　　　　　　）
　　売　上　総　利　益　　　　　　　　　　　　　　（　　　　　　　）

(以下略)

日商簿記 2 級（工業簿記　2024 年度版）

(1)

総合原価計算表

（単位：円）

	材 料 A	材 料 B	加 工 費
月 初 仕 掛 品	440,000	（　　　　　）	（　　　　　）
当 月 投 入	3,307,500	220,500	（　　　　　）
合 計	3,747,500	（　　　　　）	2,785,000
月 末 仕 掛 品	（　　　　　）	（　　　　　）	（　　　　　）
完 成 品	（　　　　　）	（　　　　　）	（　　　　　）

	合 計
月 初 仕 掛 品	
当 月 投 入	
合 計	
月 末 仕 掛 品	
完 成 品	
差引：月末仕掛品原価	
完 成 品 総 合 原 価	
完 成 品 単 位 原 価	

(2)

完成品総合原価＝ [　　　　　　　] 円

(2)

売上原価＝ [　　　　　　　] 円

(1)

	月末仕掛品	完成品総合原価	完成品単位原価
A 材 料 費	円	円	@ 円
B 材 料 費	円	円	@ 円
加 工 費	円	円	@ 円
合 計	円	円	@ 円

(2)

売上原価 ＝ ⬜ 円

日商簿記2級（工業簿記 2024年度版）

総合原価計算表

(単位：円)

	第 1 工程		第 2 工程		
	原料費	加工費	前工程費	加工費	
月初仕掛品	2,000 円	1,800 円	21,800 円	6,040 円	
当月投入	148,000	47,200	( )	89,000	
合計	( )	( )	( )	( )	
月末仕掛品	( )	( )	( )	( )	
完成品	( ) 円	( ) 円	( ) 円	( ) 円	

仕掛品			
月初有高	31,640	製品 C	( )
原料費	148,000	製品 F	( )
加工費	( )	月末有高	( )
	( )		( )

					合　計
（　）	（　）	（　）	（　）	（　）	4,086,100
（　）	（　）	（　）	（　）	（　）	（　）	月末仕掛品原価
（　）	（　）	（　）	（　）	（　）	（　）	完成品総合原価

問3

　　　　　　　　　　円／kg

日商簿記2級（工業簿記 2024年度版）

問1

等 価 比 率 計 算 表

等級製品	重量	等価係数	完成品重量	積数	等価比率
X	200g	2	1,600個	個	％
Y	100g	1	800個	個	％
					100％

問2

製品Xの完成品総合原価 ＝ ☐ 円

製品Xの完成品単位原価 ＝ ☐ 円／個

製品Yの完成品総合原価 ＝ ☐ 円

製品Yの完成品単位原価 ＝ ☐ 円／個

月 末 仕 掛 品 原 価 ＝ ☐ 円

問3

仕　訳

	借　方		貸　方	
	記　号	金　額	記　号	金　額
問1	（　）		（　）	
問2	（　）		（　）	
問3	（　）		（　）	

(3)		( )		
1	( ) ( )		( ) ( )	
2	( ) ( ) ( )		( ) ( ) ( )	
3	( ) ( ) ( )		( ) ( ) ( )	

問1

□□/1個

問2

	時間

問3

価格差異	円	（不利差異・有利差異）
数量差異	円	（不利差異・有利差異）

（注）（ ）内の「不利差異」または「有利差異」を○で囲むこと。

22

能 率 差 異 =

操 業 度 差 異 =

（注）（　）内の［有利］または［不利］を○で囲むこと。

　　円（有利・不利 差異 ）

　　円（有利・不利 差異 ）

問1

問2　損益分岐点比率

問3

問4

問5

円

％　安全余裕率

個

個

個

円

％

Chapter 11 問題 04

問1 [   ] 円

問2 [   ] 円

問3 [   ] 円

問4 [   ] 円

問5 [   ] 円

問1

直接原価計算による損益計算書

(単位：円)

売　　　　上　　　　高	（　　　　　　　　）
変　動　売　上　原　価	（　　　　　　　　）
変動製造マージン	（　　　　　　　　）
変　　動　　販　　売　　費	（　　　　　　　　）
貢　　　献　　　利　　　益	（　　　　　　　　）
製　　造　　固　　定　　費	（　　　　　　　　）
固定販売費および一般管理費	（　　　　　　　　）
営　　業　　利　　益	（　　　　　　　　）

問2　［　　　　　　　　　］円

問3　［　　　　　　　　　］円

問3

　第4期期首の製品呂残高は、（ 全部原価計算の場合・直接原価計算の場合 ）

の方が、[　　　　]円だけ多い。

（注）（　）内の正しい方の語句を〇で囲むこと。

問4　[　　　　　　]

日商簿記2級（工業簿記 2024 年度版）

Ⅴ 営業外費用
　1 支払利息　（　　　）
Ⅵ 特別利益
　1 （　別 利 益　）（　　　）
Ⅶ 特別損失
　1 （　別 損 失　）（△　　　）
　　税引前当期純利益　（　　　）
　　法人税、住民税及び事業税（　　　）

| 完成品総合原価 | | | ( ) |

第5問 （12点）

問1 ☐ ％

問2 ☐ 円

問3 ☐ 円

問4 ☐ 円

日商簿記2級（工業簿記 2024年度版）

5	(	)		(	)	
	(	)				
	(	)				
	(	)		(	)	
	(	)		(	)	

損益計算書

項目		
売上高	1,206,300	6,652,000
売上原価	821,800	4,508,000
販売費及び一般管理費	294,500	1,699,000
のれん償却		20,000
受取配当金		15,000
土地売却益	10,000	
法人税等	30,000	144,000
当期純利益	70,000	336,000
非支配株主に帰属する当期純利益		
親会社株主に帰属する当期純利益	70,000	336,000

純 資 産 の 部

未 払 法 人 税 等　　　　（　　　　　　　）

未 払 消 費 税　　　　（　　　　　　　）

流 動 負 債 合 計　　　　（　　　　　　　）

II 固 定 負 債

（　　　　　　　　　）　　　　（　　　　　　　）

固 定 負 債 合 計　　　　（　　　　　　　）

負 債 合 計　　　　（　　　　　　　）

I 株 主 資 本

資 本 金　　　　15,000,000

繰 越 利 益 剰 余 金　　　　（　　　　　　　）

株 主 資 本 合 計　　　　（　　　　　　　）

II 評 価 ・ 換 算 差 額 等

その他有価証券評価差額金　　　　（　　　　　　　）

評 価 ・ 換 算 差 額 等 合 計　　　　（　　　　　　　）

純 資 産 合 計　　　　（　　　　　　　）

負 債 ・ 純 資 産 合 計　　　　（　　　　　　　）

工場事務部門費
材料倉庫部門費
製 造 部 門 費

問2

仕		訳	
借 方		貸 方	
記 号	金 額	記 号	金 額
（ 　 ）		（ 　 ）	
（ 　 ）		（ 　 ）	
（ 　 ）		（ 　 ）	

日商簿記2級（工業簿記 2024年度版）